AF558093

DIE ULTIMATIVE SPIDER-MAN

COMIC-KOLLEKTION

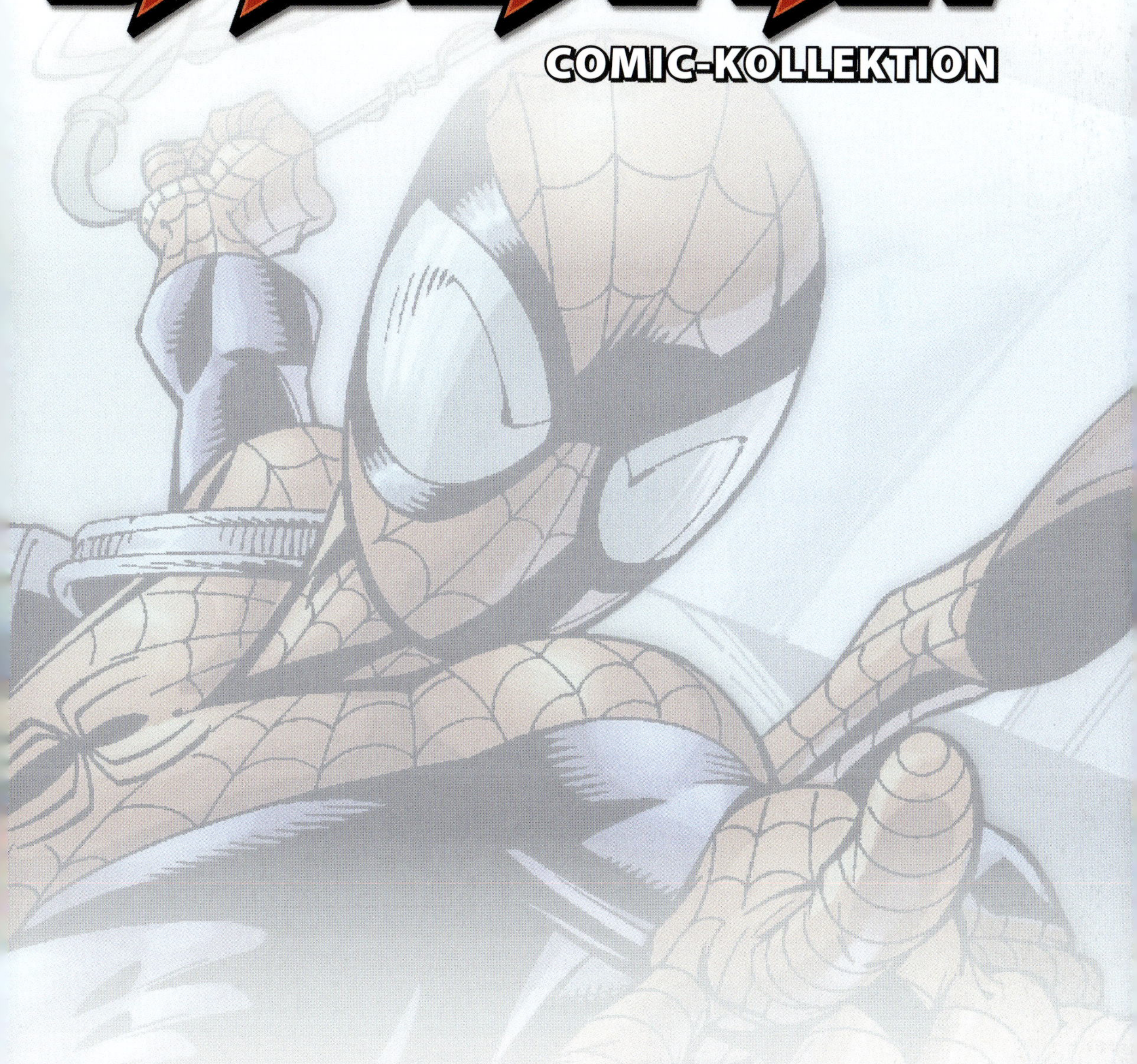

5. UNTER FALSCHEM VERDACHT

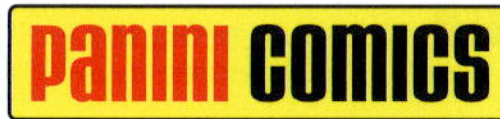

DIE ULTIMATIVE SPIDER-MAN-COMIC-KOLLEKTION 5: UNTER FALSCHEM VERDACHT

BRIAN MICHAEL BENDIS
Geschichte

MARK BAGLEY
Zeichnungen

ART THIBERT
Tusche

TRANSPARENCY DIGITAL
Farben

BRIAN SMITH, RALPH MACCHIO
Redaktion USA

AXEL ALONSO, JOE QUESADA, DAN BUCKLEY, ALAN FINE
MARVEL USA

Impressum: Die ultimative Spider-Man-Comic-Kollektion 5 – Unter falschem Verdacht wird von der Panini Verlags GmbH herausgegeben, Schloßstraße 76, 70176 Stuttgart. Geschäftsleitung: Hermann Paul; Head of Editorial: Jo Löffler (v.i.S.d.P.); Redaktion: Benjamin Feuer, Gunther Nickel; Übersetzung: Michael Strittmatter (Comic); Head of Marketing: Holger Wiest; Marketing: Jette Götz (E-Mail: marketing@panini.de); Lettering & Grafik: Brightstar Studio, Ludwigsburg; Produktion: Sanja Ancic; Druck: Mohn Media, Gütersloh.

Anzeigen: BLAUFEUER VERLAGSVERTRETUNGEN GmbH, info@blaufeuer.de
Vertriebsservice: stella distribution, Hamburg, Fax: 040/808053050
Presse & PR: Steffen Volkmer
Panini-Nachbestell-Service: Bezugsmöglichkeiten für ältere Ausgaben unter spider-man-comic-kollektion.de

Die ultimative Spider-Man-Comic-Kollektion Abonnenten-Service: PrimaNeo GmbH & Co. KG, Postfach 10 40 40, D-20027 Hamburg, Tel.: 040/23670-3990, Fax: 040/23670-301, E-Mail: SMCK@primaneo.de

Hinweise zu unseren Datenschutzrichtlinien finden Sie im Internet unter: https://www.paninishop.de/datenschutz

HDESPC005
ISBN 978-3-7416-3120-7

Findet uns im Netz:
www.paninicomics.de

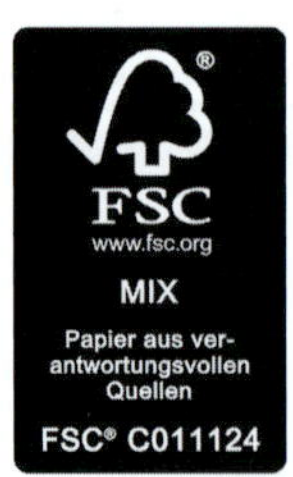

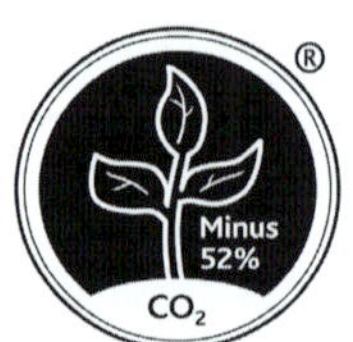

Beim Druck dieses Produkts wurde durch den innovativen Einsatz der Kraft-Wärme-Kopplung im Vergleich zum herkömmlichen Energieeinsatz bis zu 52 % weniger CO_2 emittiert.

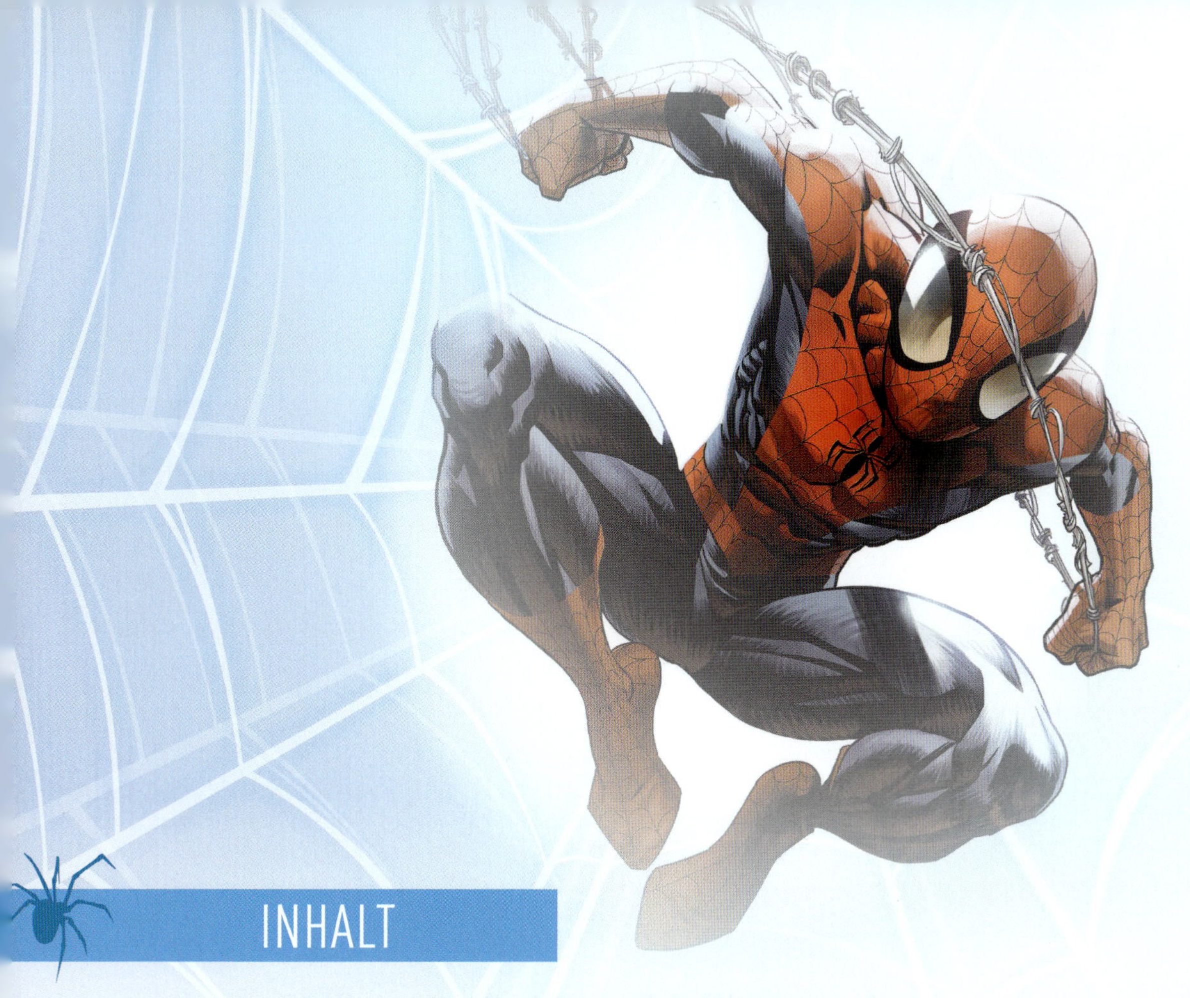

INHALT

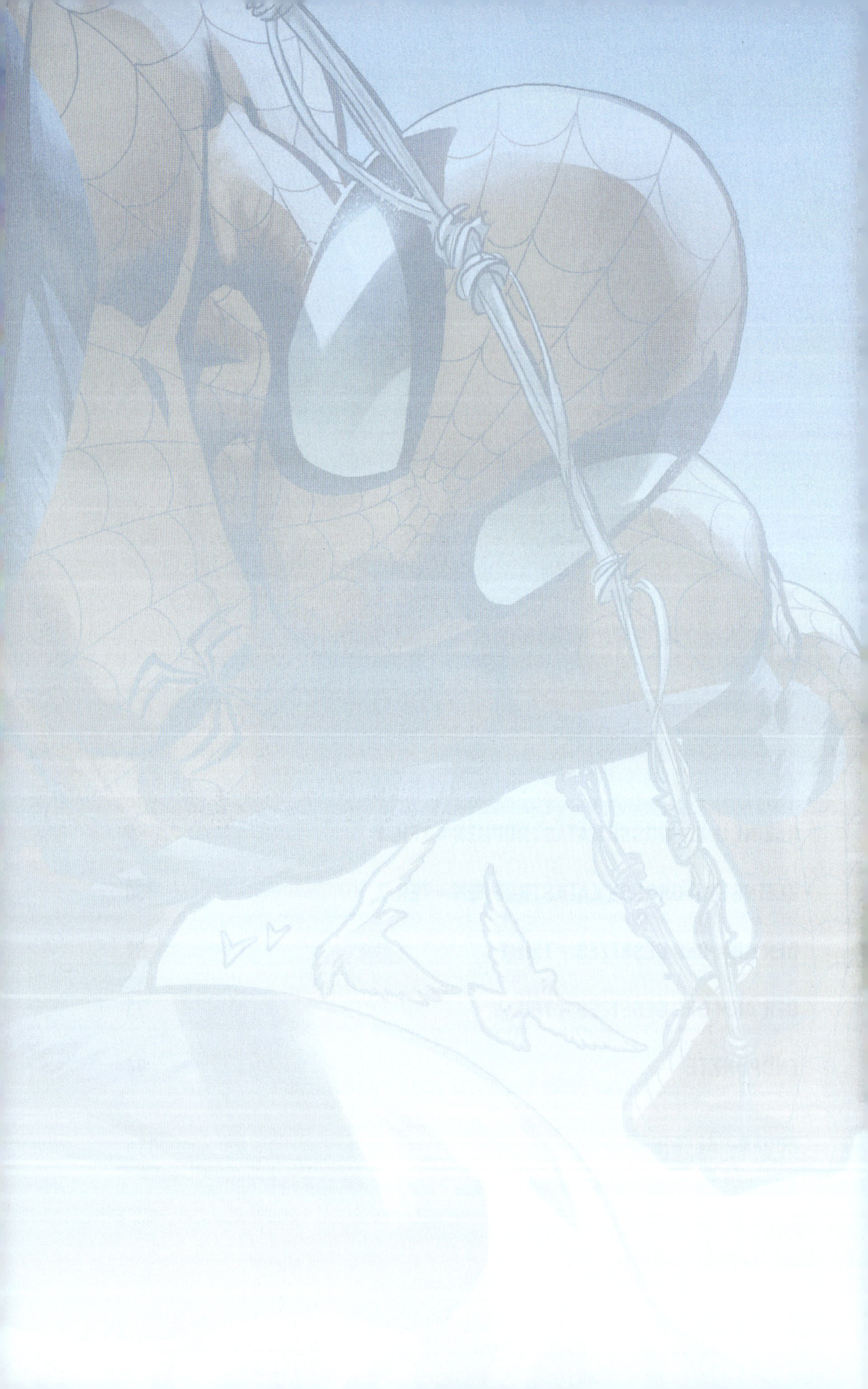

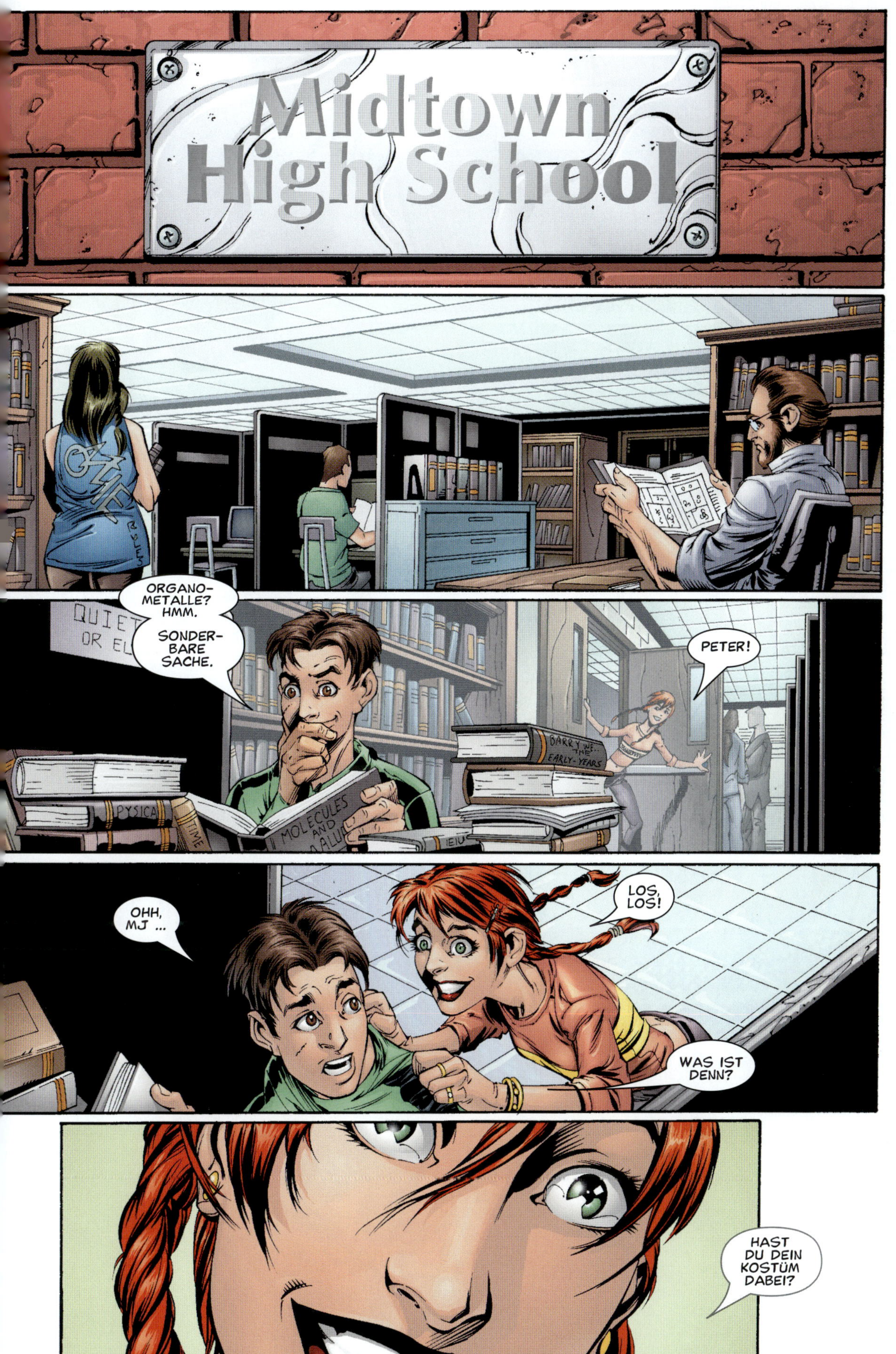

Midtown High School
QUIET OR EL
ORGANO-METALLE? HMM.
SONDER-BARE SACHE.
PETER!
OHH, MJ ...
LOS, LOS!
WAS IST DENN?
HAST DU DEIN KOSTÜM DABEI?

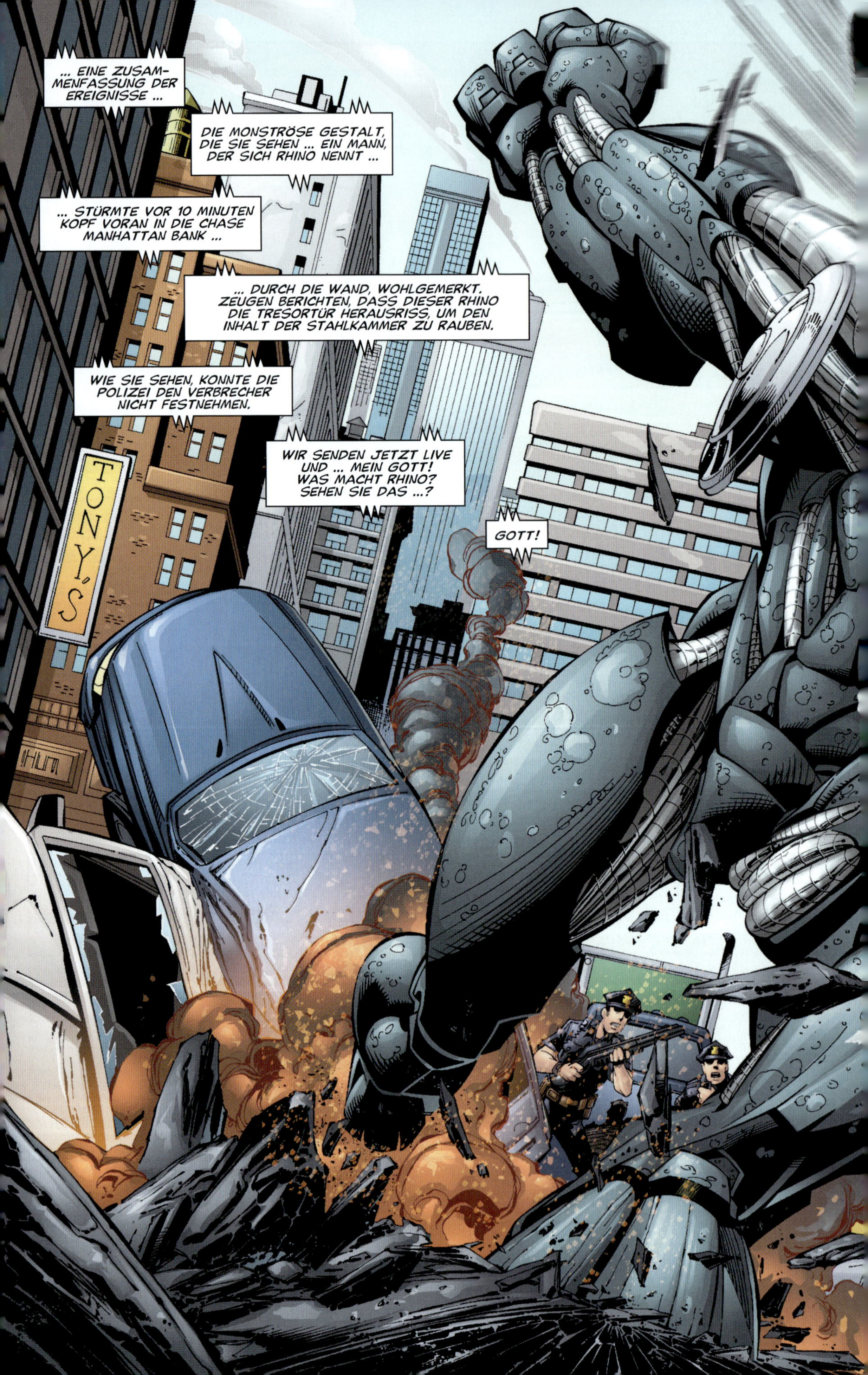
... EINE ZUSAMMENFASSUNG DER EREIGNISSE ...
DIE MONSTRÖSE GESTALT, DIE SIE SEHEN ... EIN MANN, DER SICH RHINO NENNT ...
... STÜRMTE VOR 10 MINUTEN KOPF VORAN IN DIE CHASE MANHATTAN BANK ...
... DURCH DIE WAND, WOHLGEMERKT. ZEUGEN BERICHTEN, DASS DIESER RHINO DIE TRESORTÜR HERAUSRISS, UM DEN INHALT DER STAHLKAMMER ZU RAUBEN.
WIE SIE SEHEN, KONNTE DIE POLIZEI DEN VERBRECHER NICHT FESTNEHMEN.
WIR SENDEN JETZT LIVE UND ... MEIN GOTT! WAS MACHT RHINO? SEHEN SIE DAS ...?
GOTT!
TONY'S

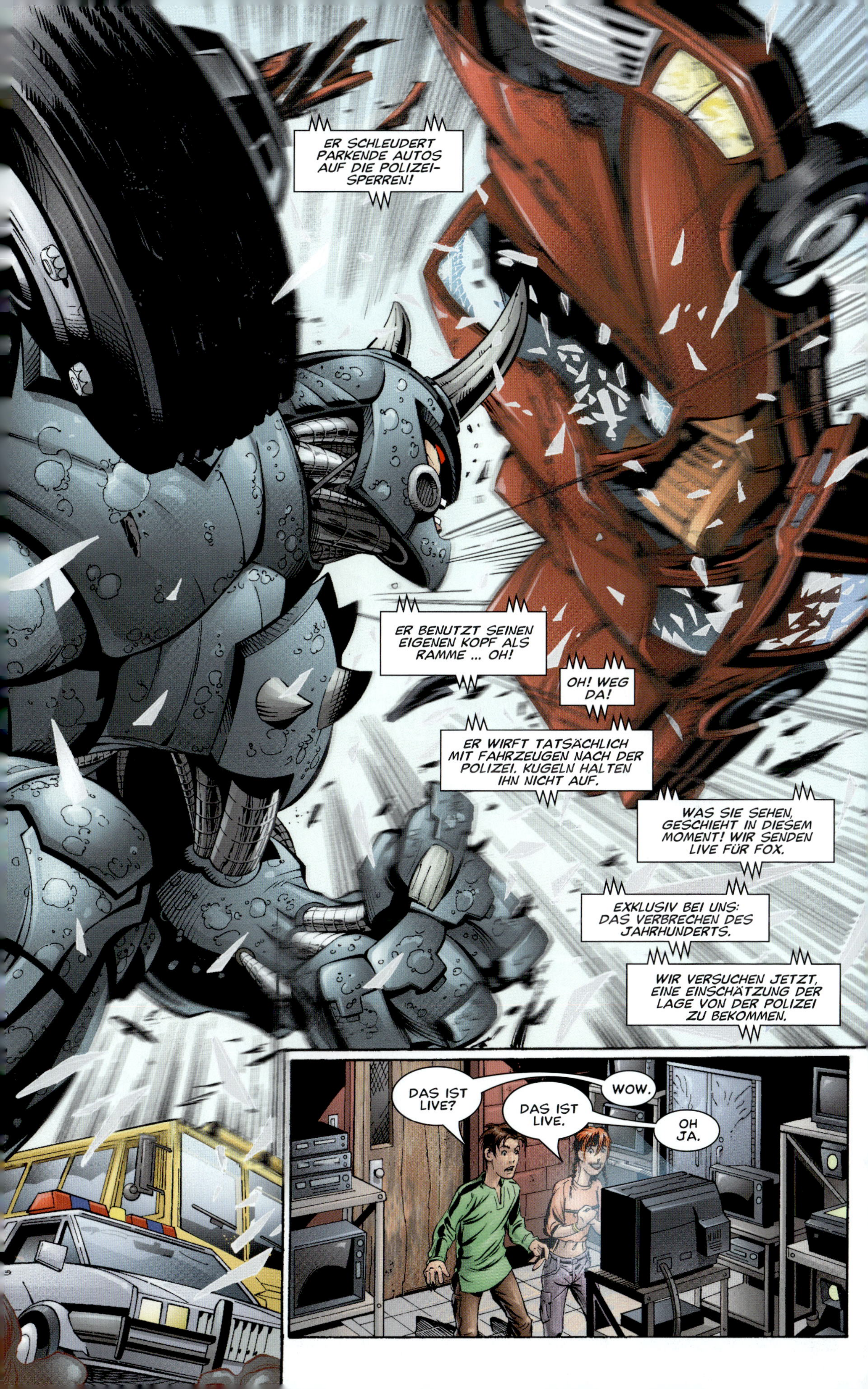
ER SCHLEUDERT PARKENDE AUTOS AUF DIE POLIZEI-SPERREN!
ER BENUTZT SEINEN EIGENEN KOPF ALS RAMME ... OH!
OH! WEG DA!
ER WIRFT TATSÄCHLICH MIT FAHRZEUGEN NACH DER POLIZEI. KUGELN HALTEN IHN NICHT AUF.
WAS SIE SEHEN, GESCHIEHT IN DIESEM MOMENT! WIR SENDEN LIVE FÜR FOX.
EXKLUSIV BEI UNS: DAS VERBRECHEN DES JAHRHUNDERTS.
WIR VERSUCHEN JETZT, EINE EINSCHÄTZUNG DER LAGE VON DER POLIZEI ZU BEKOMMEN.
DAS IST LIVE?
WOW.
DAS IST LIVE.
OH JA.

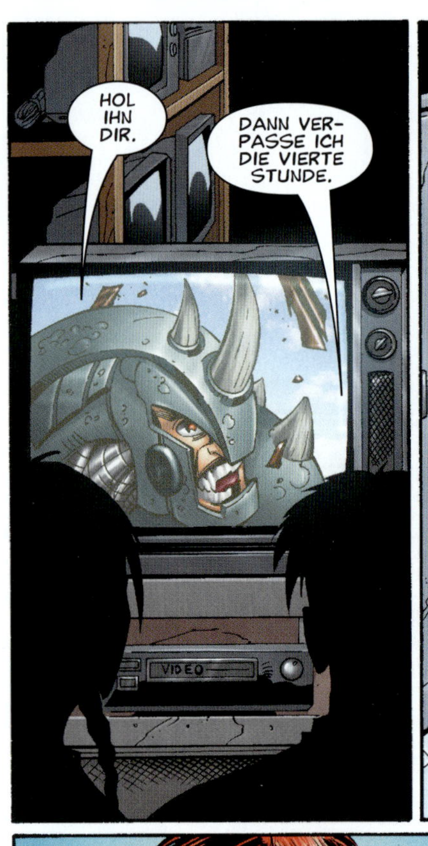
HOL IHN DIR.
DANN VERPASSE ICH DIE VIERTE STUNDE.
VIDEO

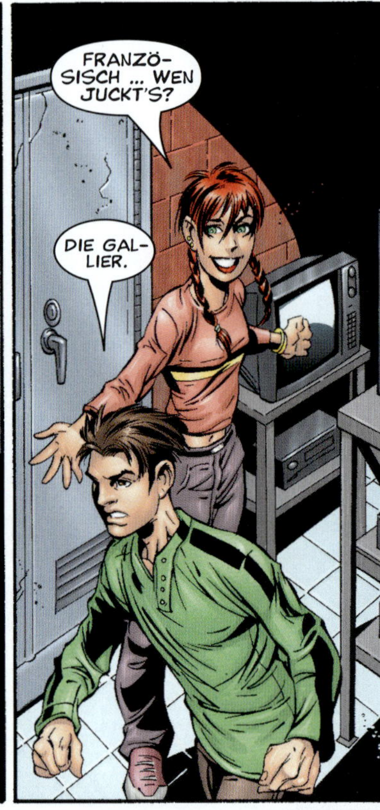
FRANZÖSISCH ... WEN JUCKT'S?
DIE GALLIER.

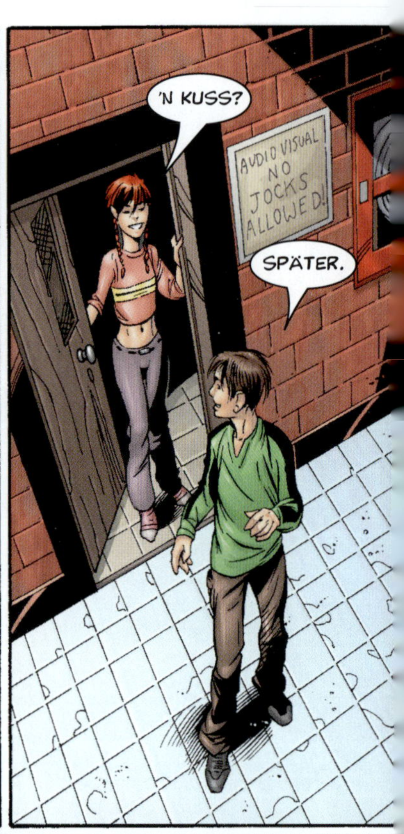
'N KUSS?
AUDIO VISUAL NO JOCKS ALLOWED!
SPÄTER.

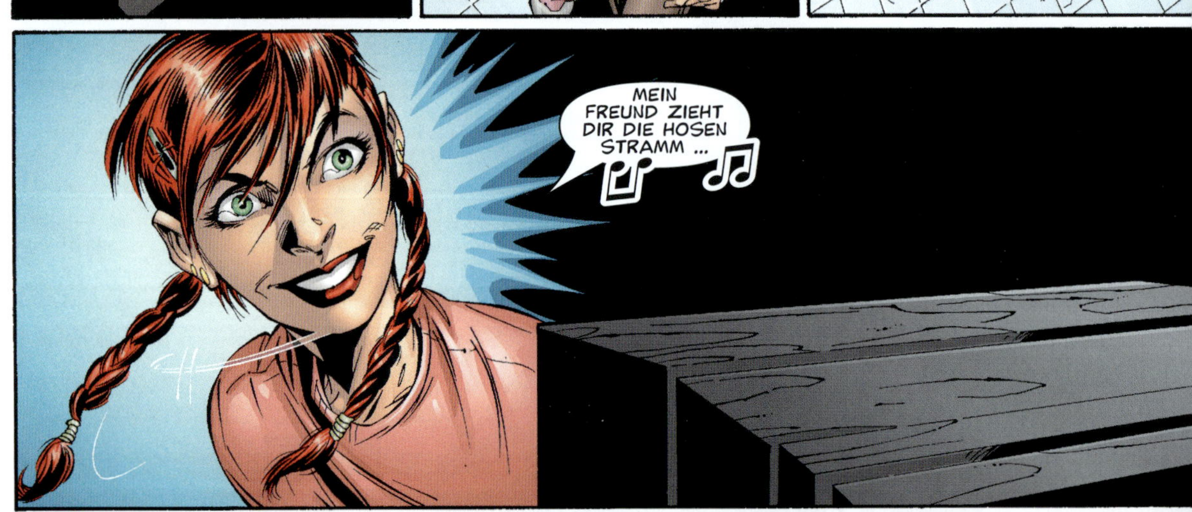
MEIN FREUND ZIEHT DIR DIE HOSEN STRAMM ...

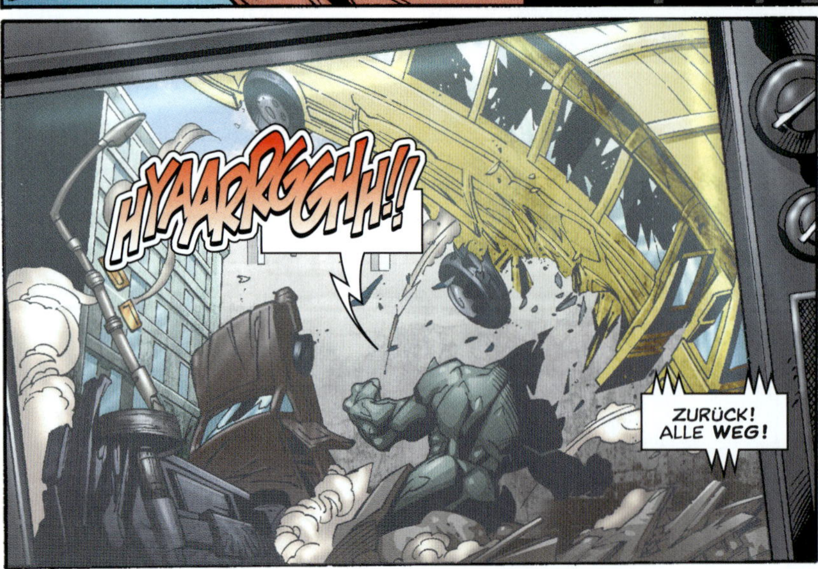
HYAARRGGHH!!
ZURÜCK! ALLE WEG!

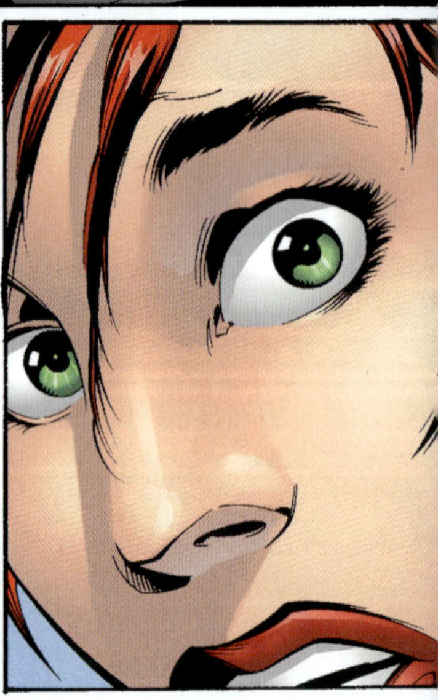

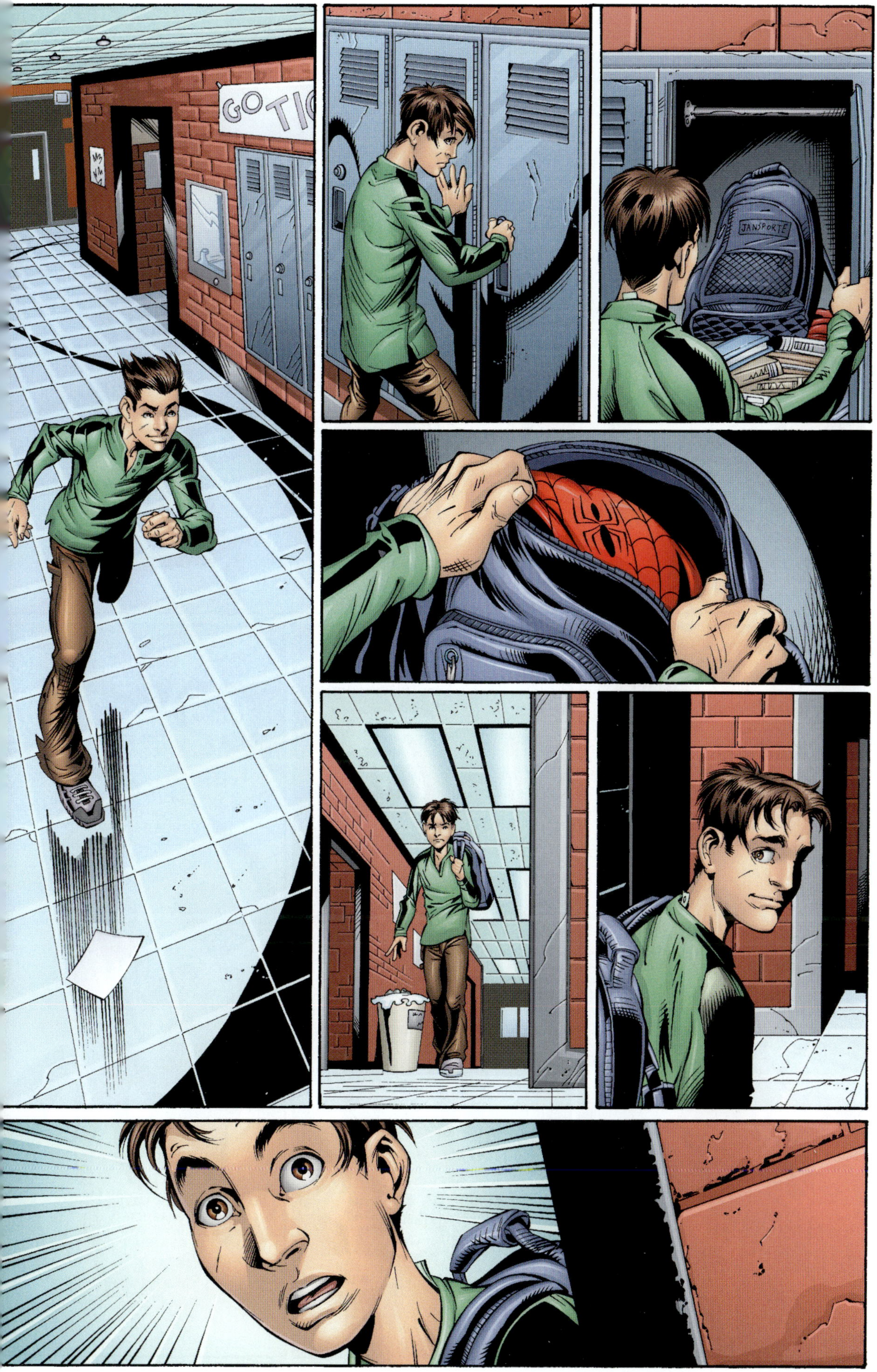

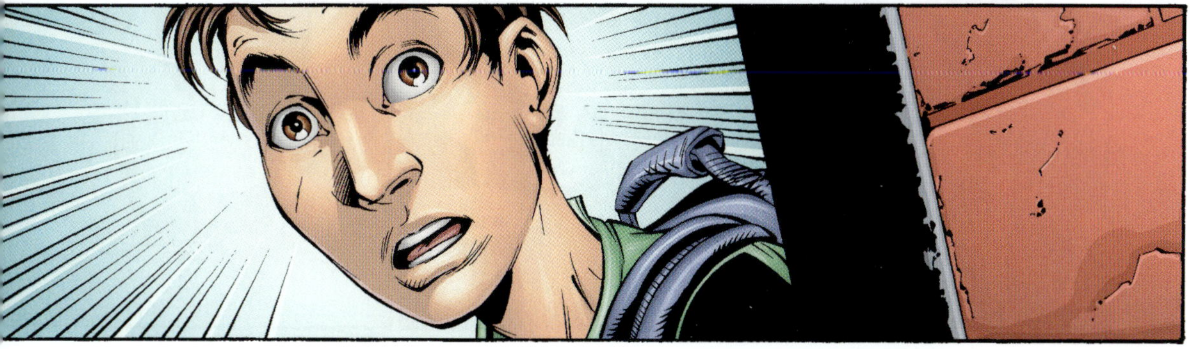

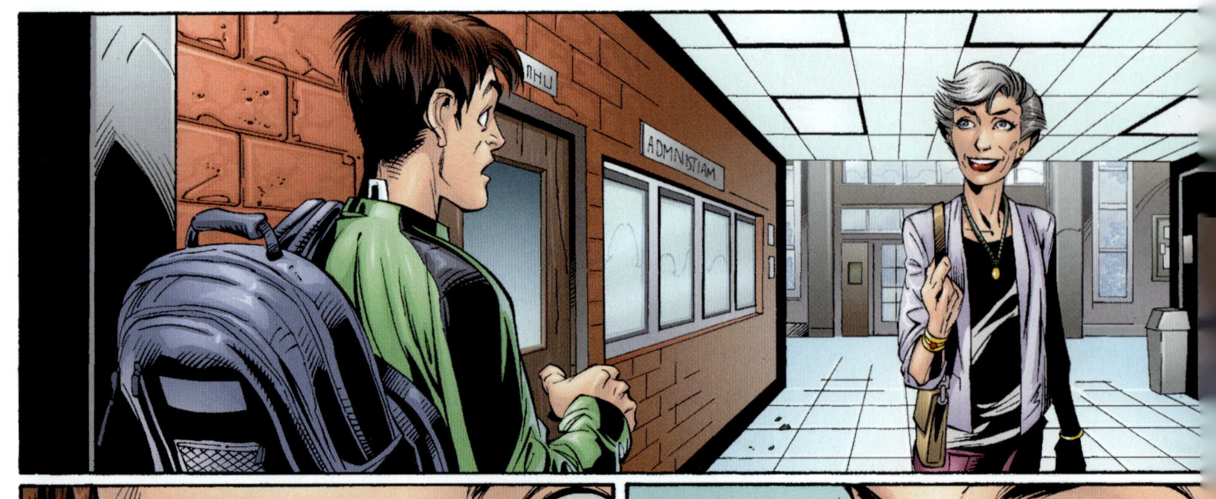

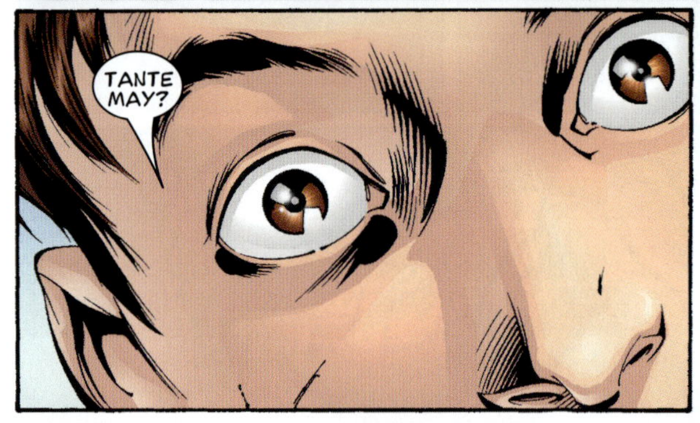
TANTE MAY?

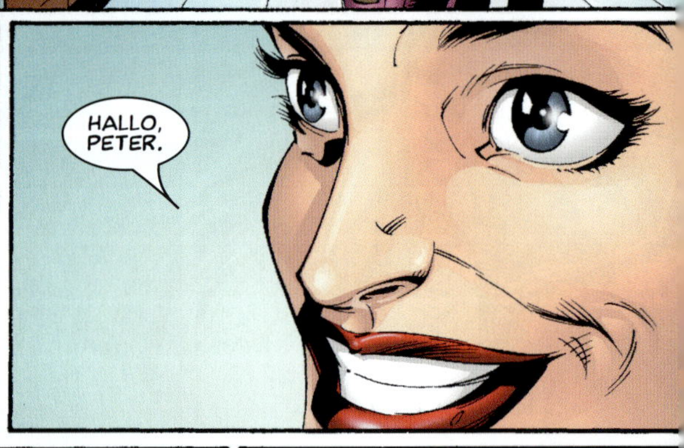
HALLO, PETER.

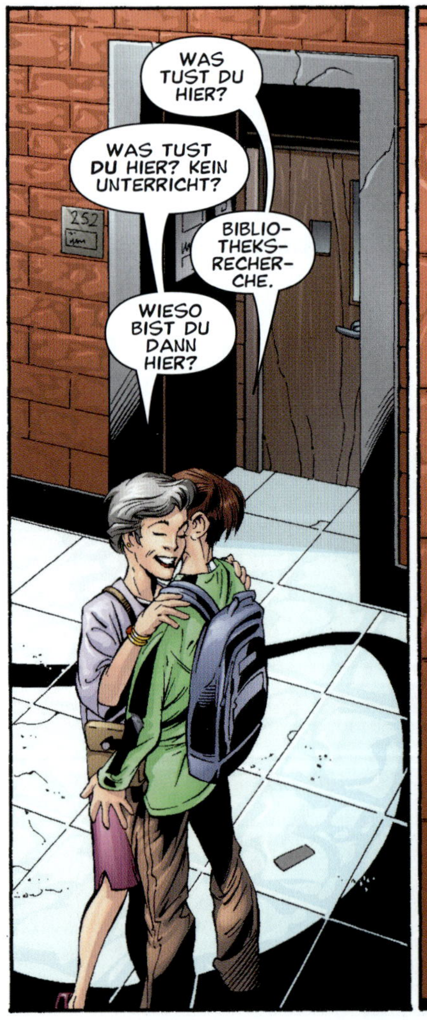
WAS TUST DU HIER?
WAS TUST DU HIER? KEIN UNTERRICHT?
BIBLIOTHEKSRECHERCHE.
WIESO BIST DU DANN HIER?

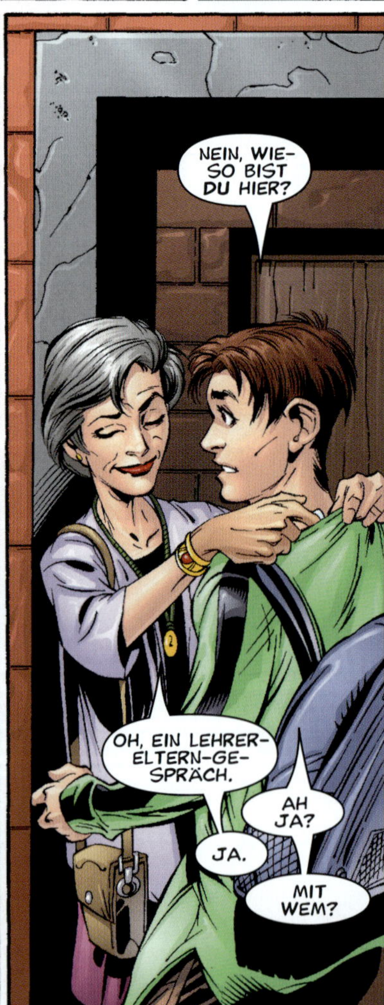
NEIN, WIESO BIST DU HIER?
OH, EIN LEHRER-ELTERN-GESPRÄCH.
AH JA?
JA.
MIT WEM?

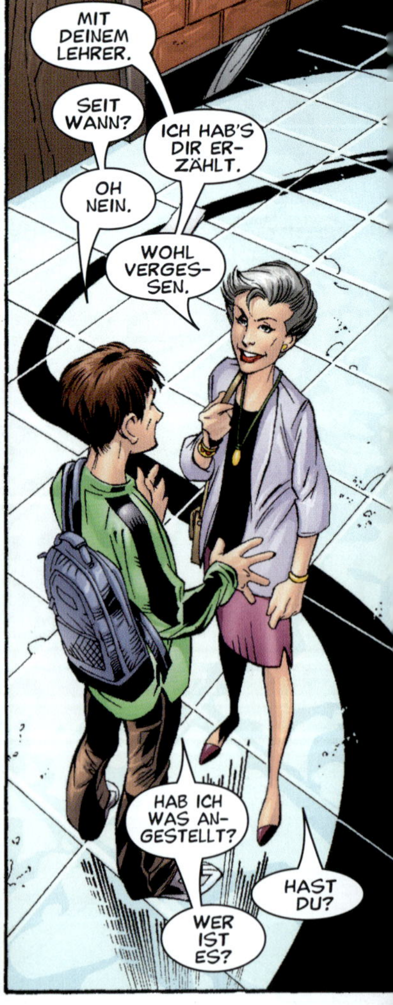
MIT DEINEM LEHRER.
SEIT WANN?
ICH HAB'S DIR ERZÄHLT.
OH NEIN.
WOHL VERGESSEN.
HAB ICH WAS ANGESTELLT?
HAST DU?
WER IST ES?

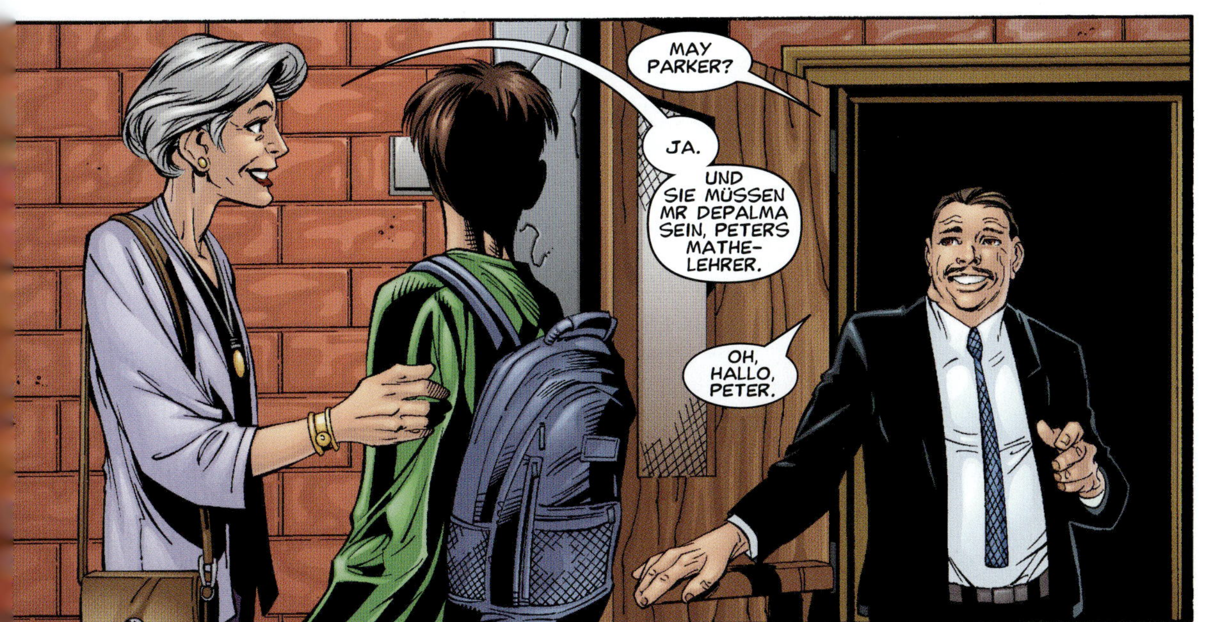
MAY PARKER?
JA.
UND SIE MÜSSEN MR DEPALMA SEIN, PETERS MATHE-LEHRER.
OH, HALLO, PETER.

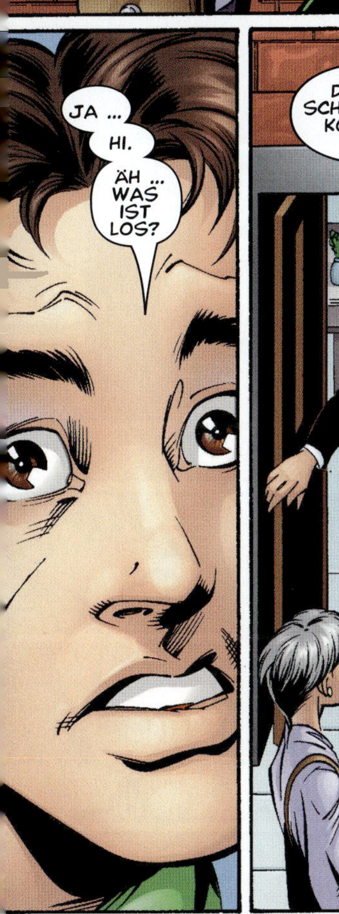
JA ...
HI.
ÄH ... WAS IST LOS?

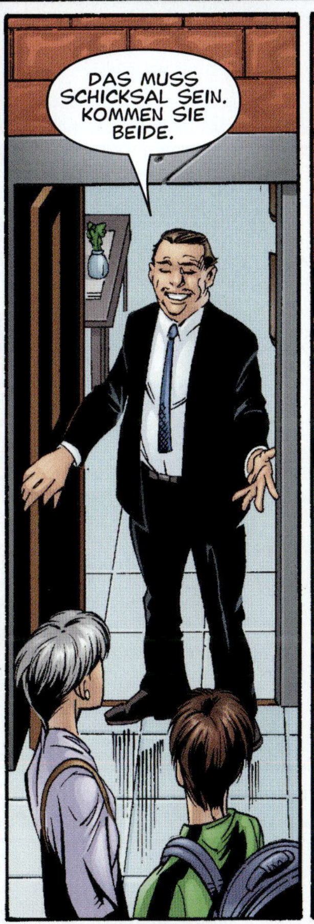
DAS MUSS SCHICKSAL SEIN. KOMMEN SIE BEIDE.

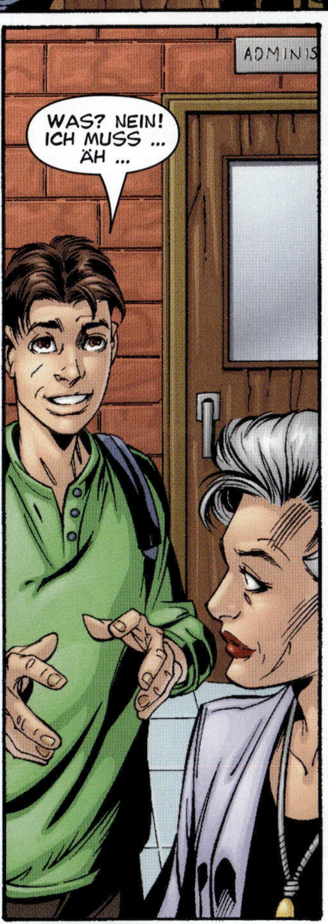
ADMINIS
WAS? NEIN! ICH MUSS ... ÄH ...

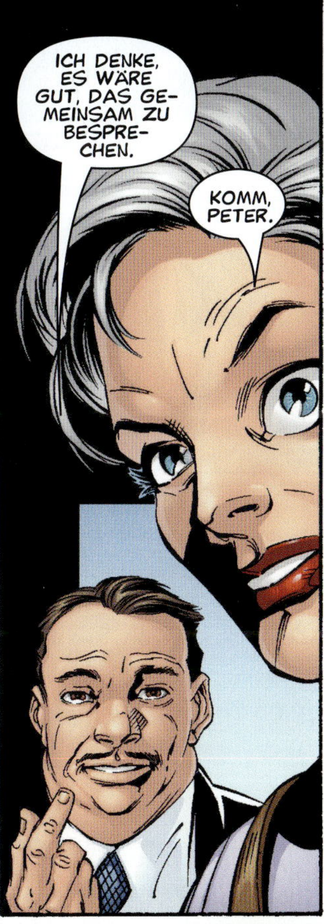
ICH DENKE, ES WÄRE GUT, DAS GE-MEINSAM ZU BESPRE-CHEN.
KOMM, PETER.

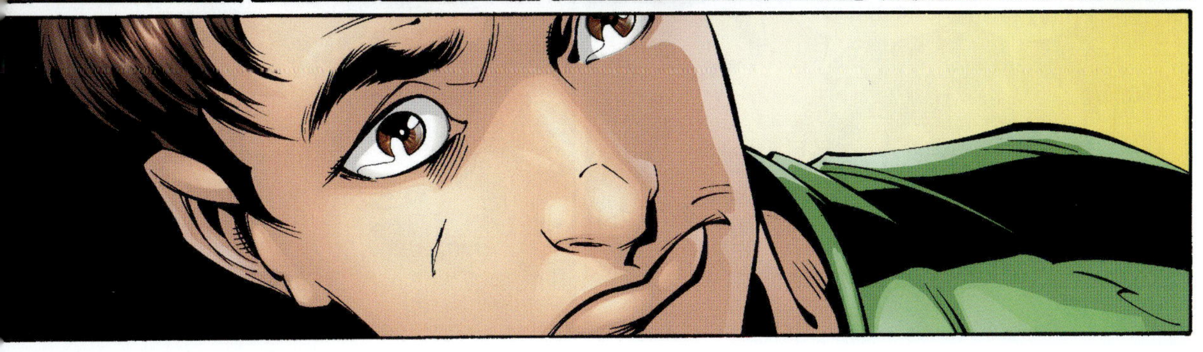

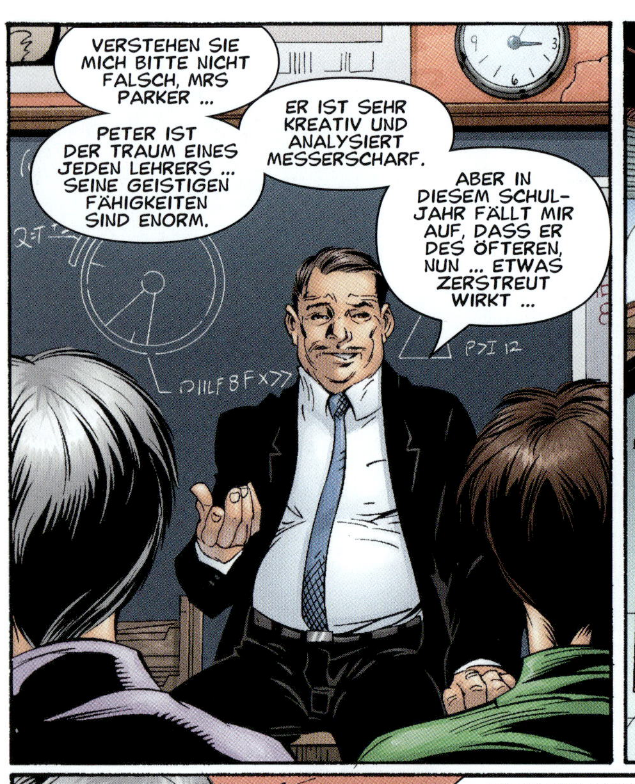
VERSTEHEN SIE MICH BITTE NICHT FALSCH, MRS PARKER ...
PETER IST DER TRAUM EINES JEDEN LEHRERS ... SEINE GEISTIGEN FÄHIGKEITEN SIND ENORM.
ER IST SEHR KREATIV UND ANALYSIERT MESSERSCHARF.
ABER IN DIESEM SCHULJAHR FÄLLT MIR AUF, DASS ER DES ÖFTEREN, NUN ... ETWAS ZERSTREUT WIRKT ...
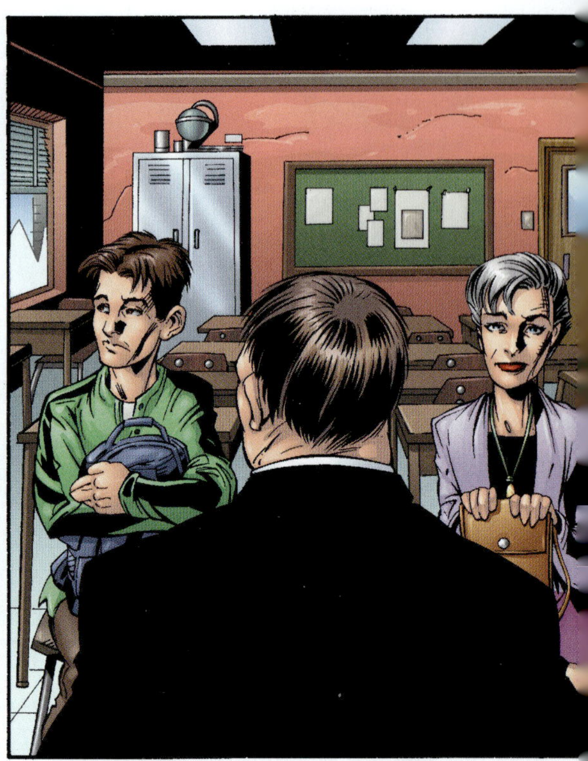
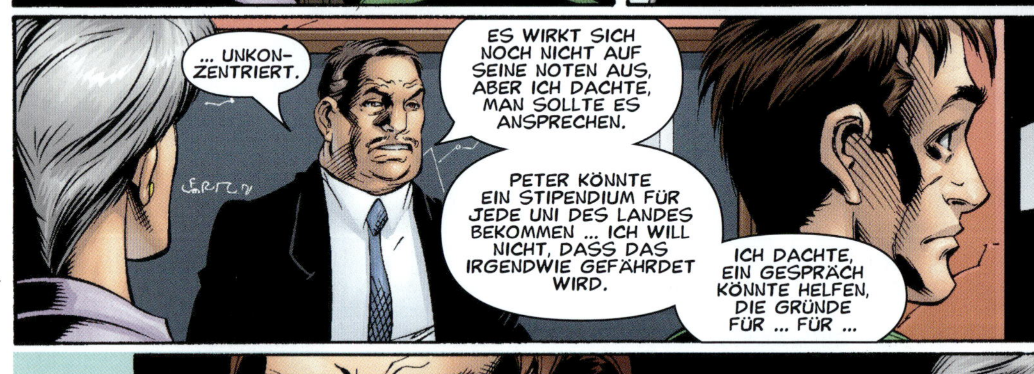
... UNKONZENTRIERT.
ES WIRKT SICH NOCH NICHT AUF SEINE NOTEN AUS, ABER ICH DACHTE, MAN SOLLTE ES ANSPRECHEN.
PETER KÖNNTE EIN STIPENDIUM FÜR JEDE UNI DES LANDES BEKOMMEN ... ICH WILL NICHT, DASS DAS IRGENDWIE GEFÄHRDET WIRD.
ICH DACHTE, EIN GESPRÄCH KÖNNTE HELFEN, DIE GRÜNDE FÜR ... FÜR ...
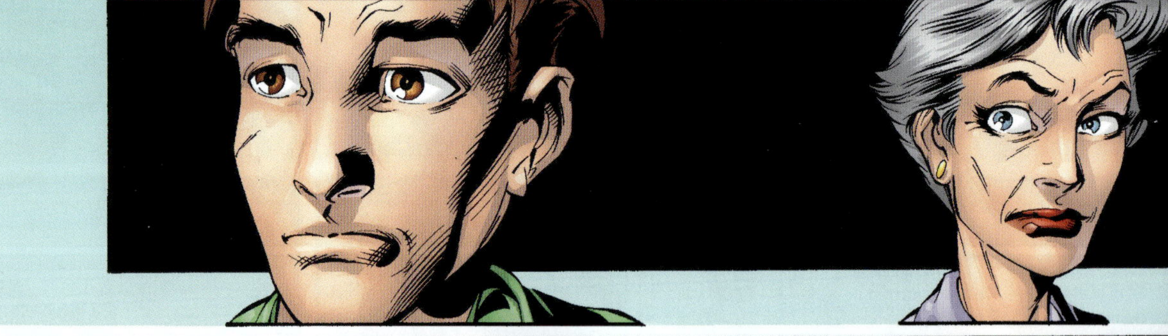
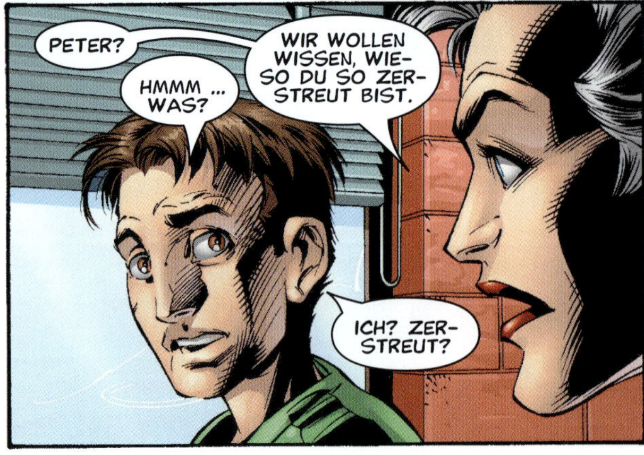
PETER?
HMMM ... WAS?
WIR WOLLEN WISSEN, WIESO DU SO ZERSTREUT BIST.
ICH? ZERSTREUT?
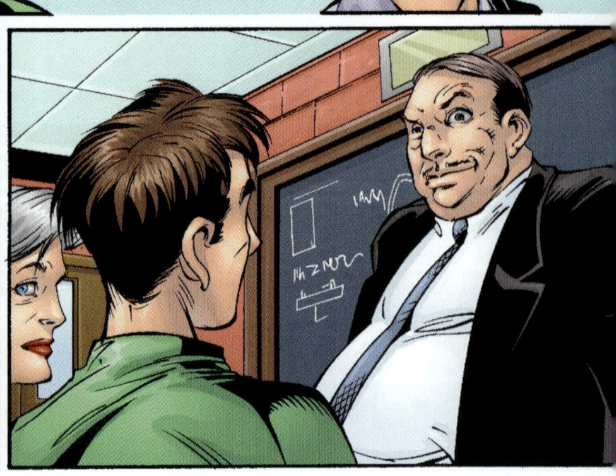

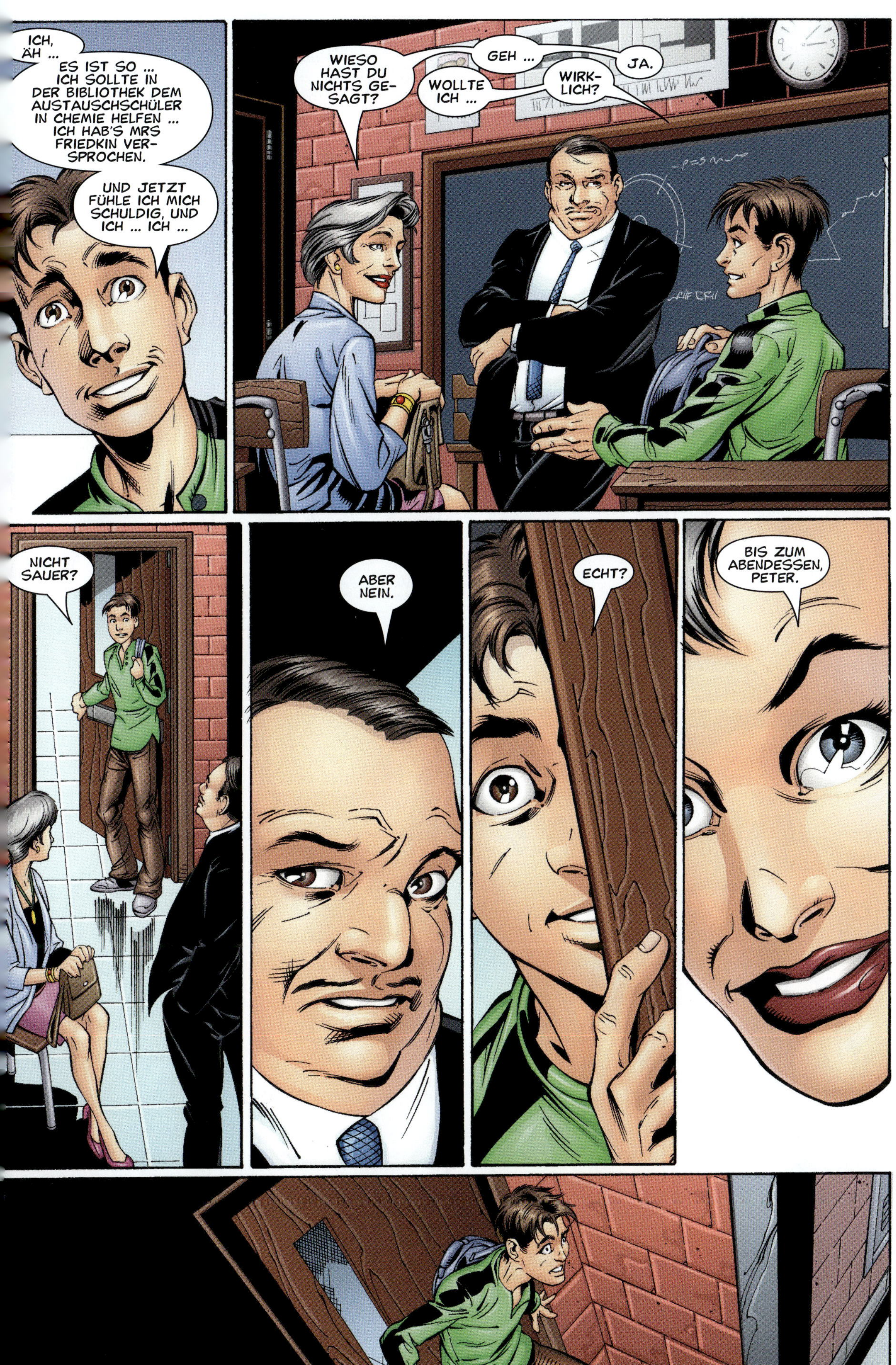
ICH, ÄH ...
ES IST SO ... ICH SOLLTE IN DER BIBLIOTHEK DEM AUSTAUSCHSCHÜLER IN CHEMIE HELFEN ... ICH HAB'S MRS FRIEDKIN VERSPROCHEN.
UND JETZT FÜHLE ICH MICH SCHULDIG, UND ICH ... ICH ...
WIESO HAST DU NICHTS GESAGT?
GEH ...
JA.
WOLLTE ICH ...
WIRKLICH?
NICHT SAUER?
ABER NEIN.
ECHT?
BIS ZUM ABENDESSEN, PETER.

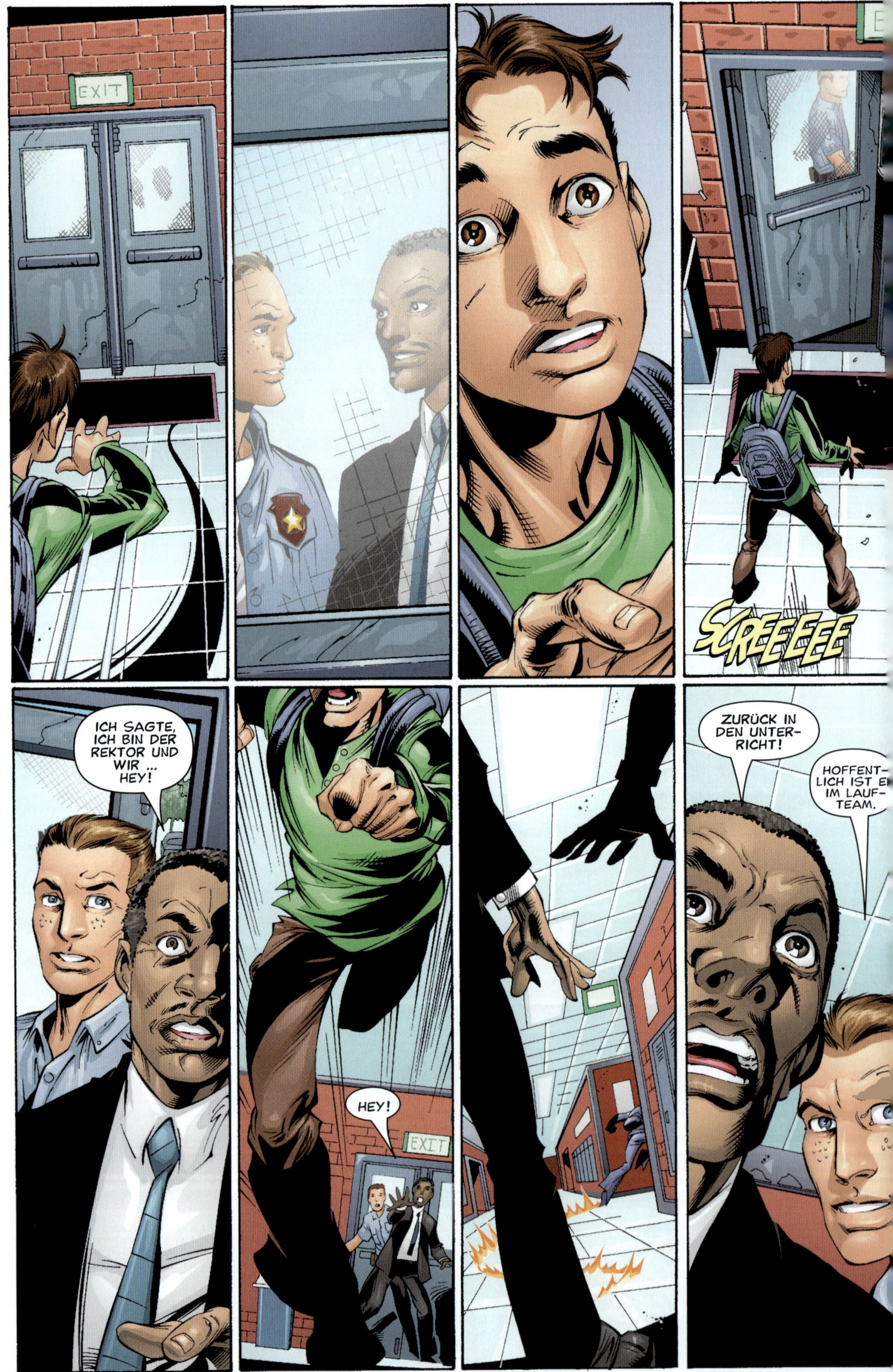
EXIT
SCREEEEE
ICH SAGTE, ICH BIN DER REKTOR UND WIR ... HEY!
HEY!
EXIT
ZURÜCK IN DEN UNTER-RICHT!
HOFFENT-LICH IST E IM LAUF-TEAM.

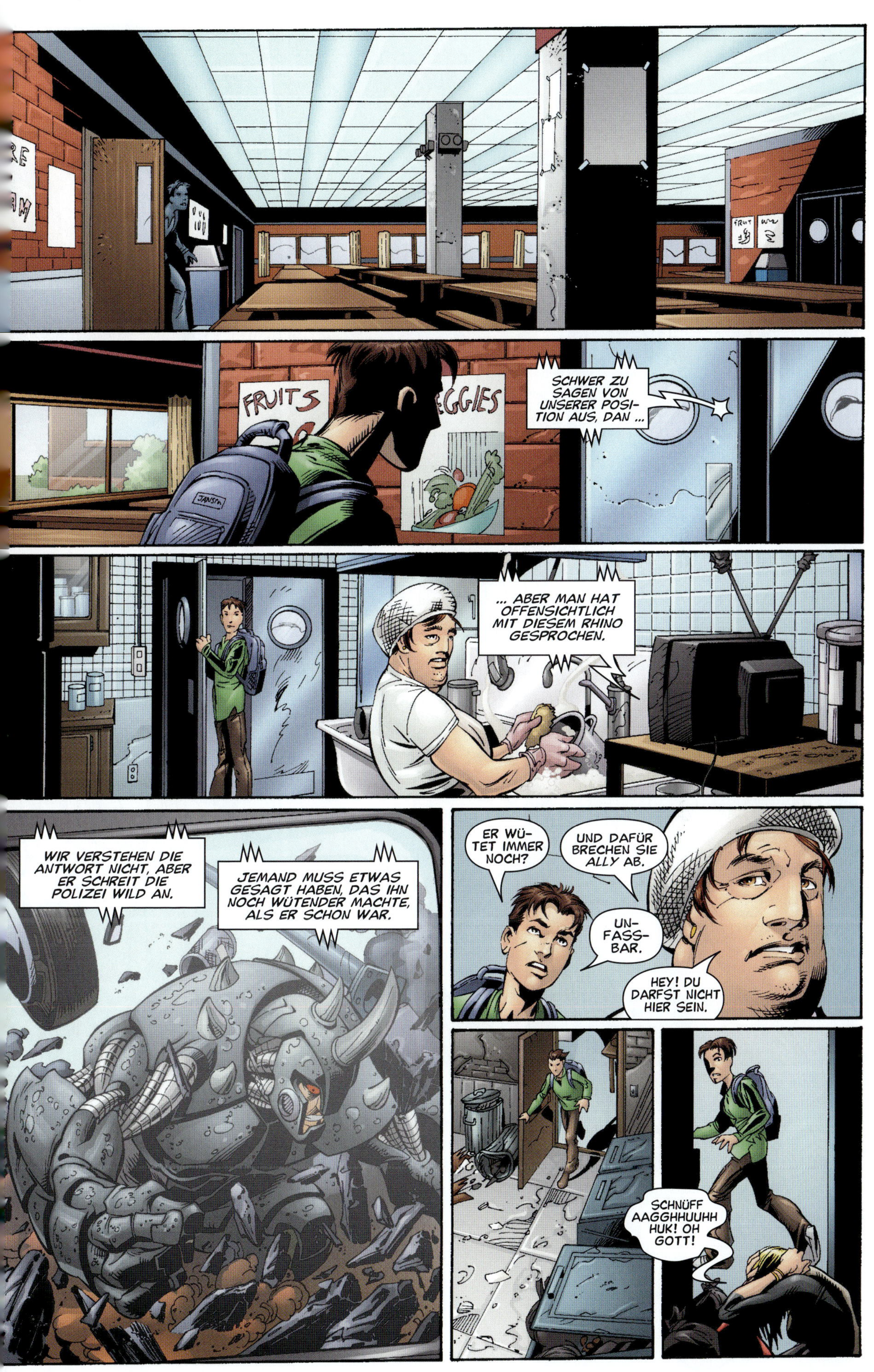
FRUITS
VEGGIES
SCHWER ZU SAGEN VON UNSERER POSITION AUS, DAN ...
... ABER MAN HAT OFFENSICHTLICH MIT DIESEM RHINO GESPROCHEN.
WIR VERSTEHEN DIE ANTWORT NICHT, ABER ER SCHREIT DIE POLIZEI WILD AN.
JEMAND MUSS ETWAS GESAGT HABEN, DAS IHN NOCH WÜTENDER MACHTE, ALS ER SCHON WAR.
ER WÜTET IMMER NOCH?
UND DAFÜR BRECHEN SIE ALLY AB.
UN-FASS-BAR.
HEY! DU DARFST NICHT HIER SEIN.
SCHNÜFF AAGGHHUUHH HUK! OH GOTT!

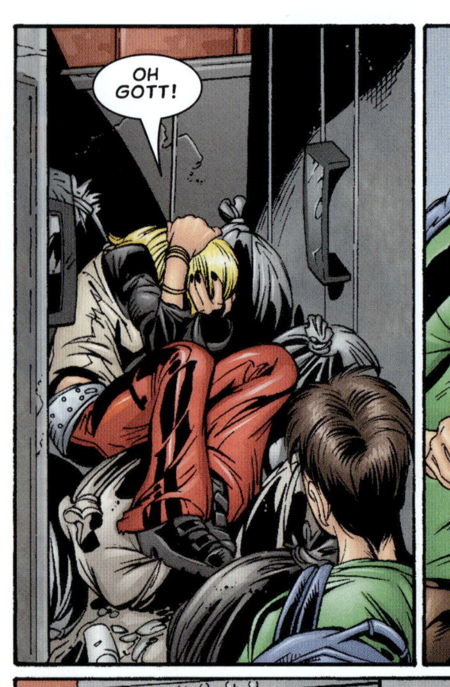
OH GOTT!

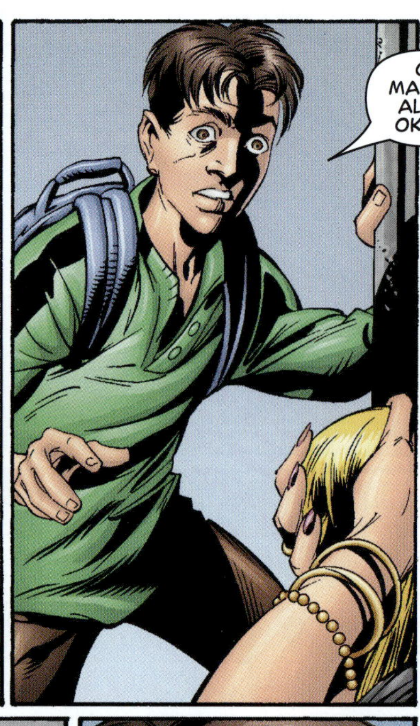
OH MANN ... ALLES OKAY?
GWEN!

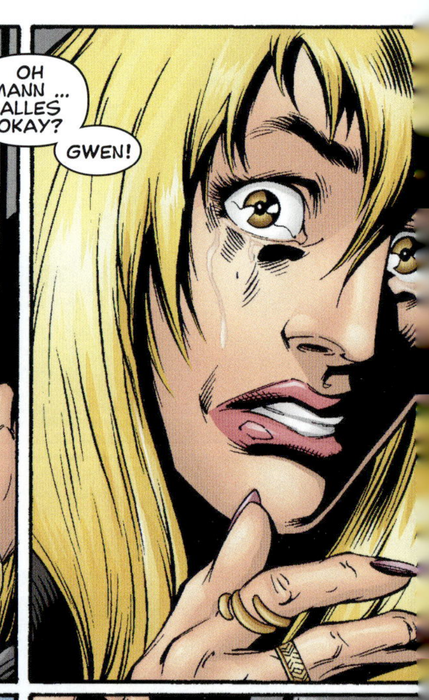

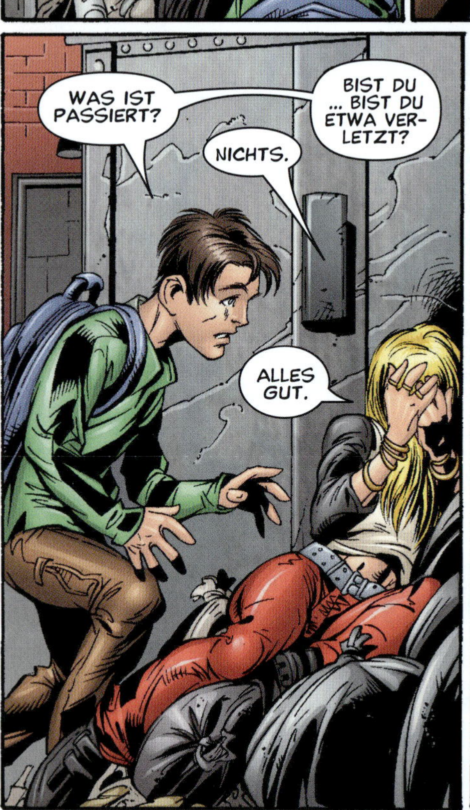
WAS IST PASSIERT?
BIST DU ... BIST DU ETWA VERLETZT?
NICHTS.
ALLES GUT.

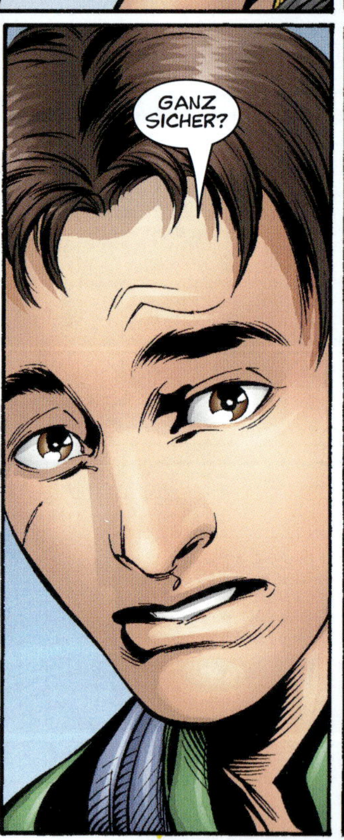
GANZ SICHER?

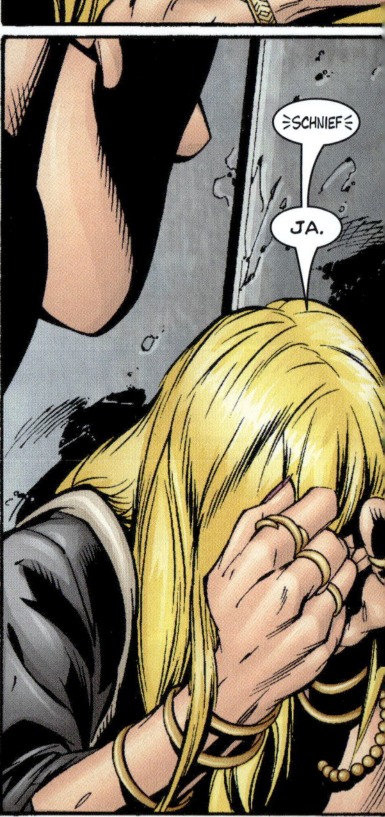
SCHNIEF
JA.

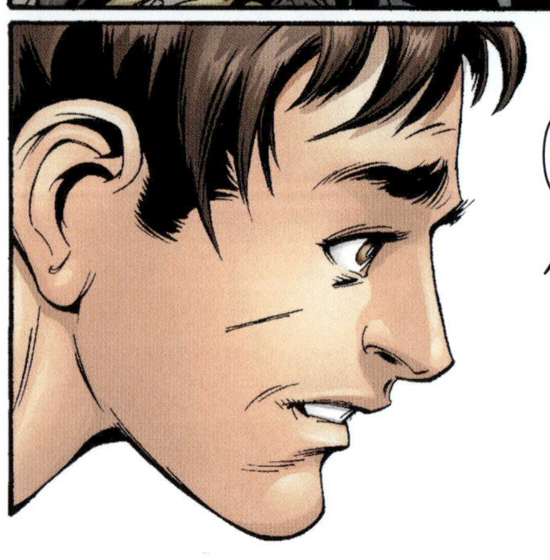

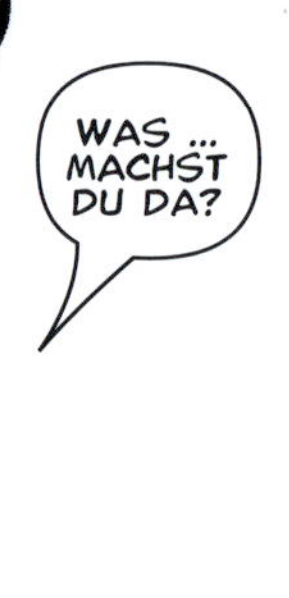
WAS ... MACHST DU DA?

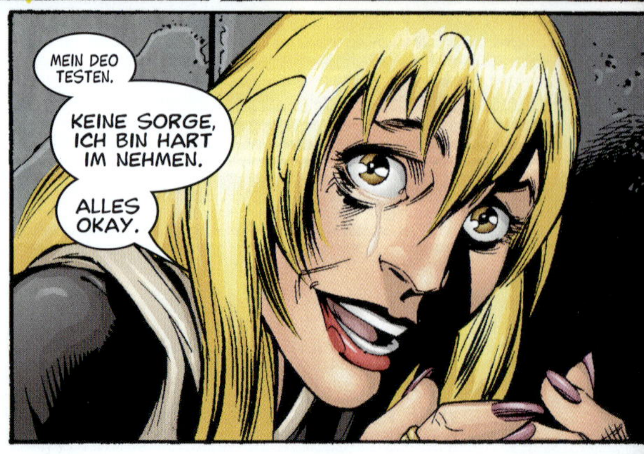
MEIN DEO TESTEN.
KEINE SORGE, ICH BIN HART IM NEHMEN.
ALLES OKAY.

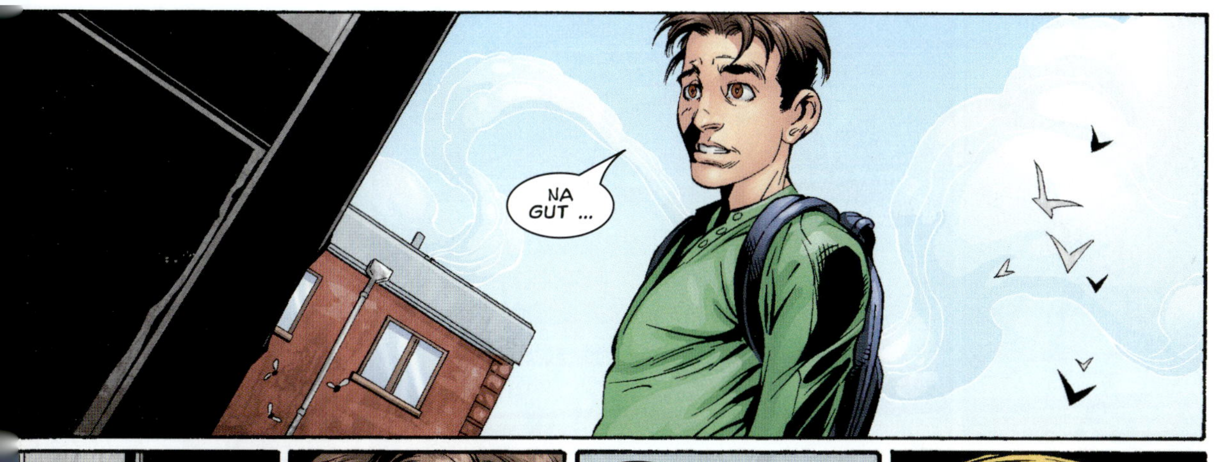
NA GUT ...

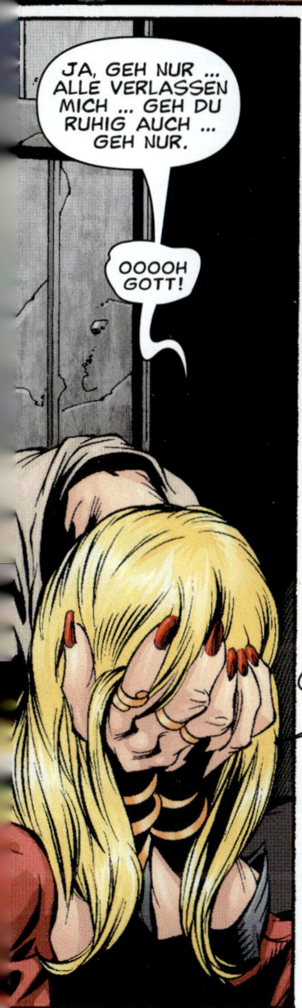
JA, GEH NUR ... ALLE VERLASSEN MICH ... GEH DU RUHIG AUCH ... GEH NUR.
OOOOH GOTT!
AAGGHH HUHUHUHU NNGGGGKK!

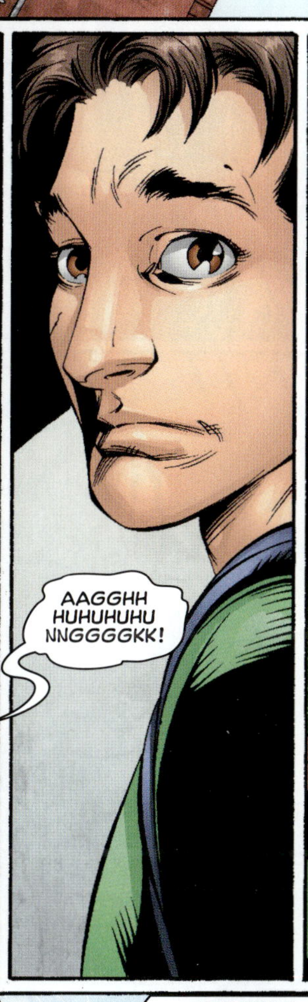

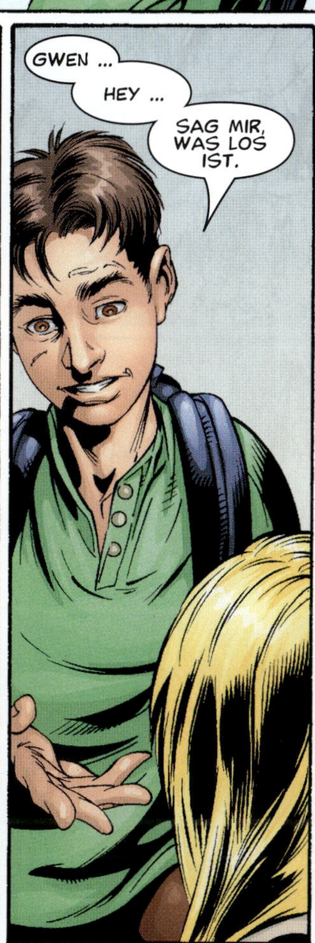
GWEN ...
HEY ...
SAG MIR, WAS LOS IST.

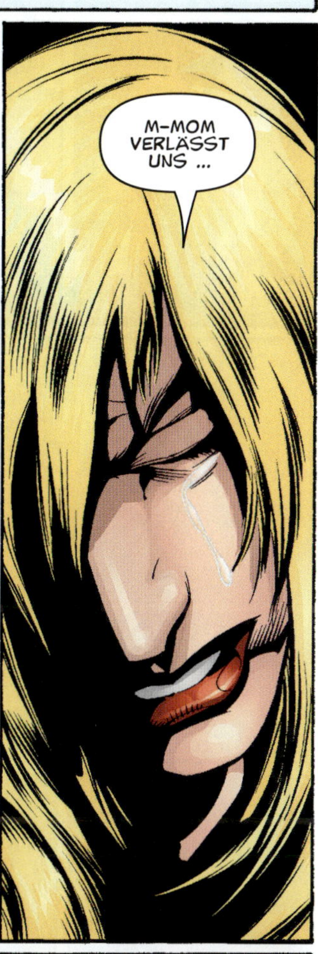
M-MOM VERLÄSST UNS ...

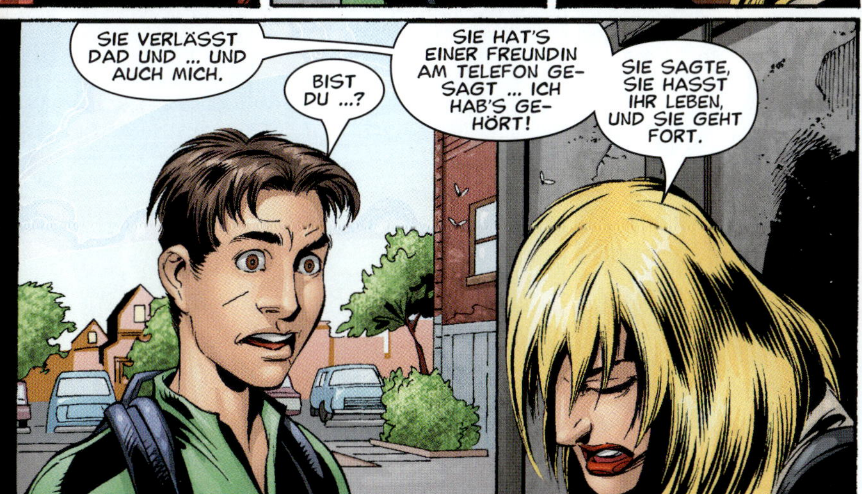
SIE VERLÄSST DAD UND ... UND AUCH MICH.
BIST DU ...?
SIE HAT'S EINER FREUNDIN AM TELEFON GE-SAGT ... ICH HAB'S GE-HÖRT!
SIE SAGTE, SIE HASST IHR LEBEN, UND SIE GEHT FORT.

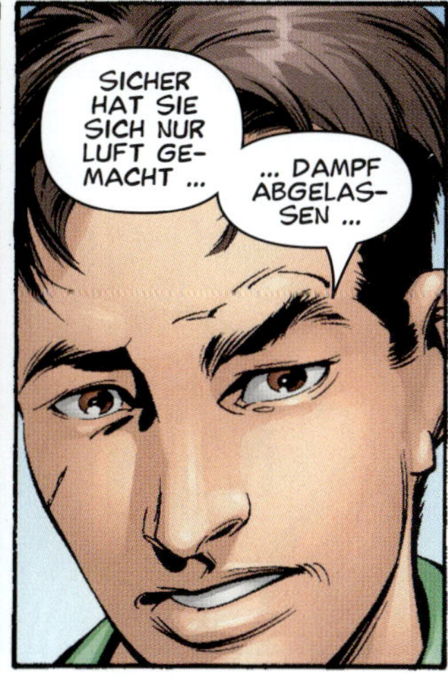
SICHER HAT SIE SICH NUR LUFT GE-MACHT ...
... DAMPF ABGELAS-SEN ...

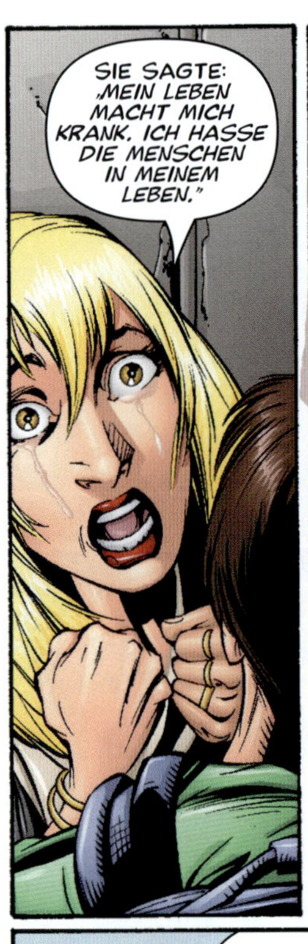
SIE SAGTE: „MEIN LEBEN MACHT MICH KRANK. ICH HASSE DIE MENSCHEN IN MEINEM LEBEN.“
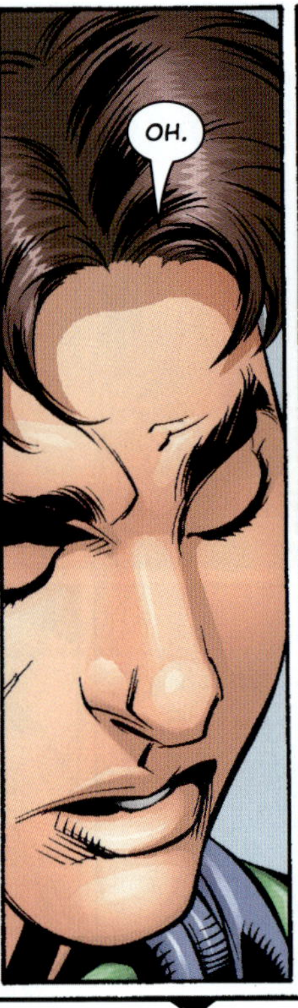
OH.
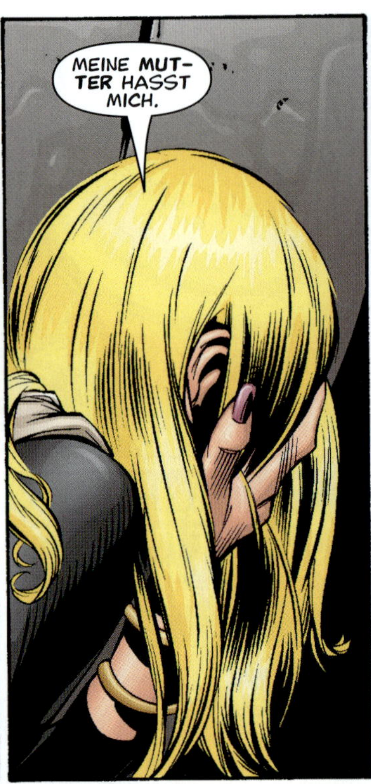
MEINE MUTTER HASST MICH.
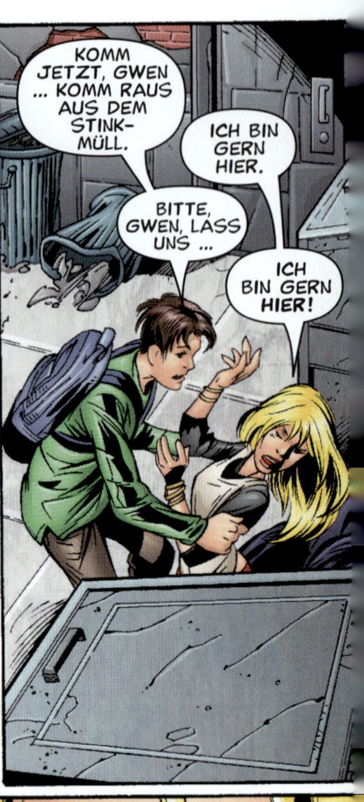
KOMM JETZT, GWEN ... KOMM RAUS AUS DEM STINKMÜLL.
ICH BIN GERN HIER.
BITTE, GWEN, LASS UNS ...
ICH BIN GERN HIER!
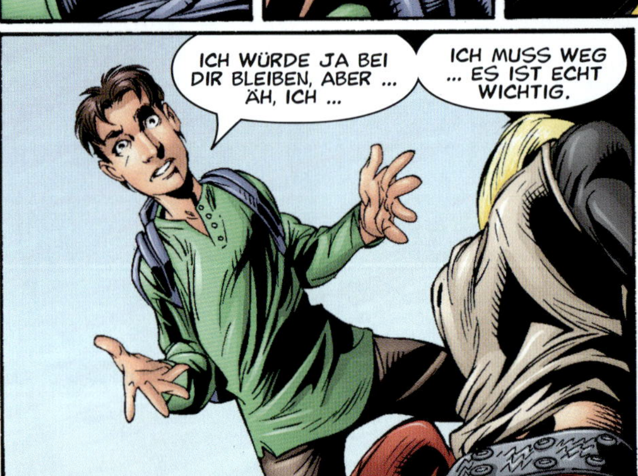
ICH WÜRDE JA BEI DIR BLEIBEN, ABER ... ÄH, ICH ...
ICH MUSS WEG ... ES IST ECHT WICHTIG.
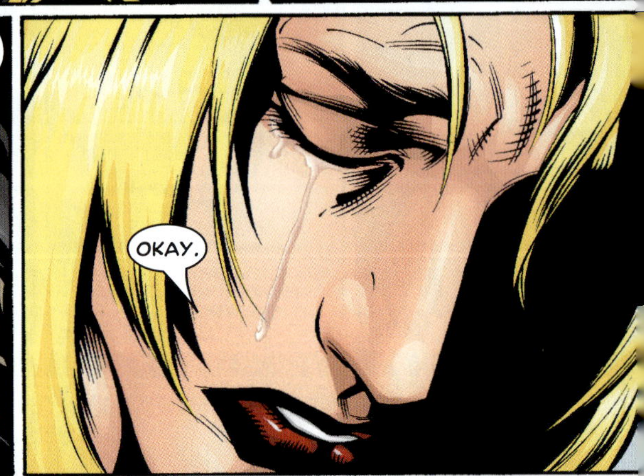
OKAY.
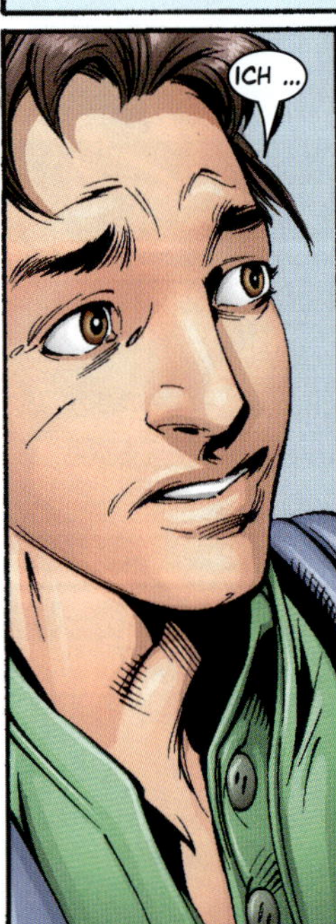
ICH ...
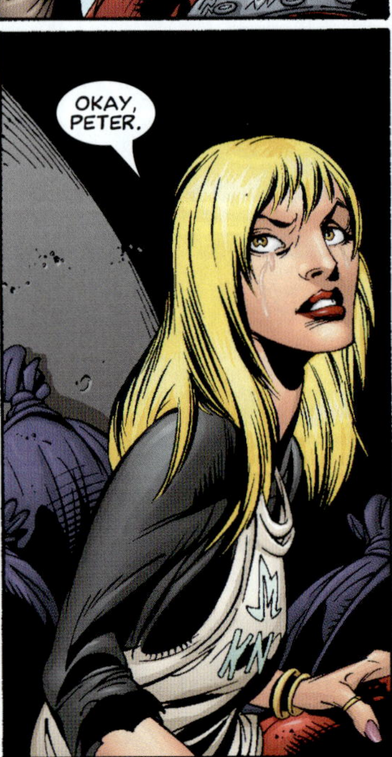
OKAY, PETER.
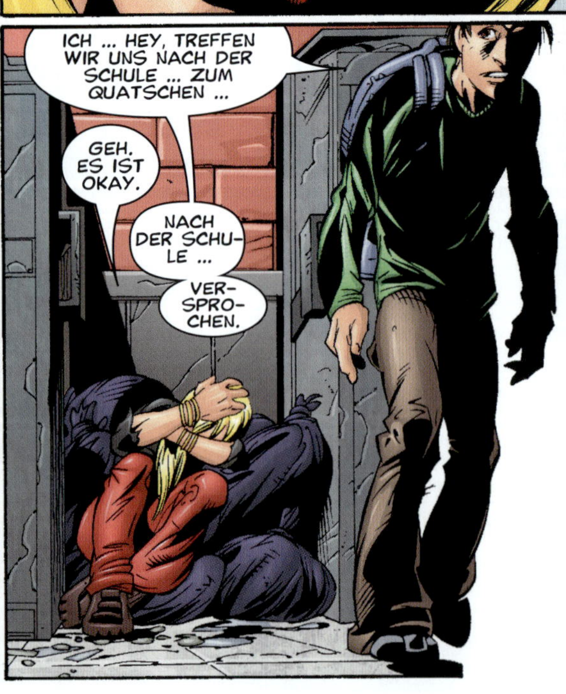
ICH ... HEY, TREFFEN WIR UNS NACH DER SCHULE ... ZUM QUATSCHEN ...
GEH. ES IST OKAY.
NACH DER SCHULE ...
VERSPROCHEN.

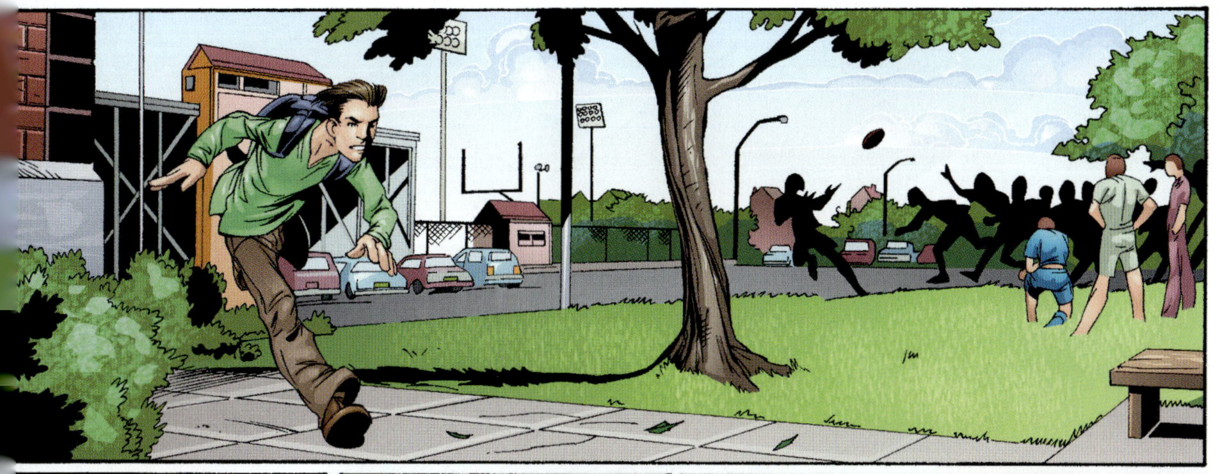

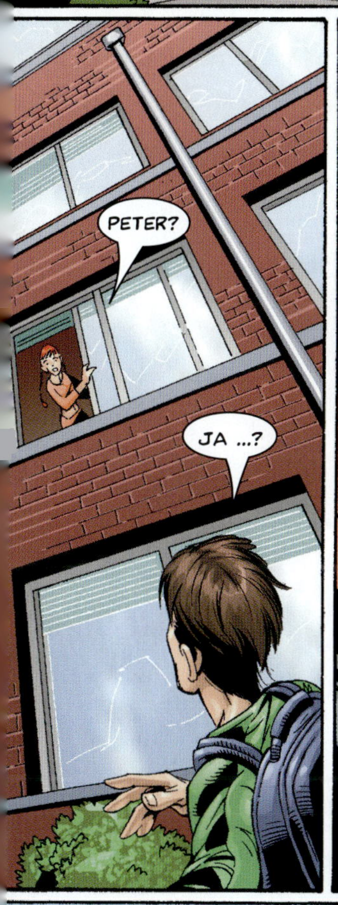

PETER?
JA ...?

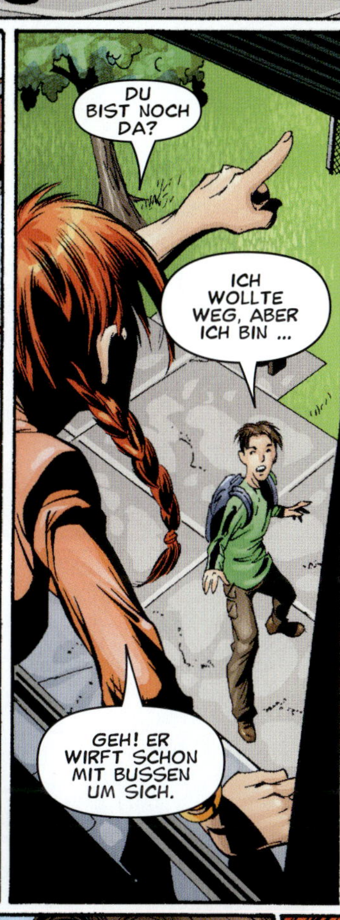

DU BIST NOCH DA?
ICH WOLLTE WEG, ABER ICH BIN ...
GEH! ER WIRFT SCHON MIT BUSSEN UM SICH.

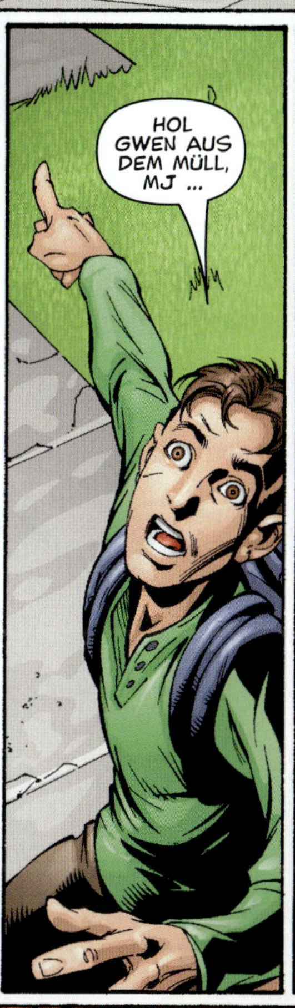

HOL GWEN AUS DEM MÜLL, MJ ...

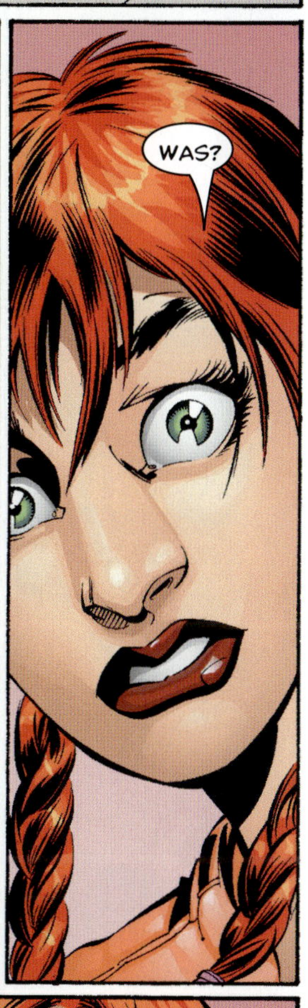

WAS?

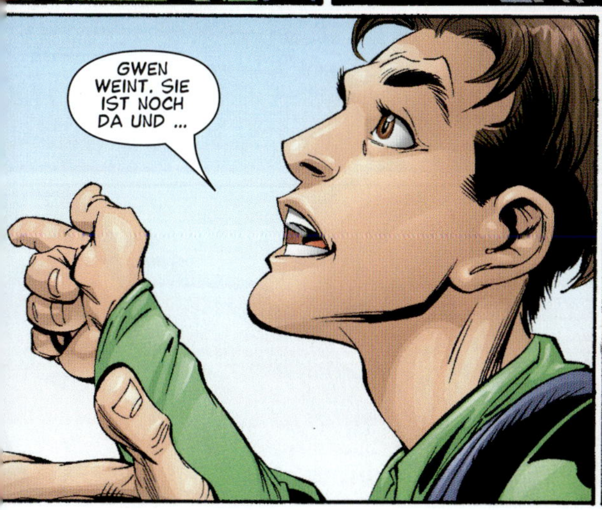

GWEN WEINT. SIE IST NOCH DA UND ...

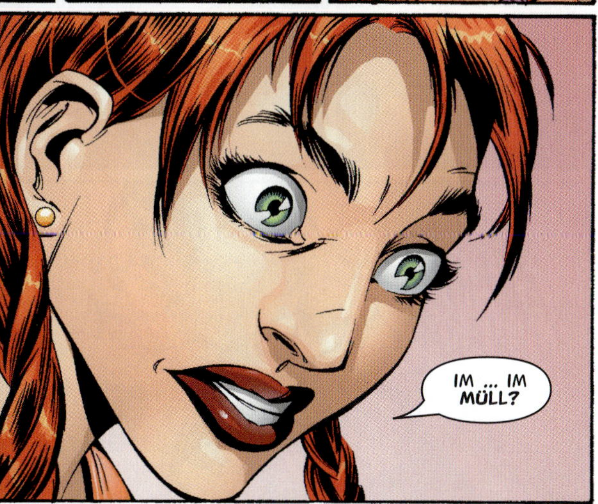

IM ... IM MÜLL?

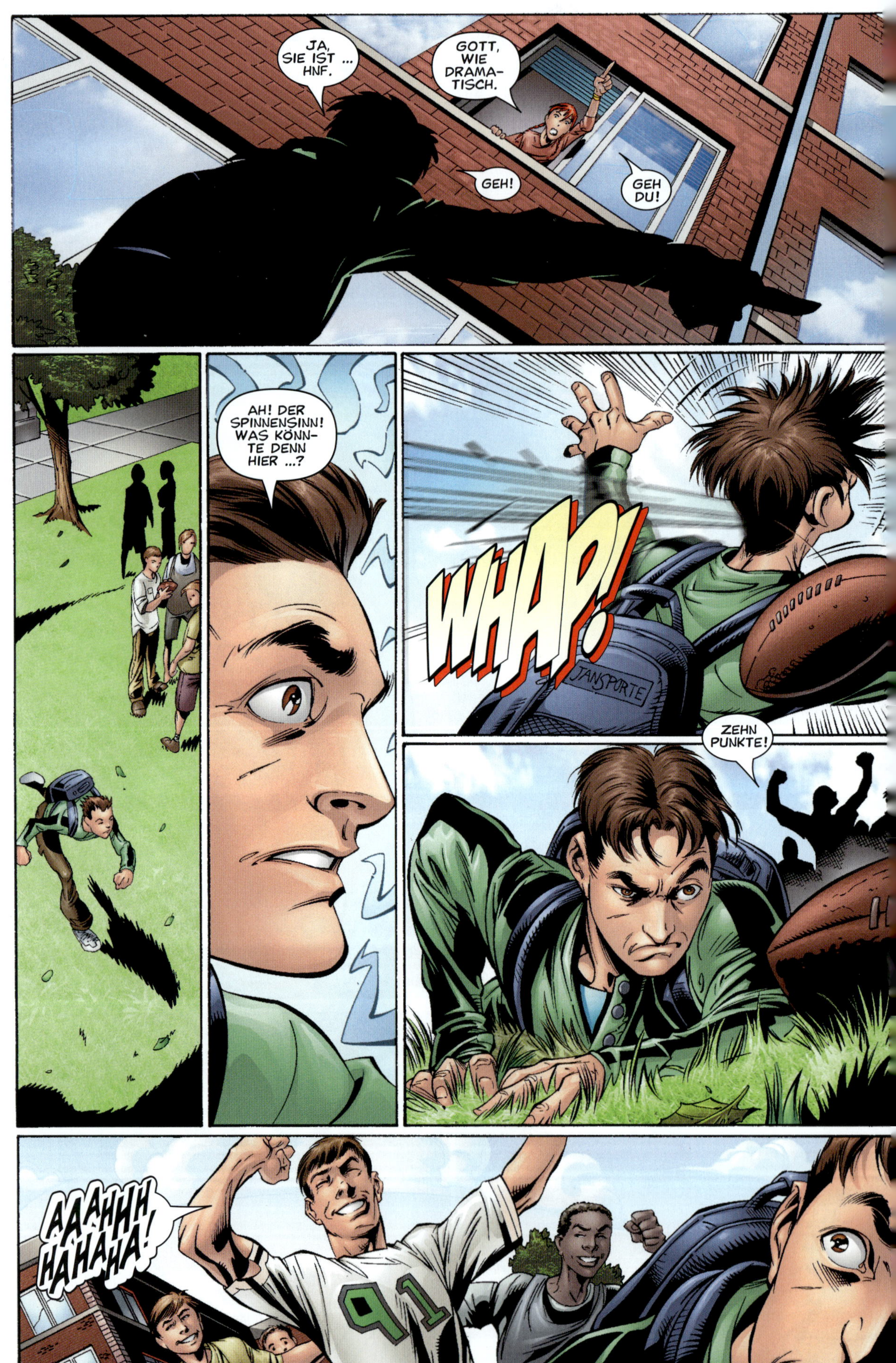
JA, SIE IST ... HNF.
GOTT, WIE DRAMATISCH.
GEH!
GEH DU!
AH! DER SPINNENSINN! WAS KÖNNTE DENN HIER ...?
WHAP!
JANSPORTE
ZEHN PUNKTE!
AAAHHH HAHAHA!

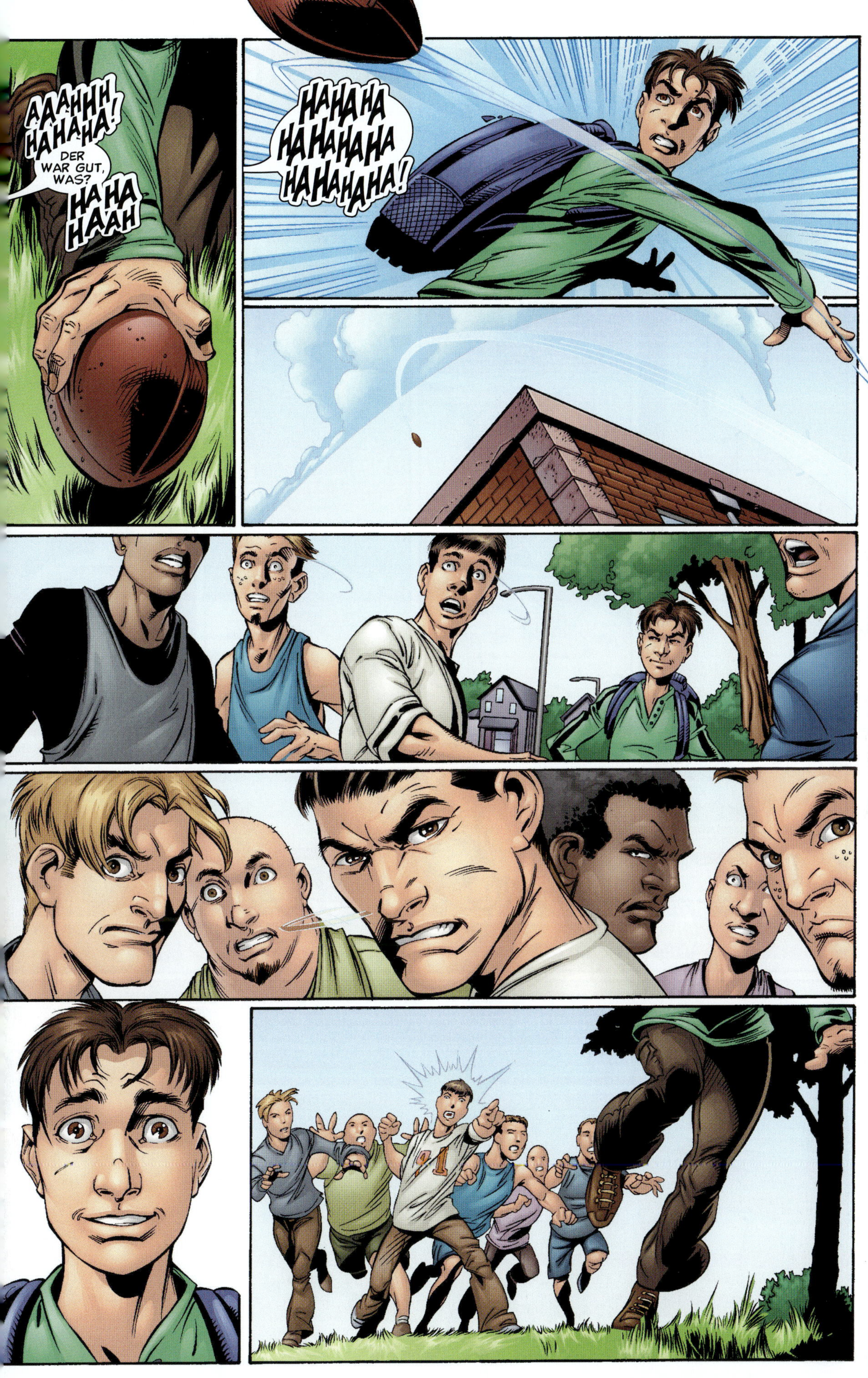
AAAHHH, HAHAHA!
DER WAR GUT, WAS?
HAHA HAAH
HAHAHA HAHAHAHA HAHAHAHA!

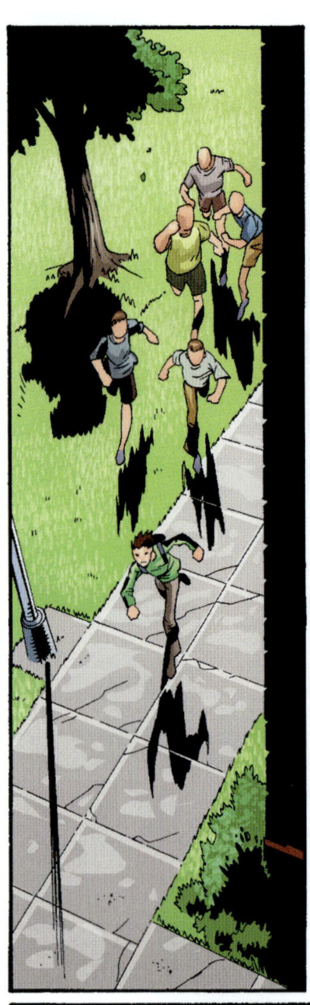

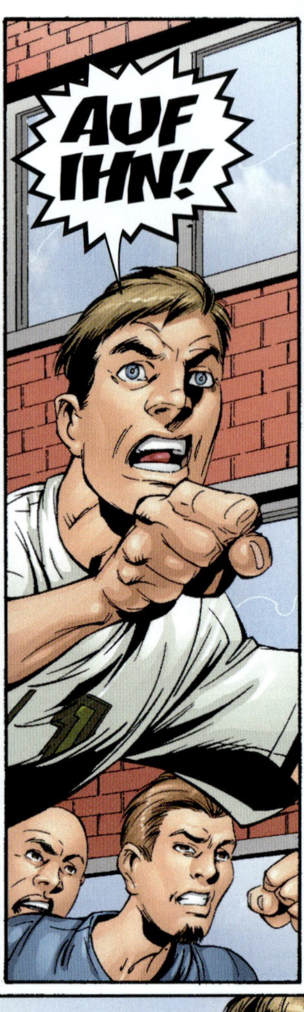
AUF IHN!

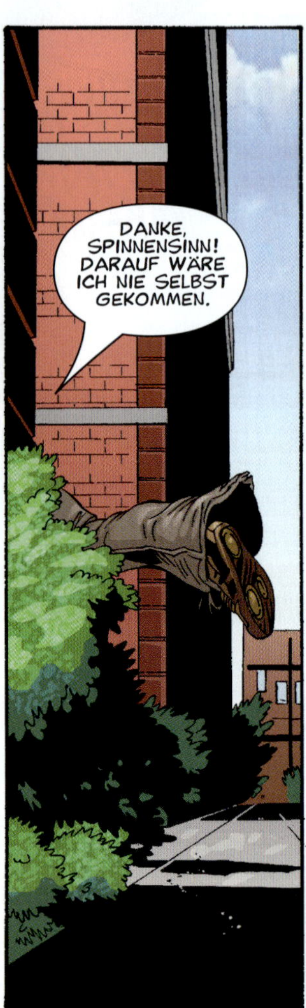
DANKE, SPINNENSINN! DARAUF WÄRE ICH NIE SELBST GEKOMMEN.

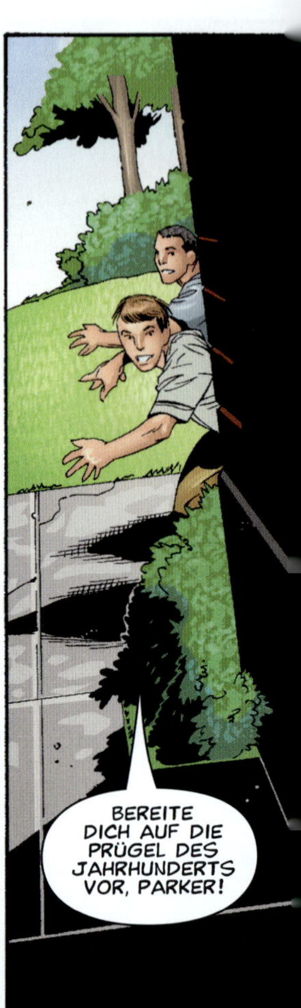
BEREITE DICH AUF DIE PRÜGEL DES JAHRHUNDERTS VOR, PARKER!

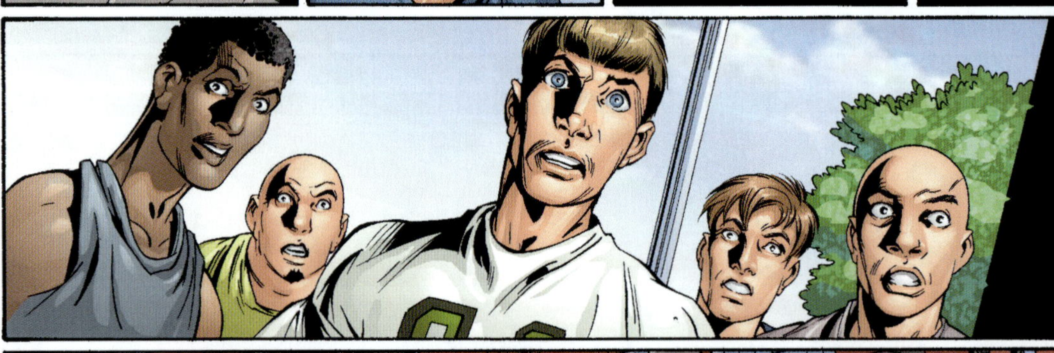

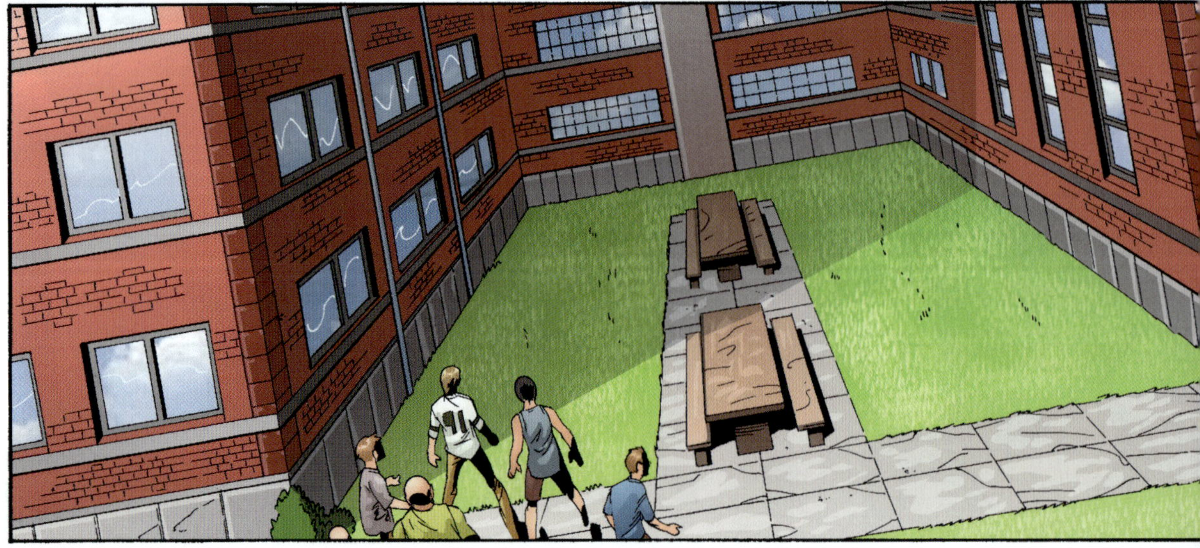

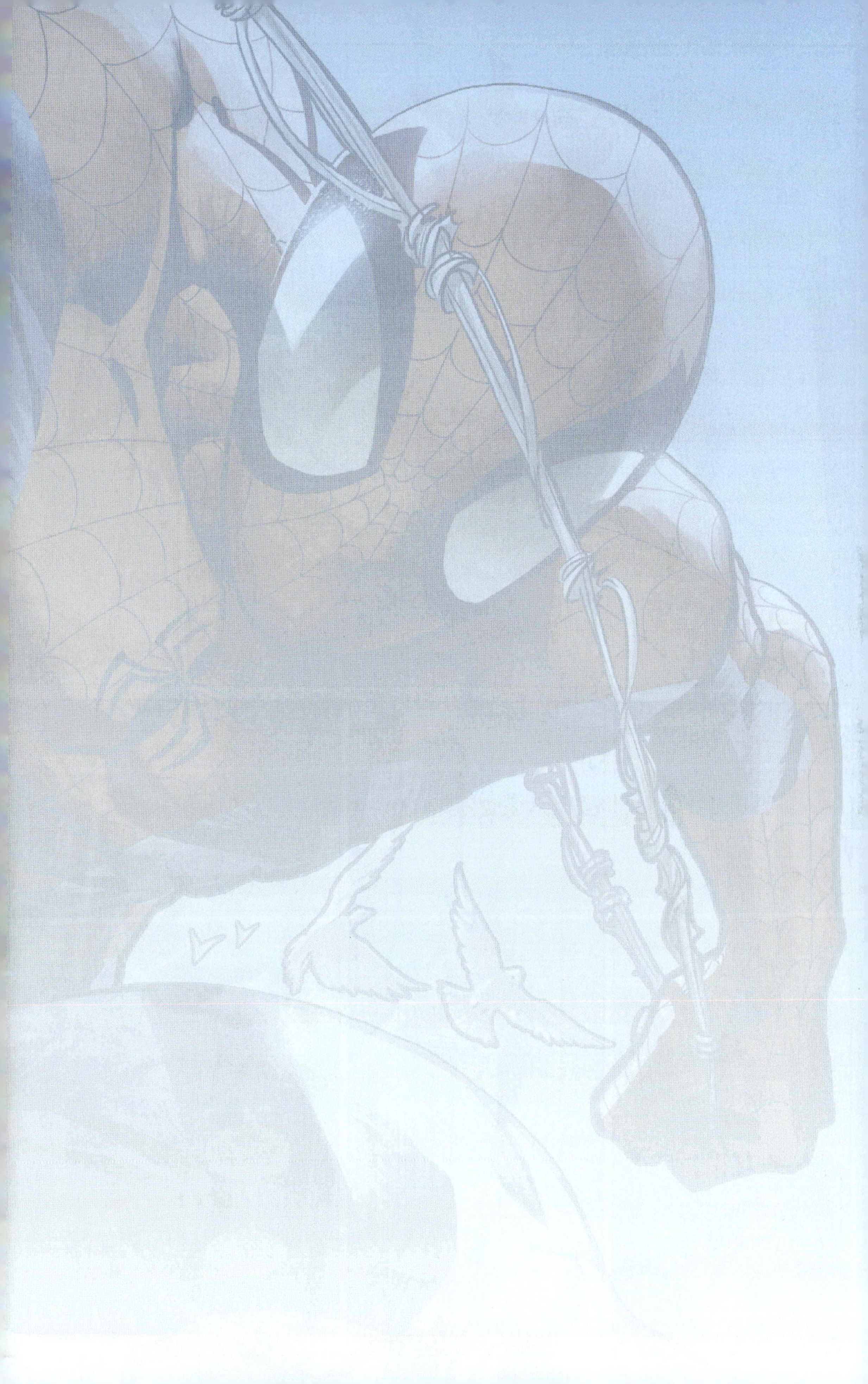

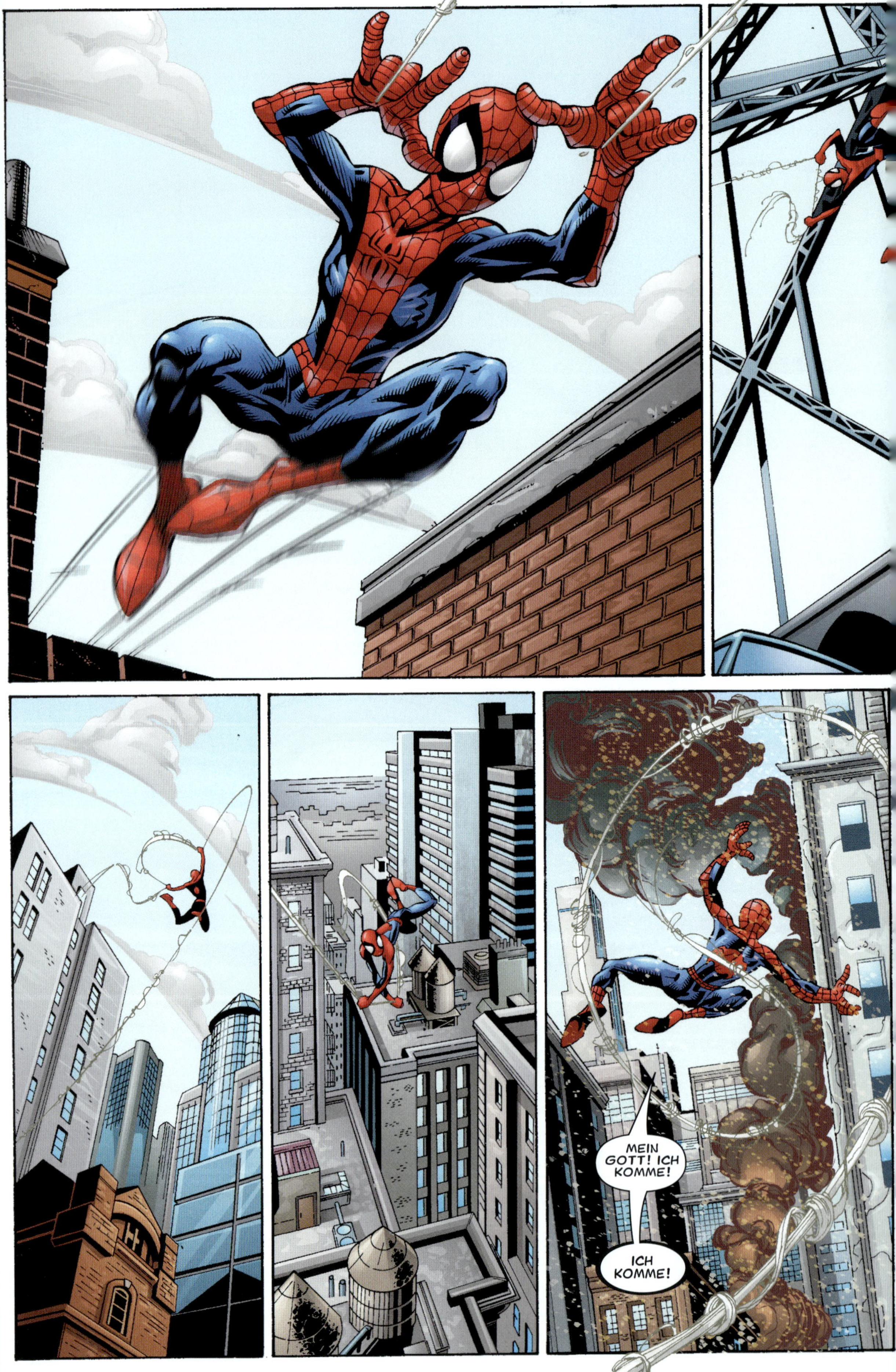

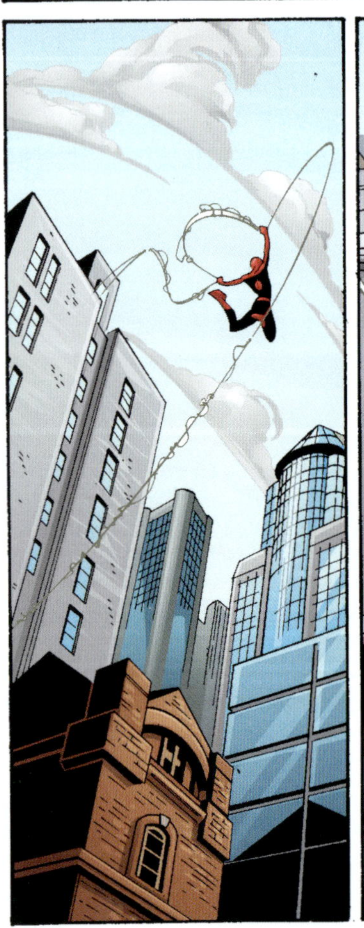

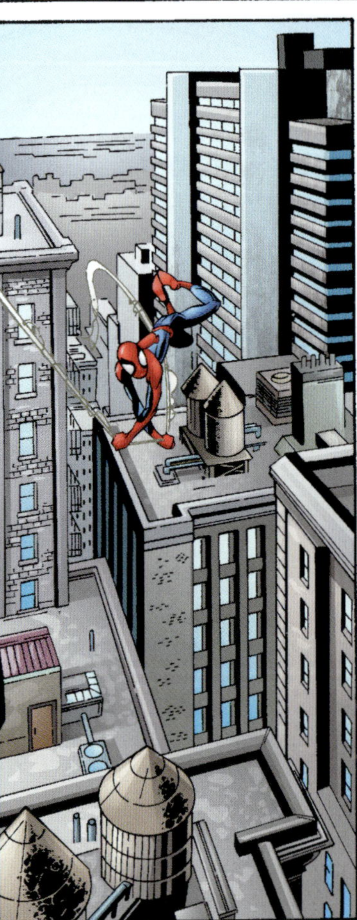

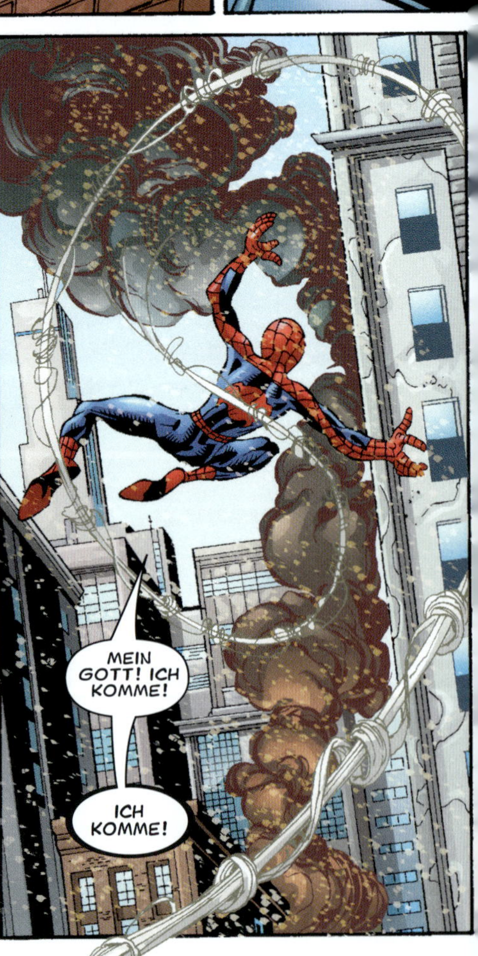
MEIN GOTT! ICH KOMME!
ICH KOMME!

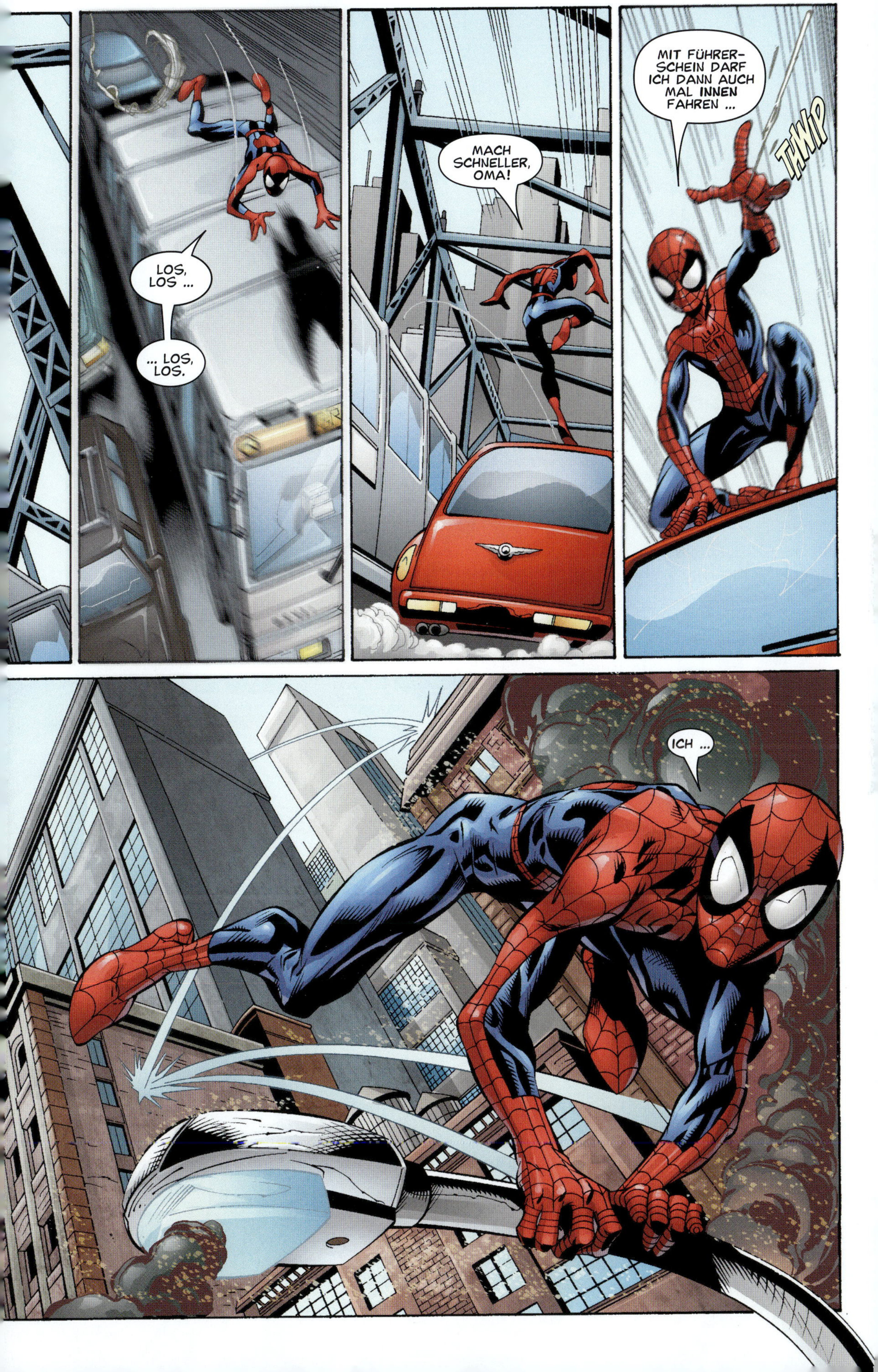

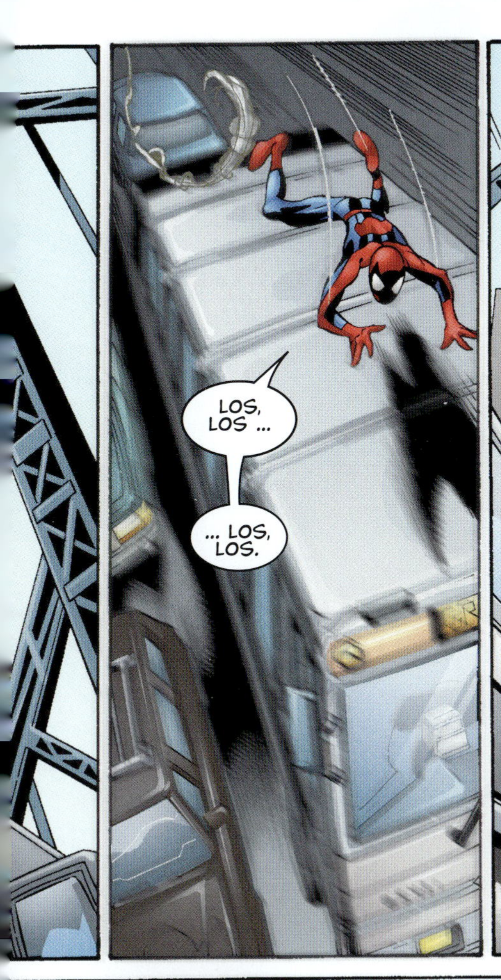
LOS, LOS ...
... LOS, LOS.

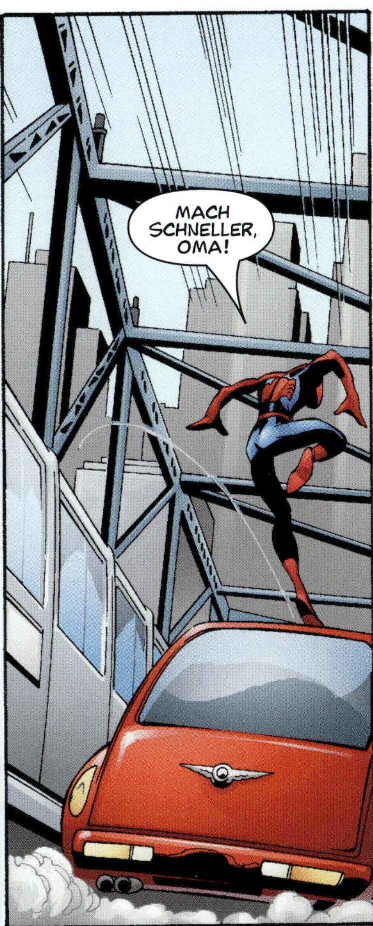
MACH SCHNELLER, OMA!

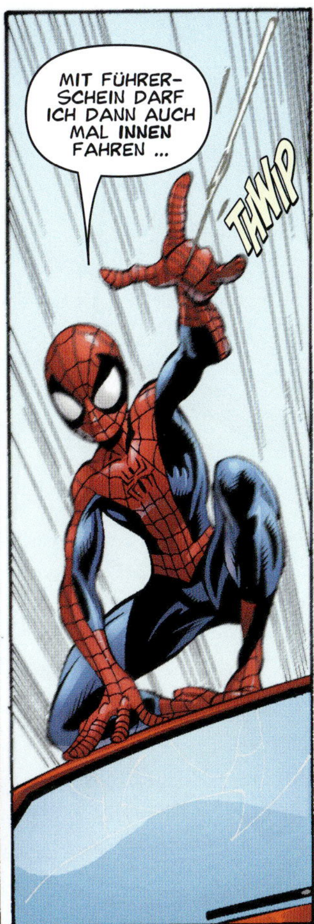
MIT FÜHRER-SCHEIN DARF ICH DANN AUCH MAL INNEN FAHREN ...
THWIP

ICH ...

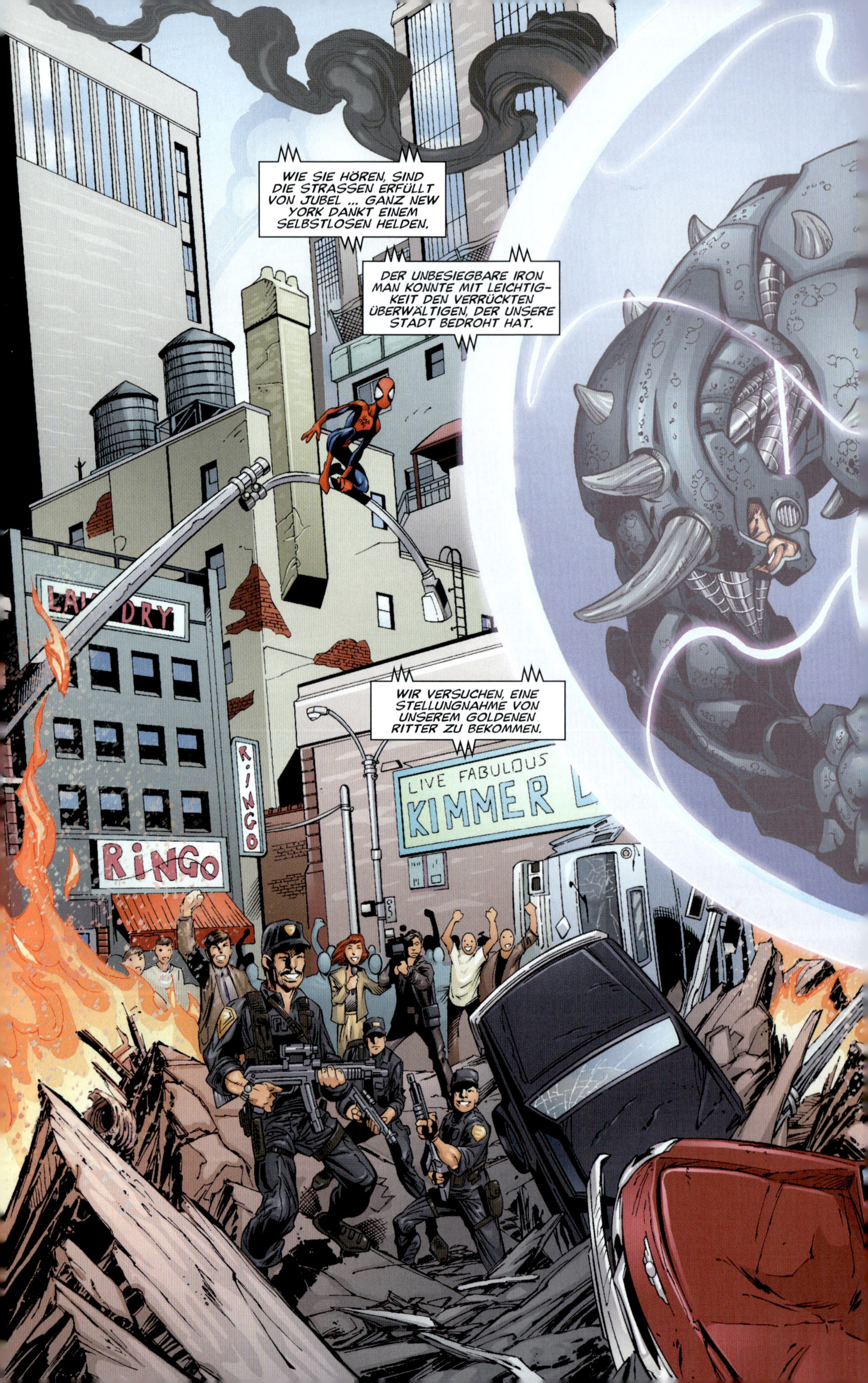
WIE SIE HÖREN, SIND DIE STRASSEN ERFÜLLT VON JUBEL ... GANZ NEW YORK DANKT EINEM SELBSTLOSEN HELDEN.
DER UNBESIEGBARE IRON MAN KONNTE MIT LEICHTIG-KEIT DEN VERRÜCKTEN ÜBERWÄLTIGEN, DER UNSERE STADT BEDROHT HAT.
WIR VERSUCHEN, EINE STELLUNGNAHME VON UNSEREM GOLDENEN RITTER ZU BEKOMMEN.
LAUNDRY
RINGO
RINGO
LIVE FABULOUS
KIMMER

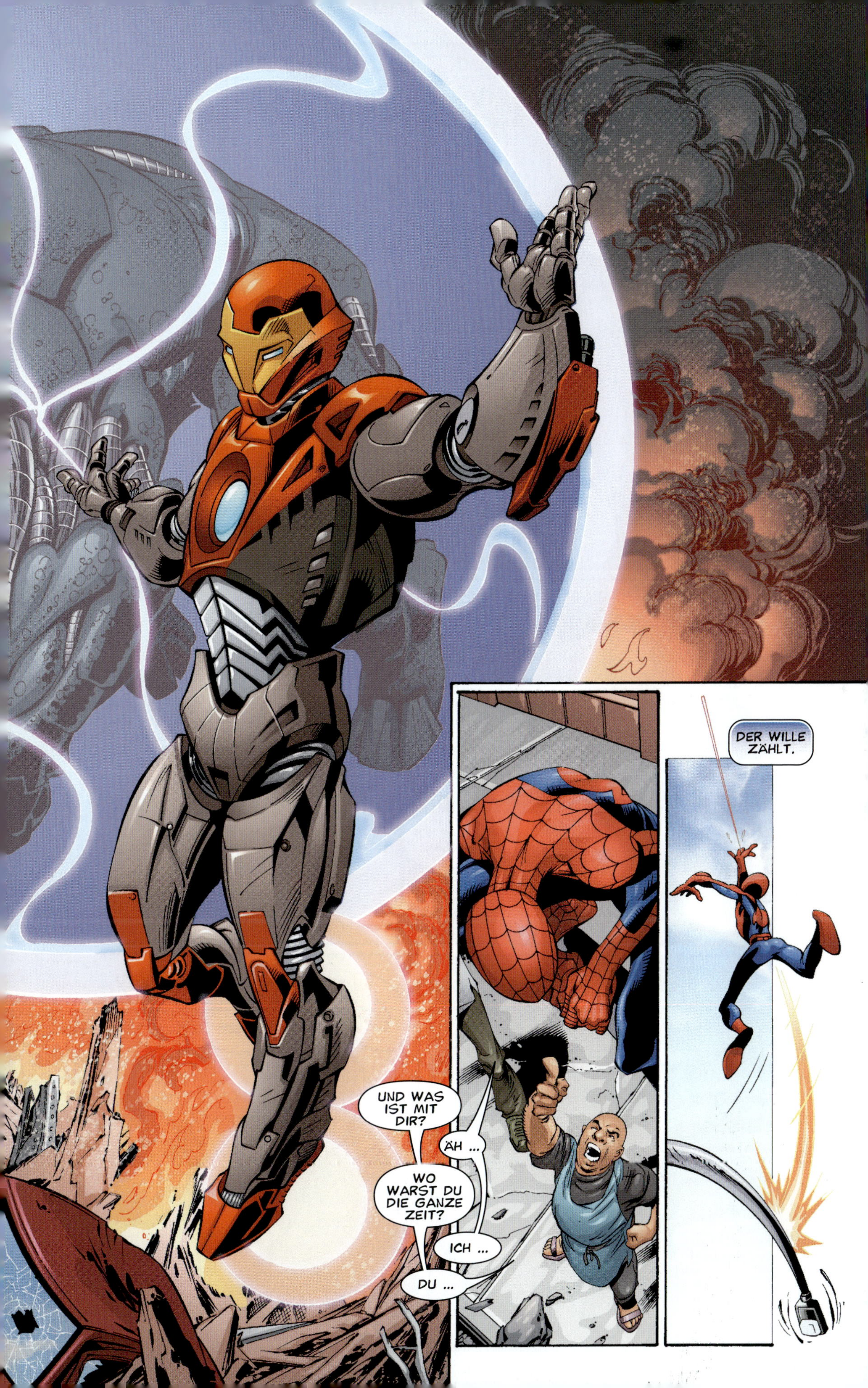
UND WAS IST MIT DIR?
ÄH ...
WO WARST DU DIE GANZE ZEIT?
ICH ...
DU ...
DER WILLE ZÄHLT.

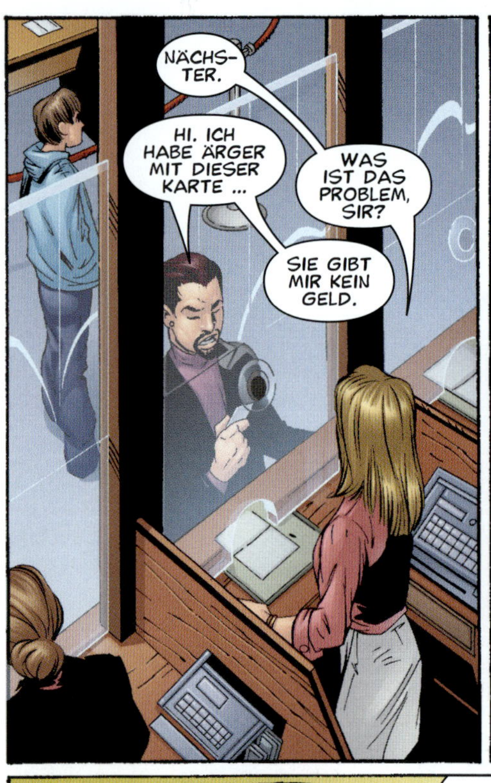
NÄCHS-
TER.
HI. ICH
HABE ÄRGER
MIT DIESER
KARTE ...
WAS
IST DAS
PROBLEM,
SIR?
SIE GIBT
MIR KEIN
GELD.

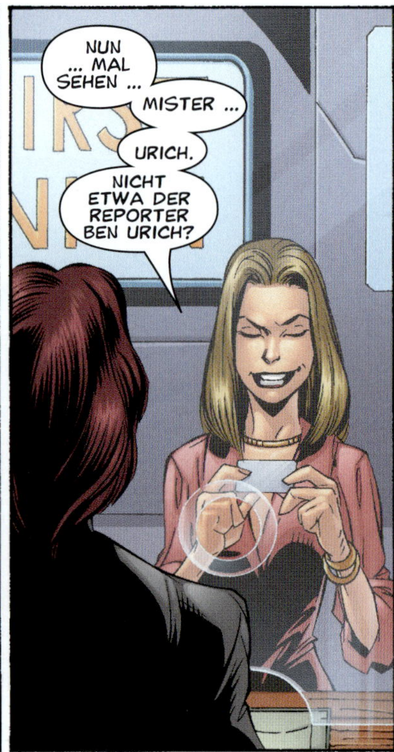
NUN
... MAL
SEHEN ...
MISTER ...
URICH.
NICHT
ETWA DER
REPORTER
BEN URICH?

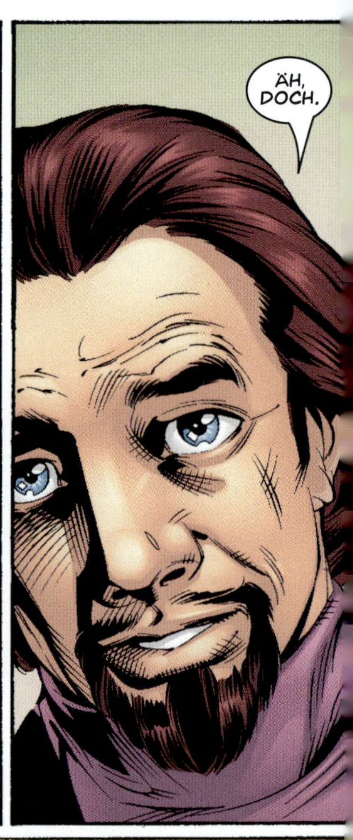
ÄH,
DOCH.

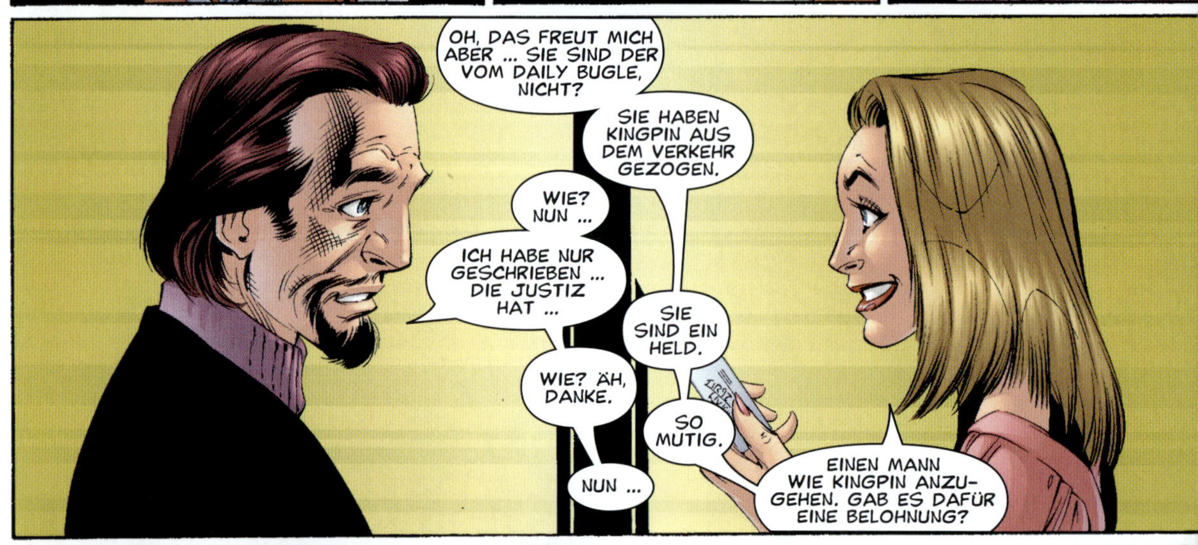
OH, DAS FREUT MICH
ABER ... SIE SIND DER
VOM DAILY BUGLE,
NICHT?
SIE HABEN
KINGPIN AUS
DEM VERKEHR
GEZOGEN.
WIE?
NUN ...
ICH HABE NUR
GESCHRIEBEN ...
DIE JUSTIZ
HAT ...
SIE
SIND EIN
HELD.
WIE? ÄH,
DANKE.
SO
MUTIG.
NUN ...
EINEN MANN
WIE KINGPIN ANZU-
GEHEN. GAB ES DAFÜR
EINE BELOHNUNG?

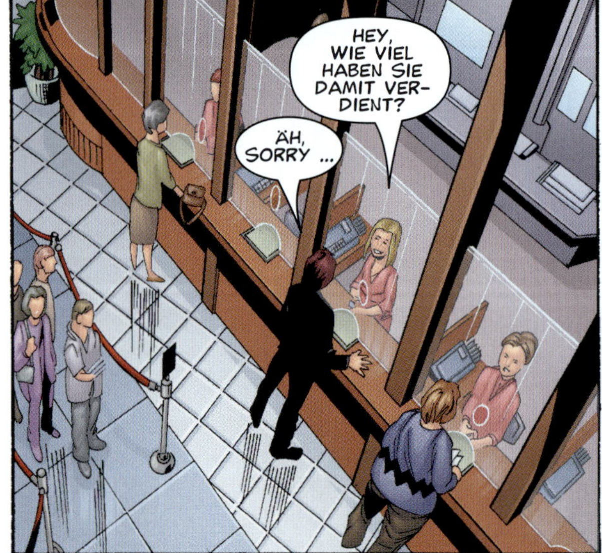
HEY,
WIE VIEL
HABEN SIE
DAMIT VER-
DIENT?
ÄH,
SORRY ...

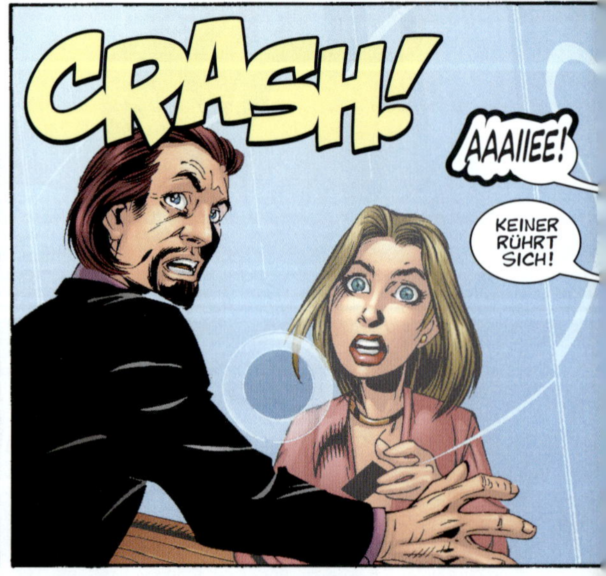
CRASH!
AAAIIEE!
KEINER
RÜHRT
SICH!

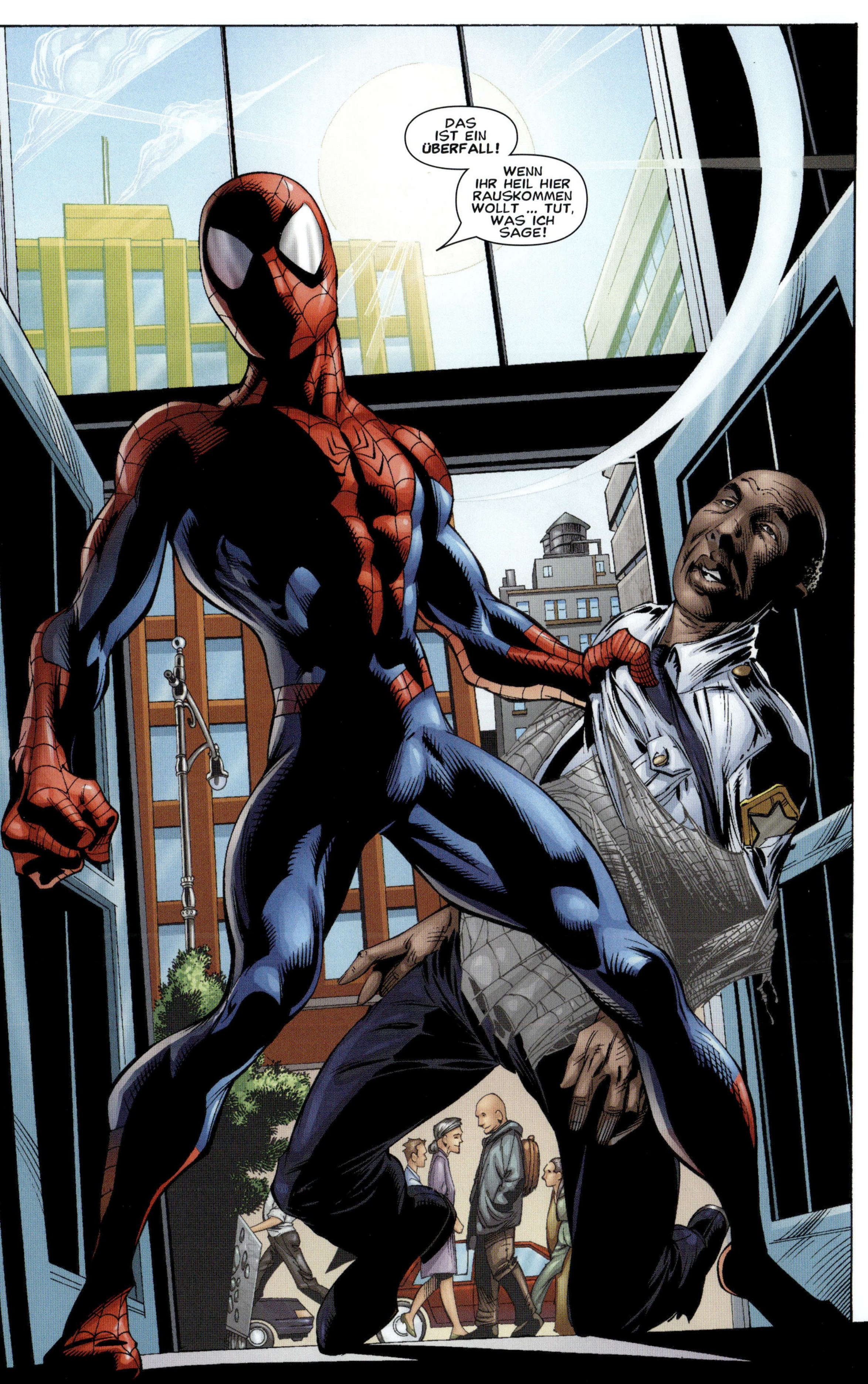
DAS IST EIN ÜBERFALL!
WENN IHR HEIL HIER RAUSKOMMEN WOLLT ... TUT, WAS ICH SAGE!

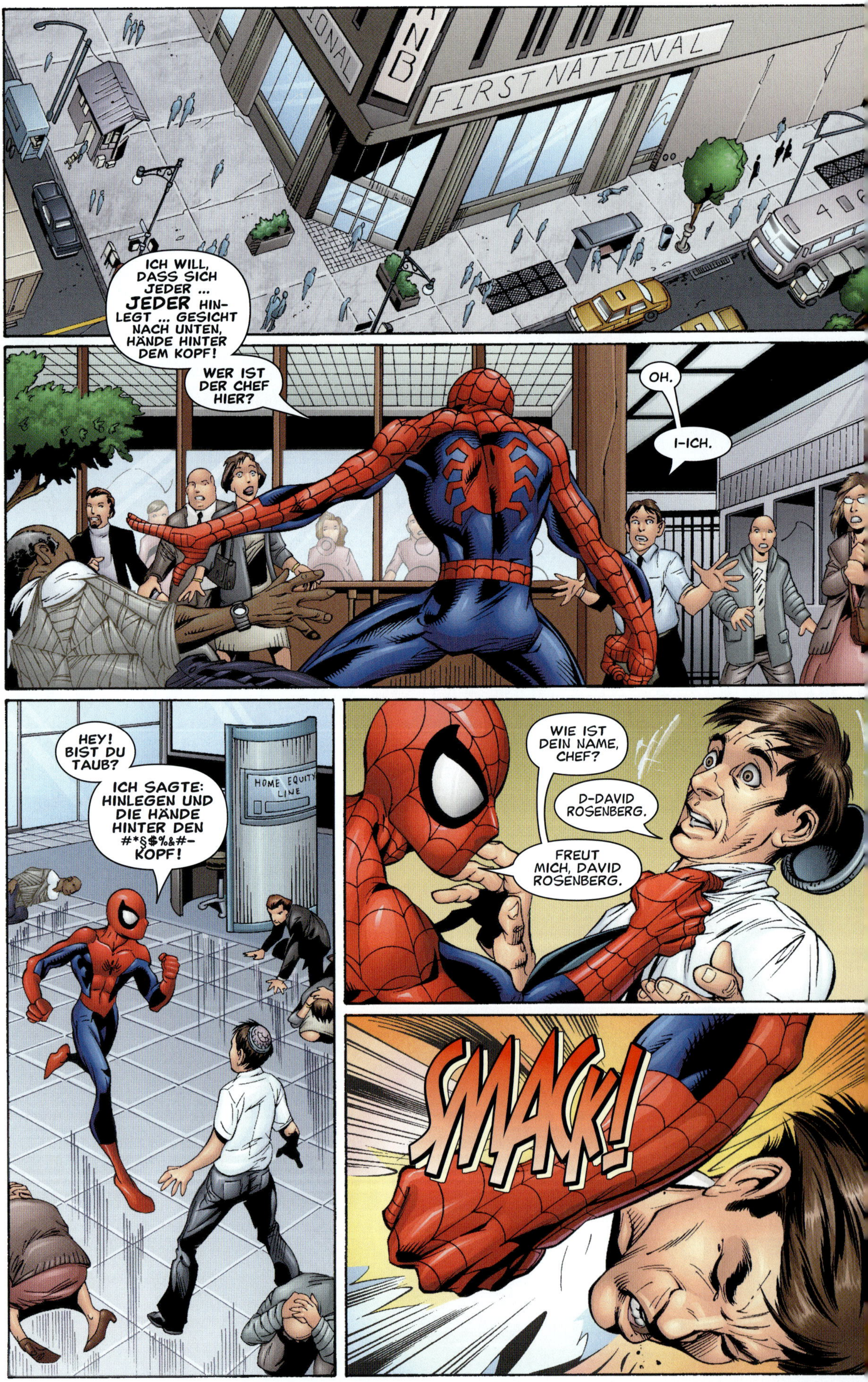

FIRST NATIONAL
ICH WILL, DASS SICH JEDER ... **JEDER** HINLEGT ... GESICHT NACH UNTEN, HÄNDE HINTER DEM KOPF!

WER IST DER CHEF HIER?
OH.
I-ICH.

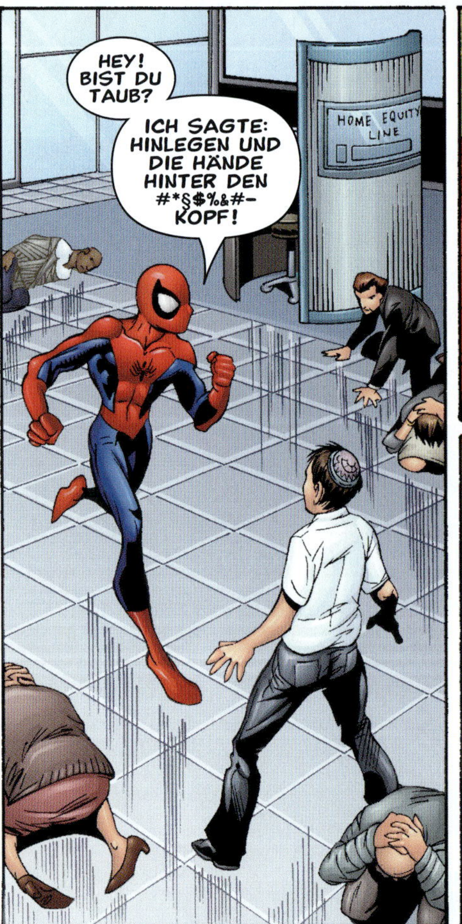
HEY! BIST DU TAUB?
ICH SAGTE: HINLEGEN UND DIE HÄNDE HINTER DEN #*§$%&#-KOPF!
HOME EQUITY LINE

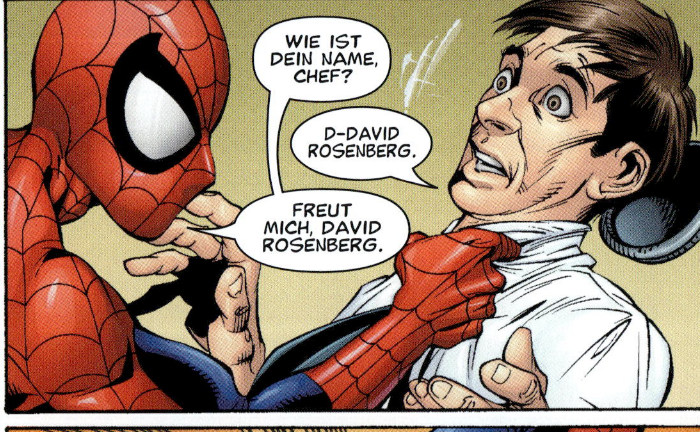
WIE IST DEIN NAME, CHEF?
D-DAVID ROSENBERG.
FREUT MICH, DAVID ROSENBERG.

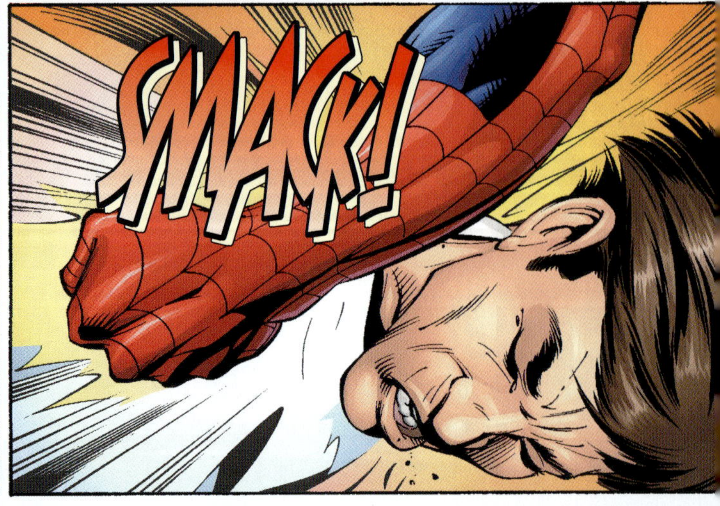
SMACK!

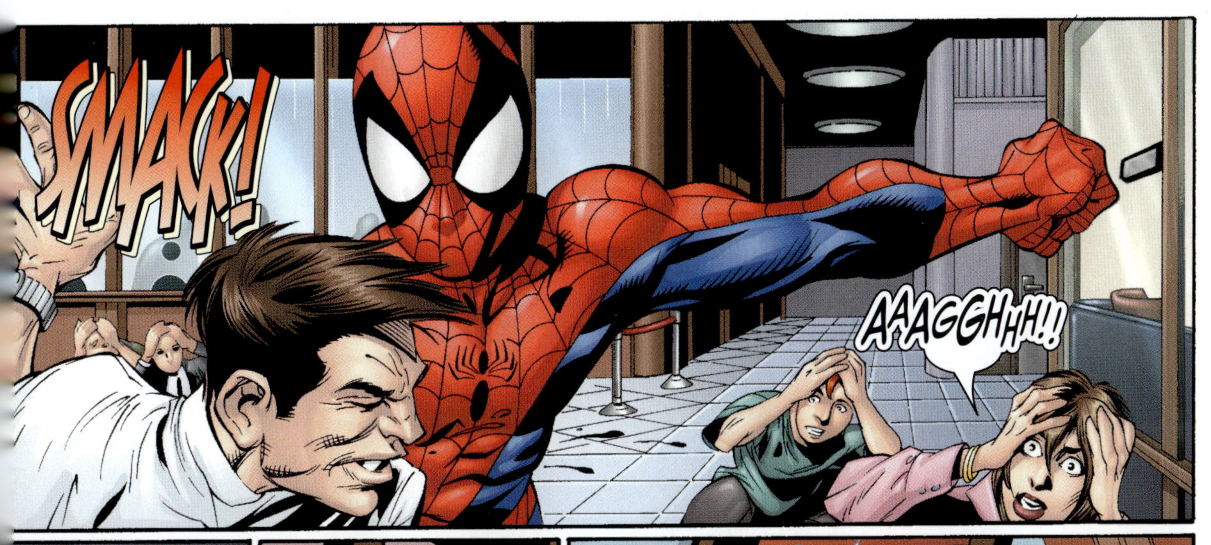
SMACK!
AAAGGHHH!!

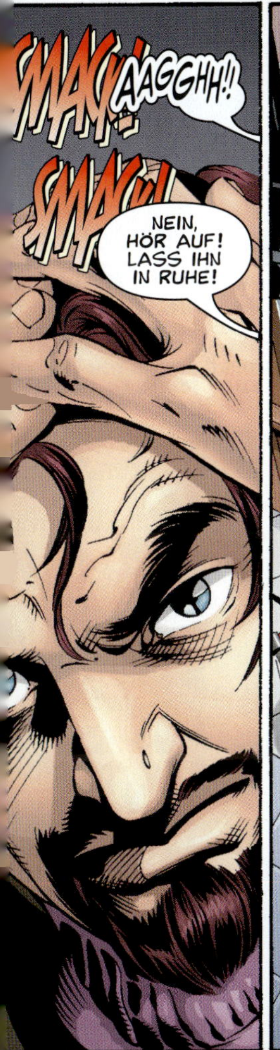
SMACK!
AAGGHH!!
SMACK!
NEIN, HÖR AUF! LASS IHN IN RUHE!

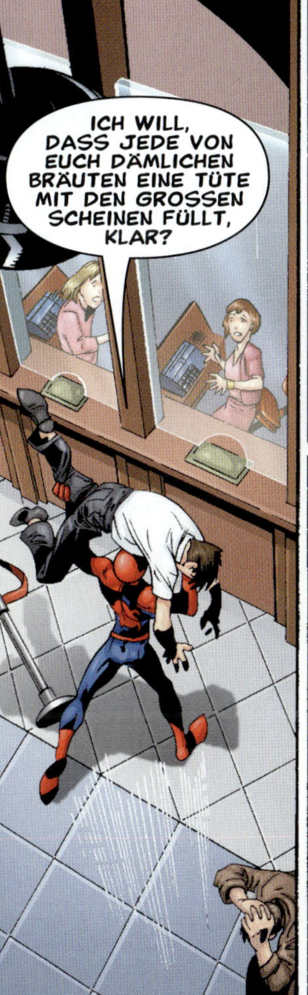
ICH WILL, DASS JEDE VON EUCH DÄMLICHEN BRÄUTEN EINE TÜTE MIT DEN GROSSEN SCHEINEN FÜLLT, KLAR?

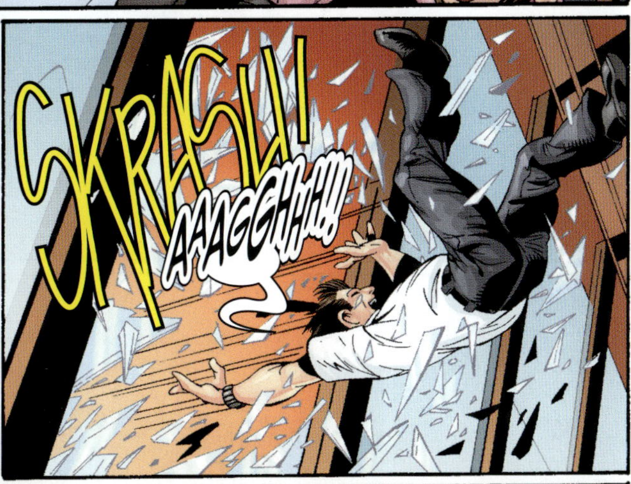
SKRASH!
AAAGGHHH!!!

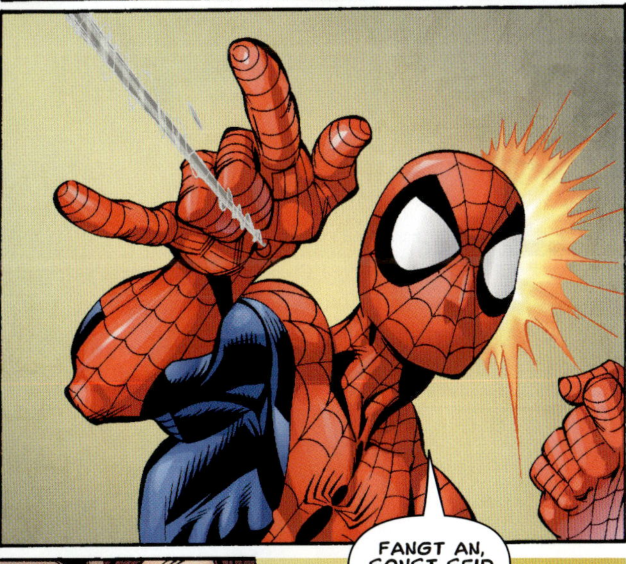

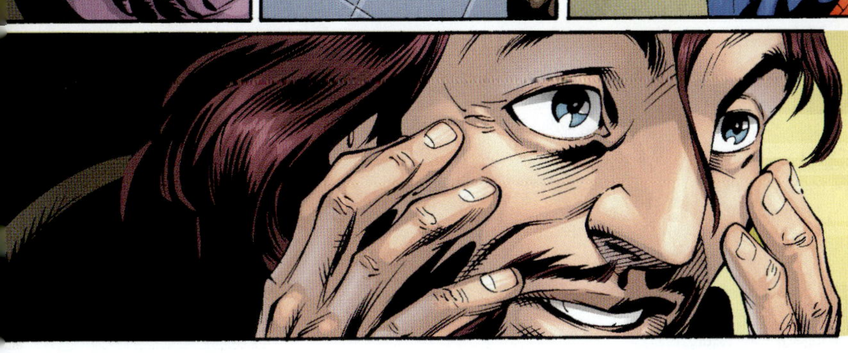
FANGT AN, SONST SEID IHR DRAN!
WER SICH BENIMMT, HAT NICHTS ZU BEFÜRCHTEN!

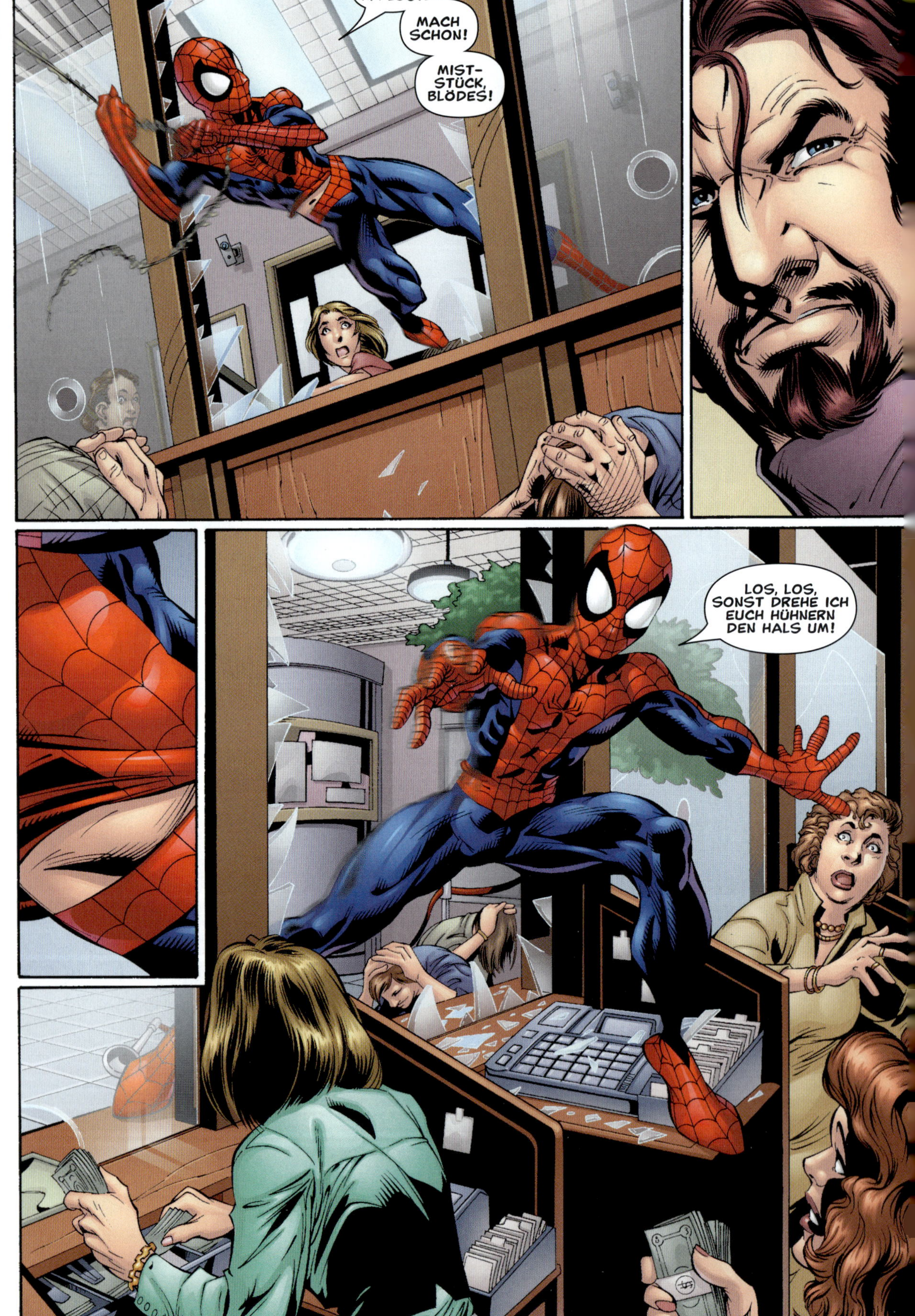
NA LOS!
MACH SCHON!
MIST-STÜCK, BLÖDES!
LOS, LOS, SONST DREHE ICH EUCH HÜHNERN DEN HALS UM!

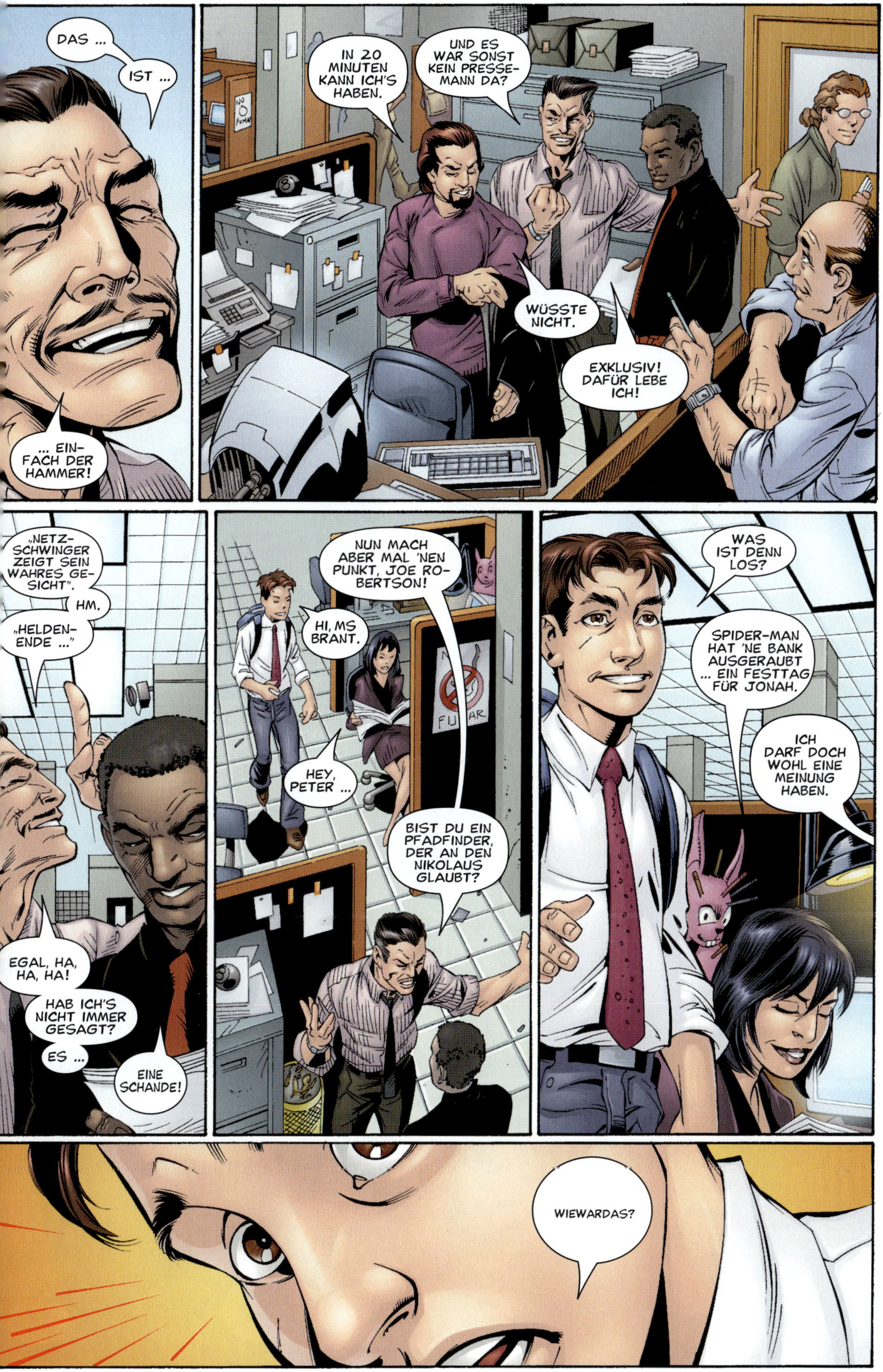

DAS ...
IST ...
... EINFACH DER HAMMER!

IN 20 MINUTEN KANN ICH'S HABEN.
UND ES WAR SONST KEIN PRESSEMANN DA?
WÜSSTE NICHT.
EXKLUSIV! DAFÜR LEBE ICH!

„NETZSCHWINGER ZEIGT SEIN WAHRES GESICHT".
HM.
„HELDENENDE ..."
EGAL, HA, HA, HA!
HAB ICH'S NICHT IMMER GESAGT?
ES ...
EINE SCHANDE!

NUN MACH ABER MAL 'NEN PUNKT, JOE ROBERTSON!
HI, MS BRANT.
HEY, PETER ...
BIST DU EIN PFADFINDER, DER AN DEN NIKOLAUS GLAUBT?

WAS IST DENN LOS?
SPIDER-MAN HAT 'NE BANK AUSGERAUBT ... EIN FESTTAG FÜR JONAH.
ICH DARF DOCH WOHL EINE MEINUNG HABEN.

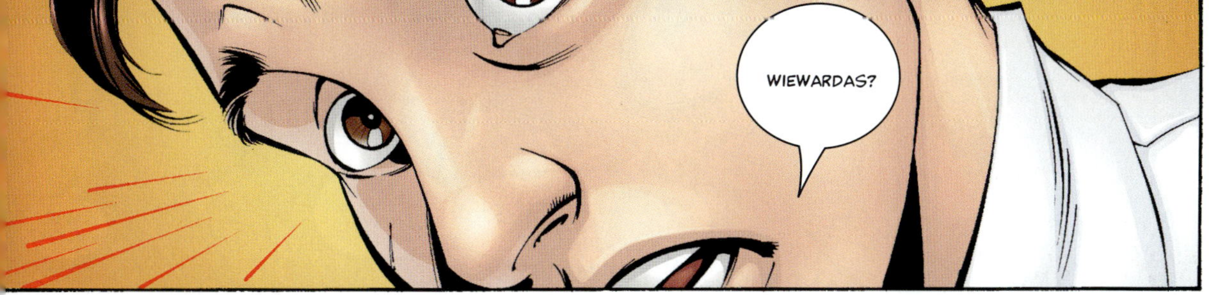

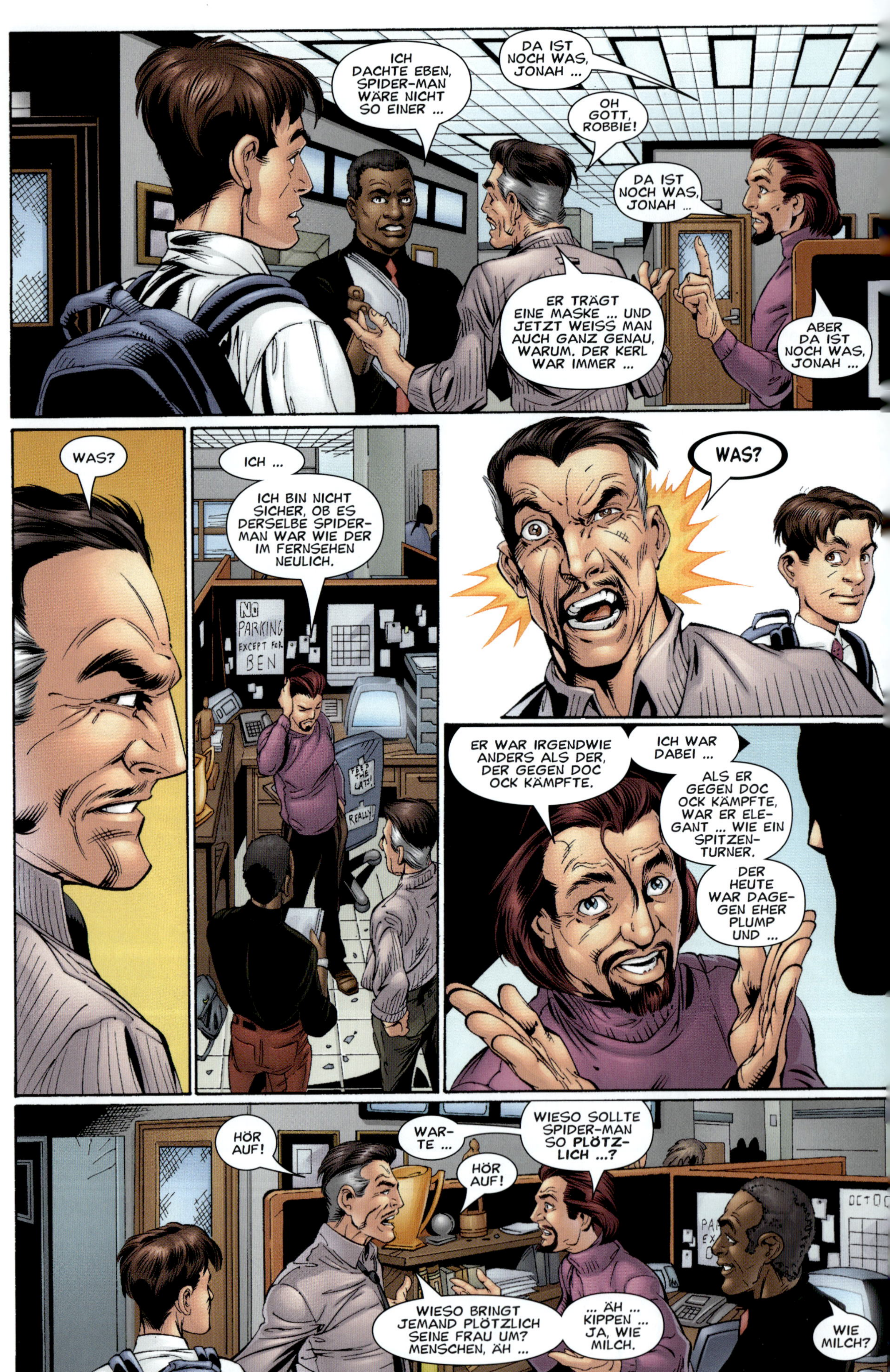
ICH DACHTE EBEN, SPIDER-MAN WÄRE NICHT SO EINER ...
DA IST NOCH WAS, JONAH ...
OH GOTT, ROBBIE!
DA IST NOCH WAS, JONAH ...
ER TRÄGT EINE MASKE ... UND JETZT WEISS MAN AUCH GANZ GENAU, WARUM. DER KERL WAR IMMER ...
ABER DA IST NOCH WAS, JONAH ...
WAS?
ICH ...
ICH BIN NICHT SICHER, OB ES DERSELBE SPIDER-MAN WAR WIE DER IM FERNSEHEN NEULICH.
NO PARKING EXCEPT FOR BEN
WAS?
ER WAR IRGENDWIE ANDERS ALS DER, DER GEGEN DOC OCK KÄMPFTE.
ICH WAR DABEI ...
ALS ER GEGEN DOC OCK KÄMPFTE, WAR ER ELEGANT ... WIE EIN SPITZENTURNER.
DER HEUTE WAR DAGEGEN EHER PLUMP UND ...
HÖR AUF!
WARTE ...
HÖR AUF!
WIESO SOLLTE SPIDER-MAN SO PLÖTZLICH ...?
WIESO BRINGT JEMAND PLÖTZLICH SEINE FRAU UM? MENSCHEN, ÄH ...
... ÄH ... KIPPEN ... JA, WIE MILCH.
WIE MILCH?

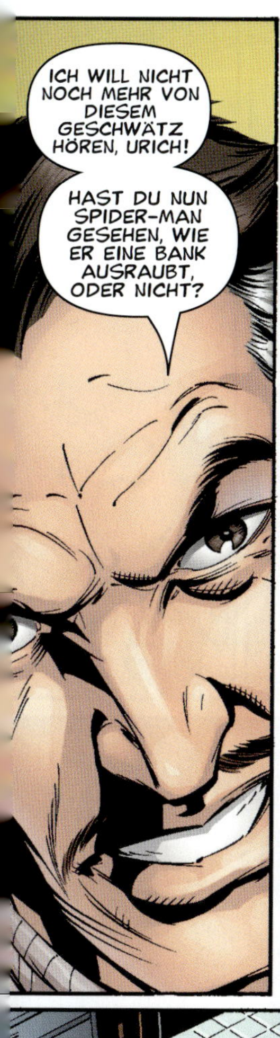
ICH WILL NICHT NOCH MEHR VON DIESEM GESCHWÄTZ HÖREN, URICH!
HAST DU NUN SPIDER-MAN GESEHEN, WIE ER EINE BANK AUSRAUBT, ODER NICHT?

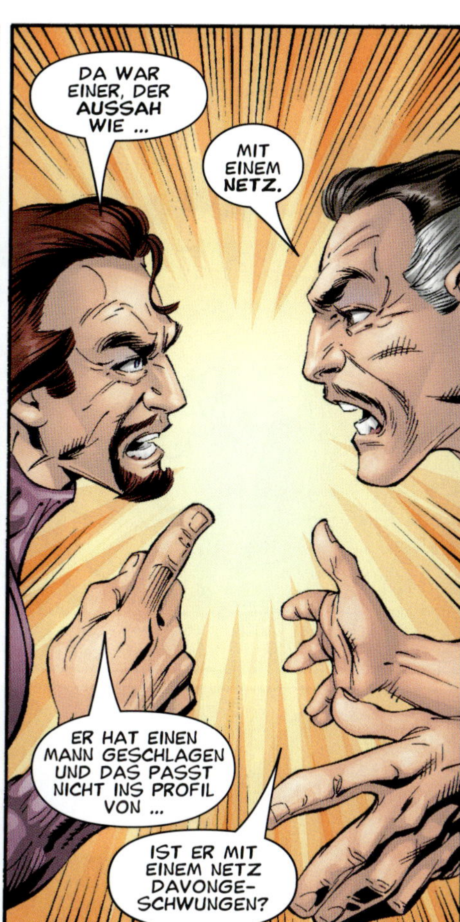
DA WAR EINER, DER AUSSAH WIE ...
MIT EINEM NETZ.
ER HAT EINEN MANN GESCHLAGEN UND DAS PASST NICHT INS PROFIL VON ...
IST ER MIT EINEM NETZ DAVONGE-SCHWUNGEN?

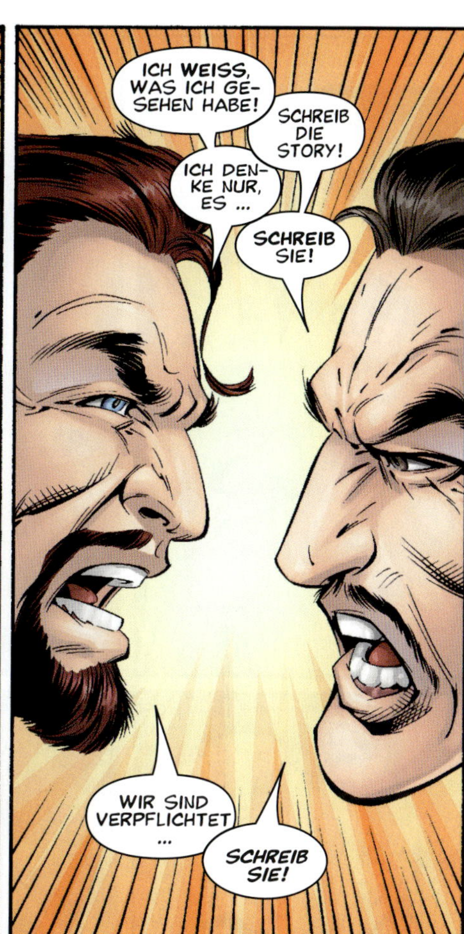
ICH WEISS, WAS ICH GE-SEHEN HABE!
SCHREIB DIE STORY!
ICH DEN-KE NUR, ES ...
SCHREIB SIE!
WIR SIND VERPFLICHTET ...
SCHREIB SIE!

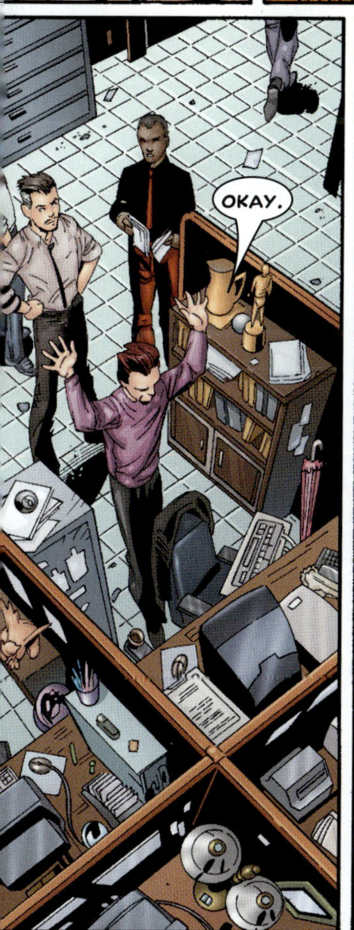
OKAY.

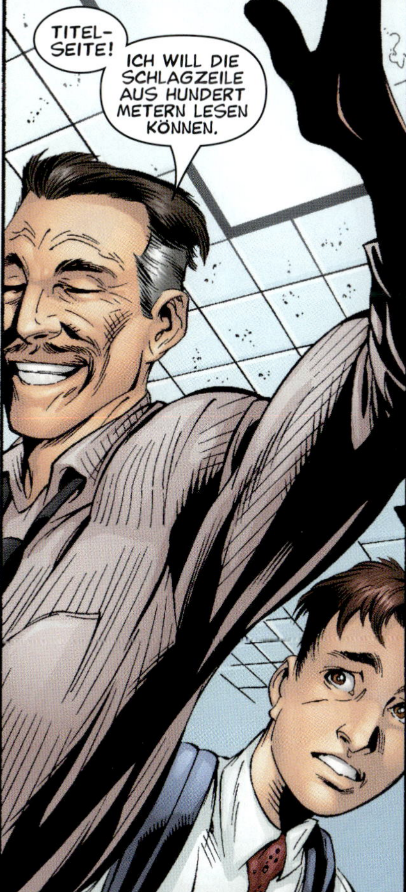
TITEL-SEITE!
ICH WILL DIE SCHLAGZEILE AUS HUNDERT METERN LESEN KÖNNEN.

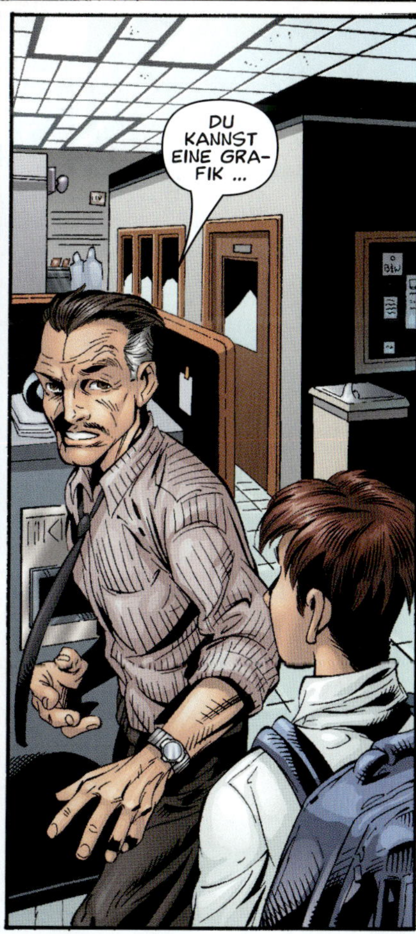
DU KANNST EINE GRA-FIK ...

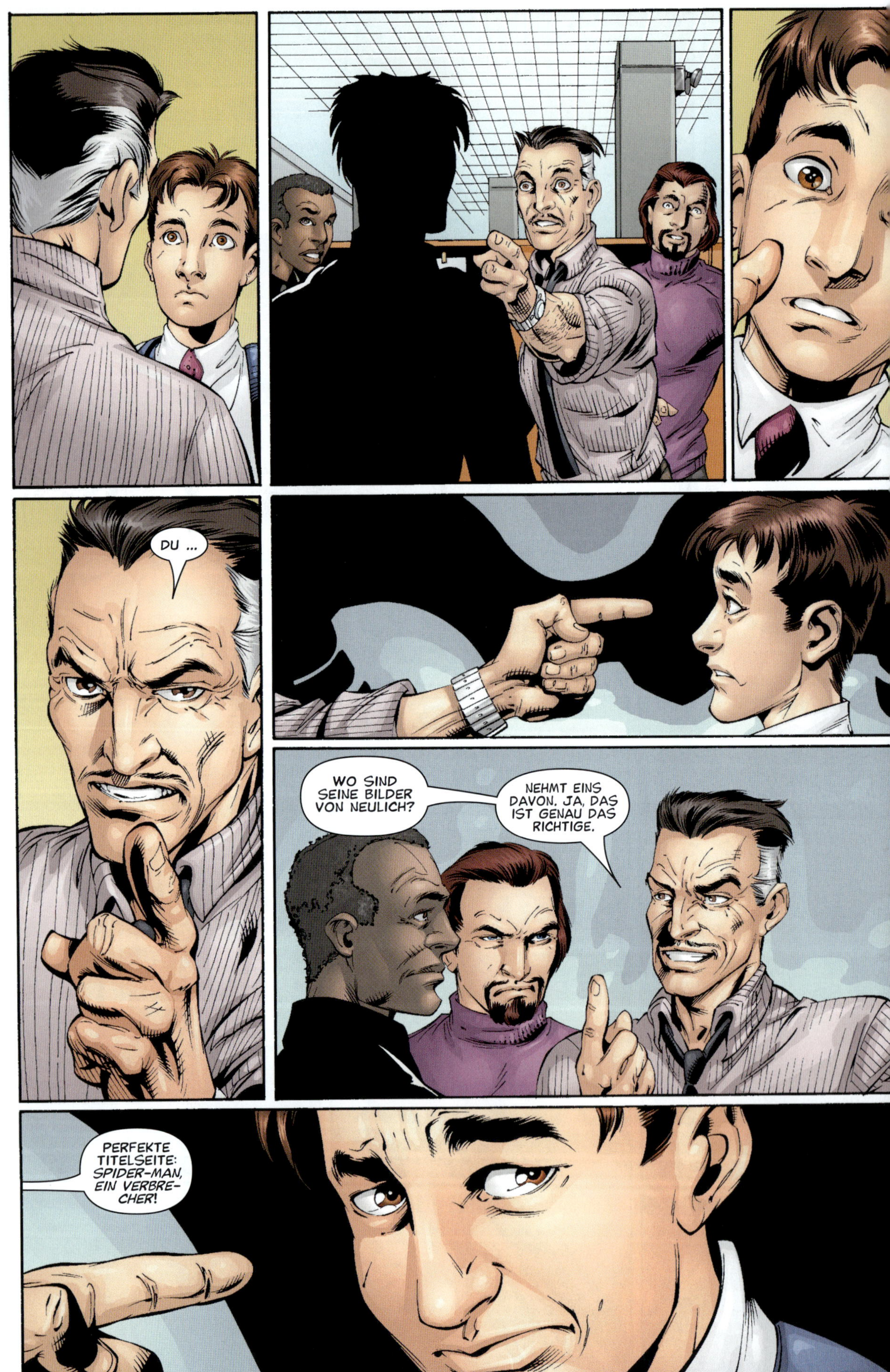
DU ...
WO SIND SEINE BILDER VON NEULICH?
NEHMT EINS DAVON. JA, DAS IST GENAU DAS RICHTIGE.
PERFEKTE TITELSEITE: SPIDER-MAN, EIN VERBRECHER!

DAILY BUGLE

☆☆☆☆ ABENDAUSGABE

☆☆☆☆ ABENDAUSGABE

NEW YORKS GRÖSSTE TAGESZEITUNG

SPIDER-MAN, EIN VERBRECHER

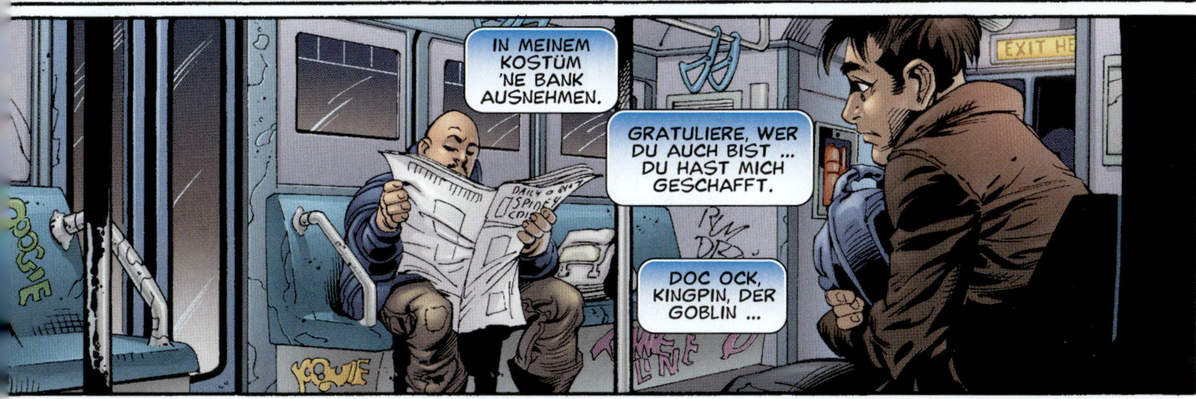

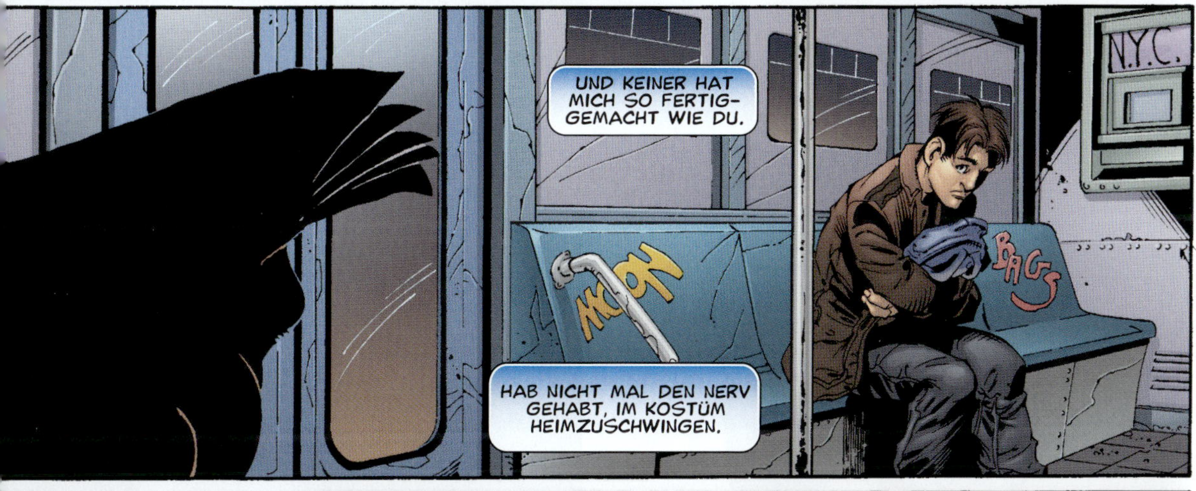

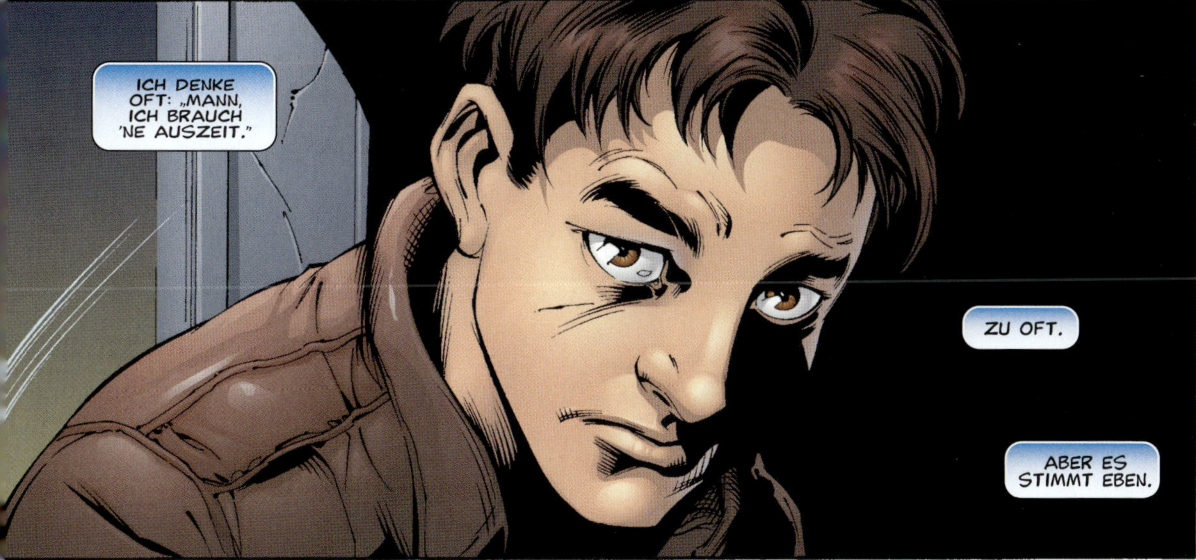

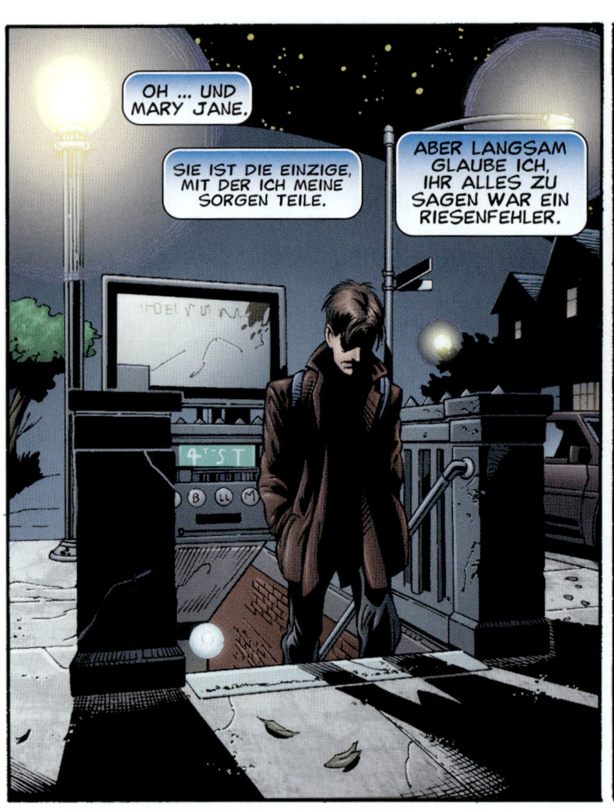
OH ... UND MARY JANE.
SIE IST DIE EINZIGE, MIT DER ICH MEINE SORGEN TEILE.
ABER LANGSAM GLAUBE ICH, IHR ALLES ZU SAGEN WAR EIN RIESENFEHLER.

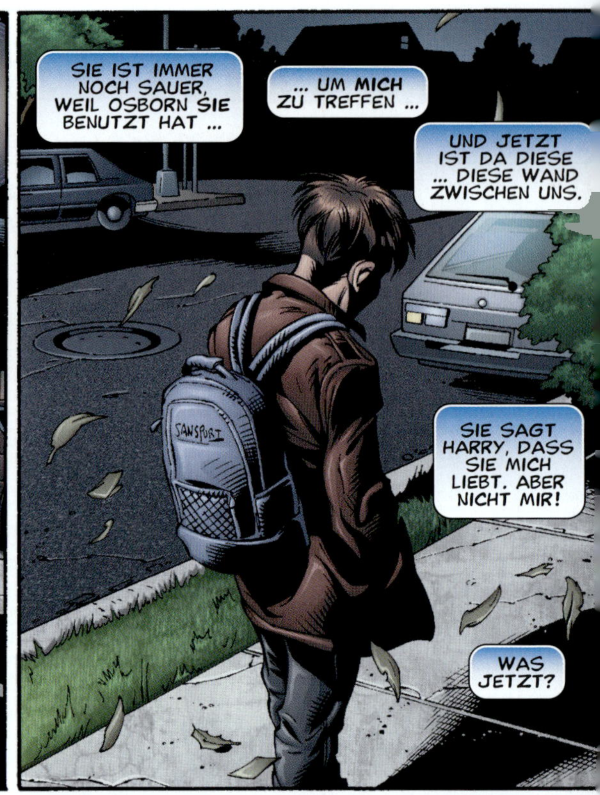
SIE IST IMMER NOCH SAUER, WEIL OSBORN SIE BENUTZT HAT ...
... UM MICH ZU TREFFEN ...
UND JETZT IST DA DIESE ... DIESE WAND ZWISCHEN UNS.
SIE SAGT HARRY, DASS SIE MICH LIEBT. ABER NICHT MIR!
WAS JETZT?

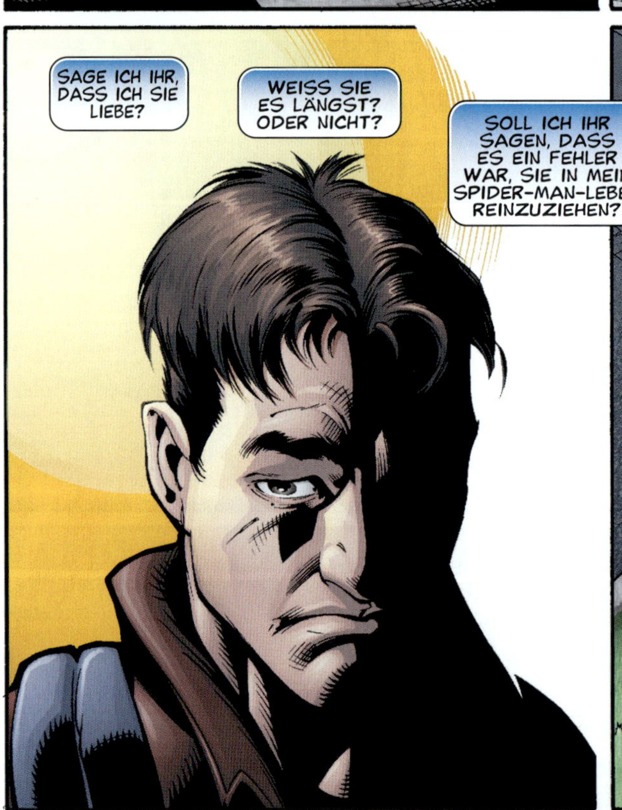
SAGE ICH IHR, DASS ICH SIE LIEBE?
WEISS SIE ES LÄNGST? ODER NICHT?
SOLL ICH IHR SAGEN, DASS ES EIN FEHLER WAR, SIE IN MEIN SPIDER-MAN-LEBEN REINZUZIEHEN?

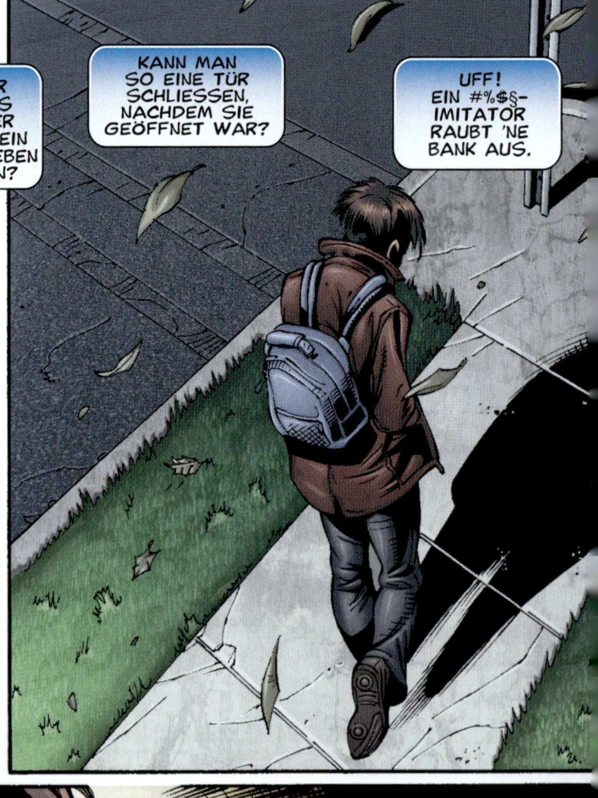
KANN MAN SO EINE TÜR SCHLIESSEN, NACHDEM SIE GEÖFFNET WAR?
UFF! EIN #%$§-IMITATOR RAUBT 'NE BANK AUS.

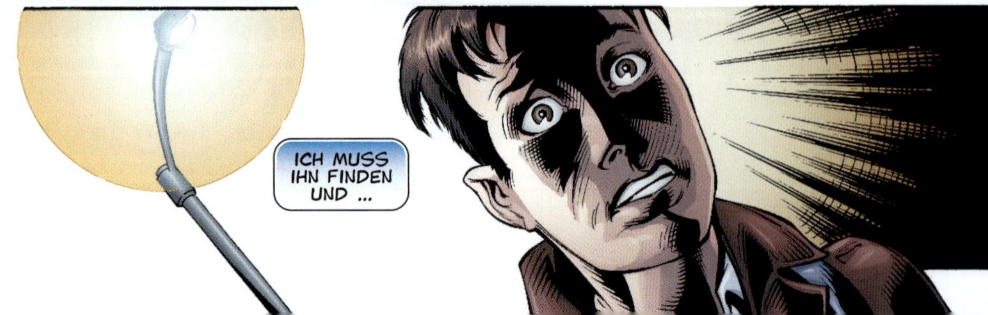
ICH MUSS IHN FINDEN UND ...

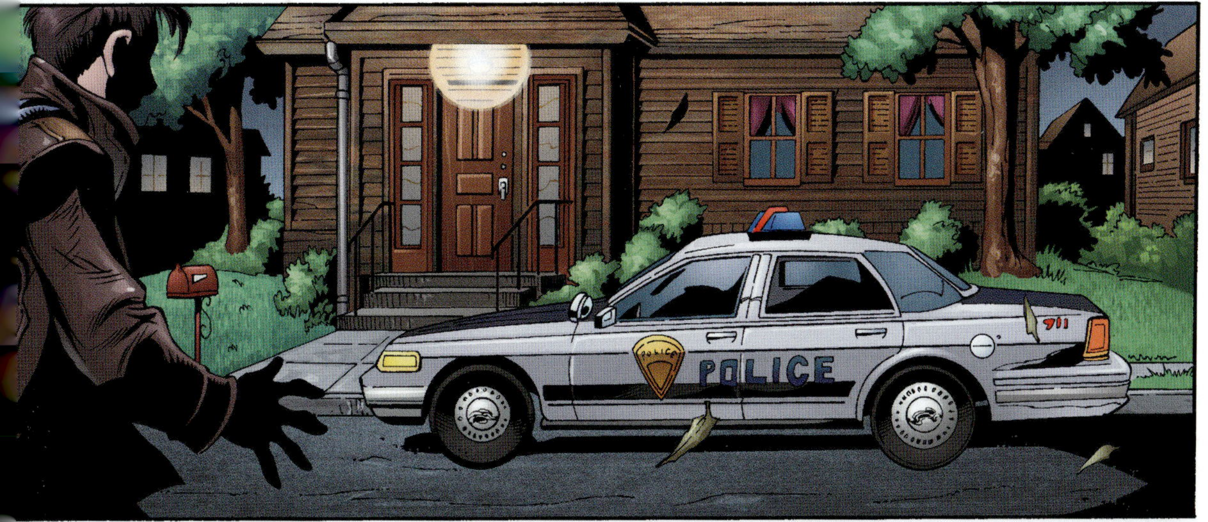
POLICE

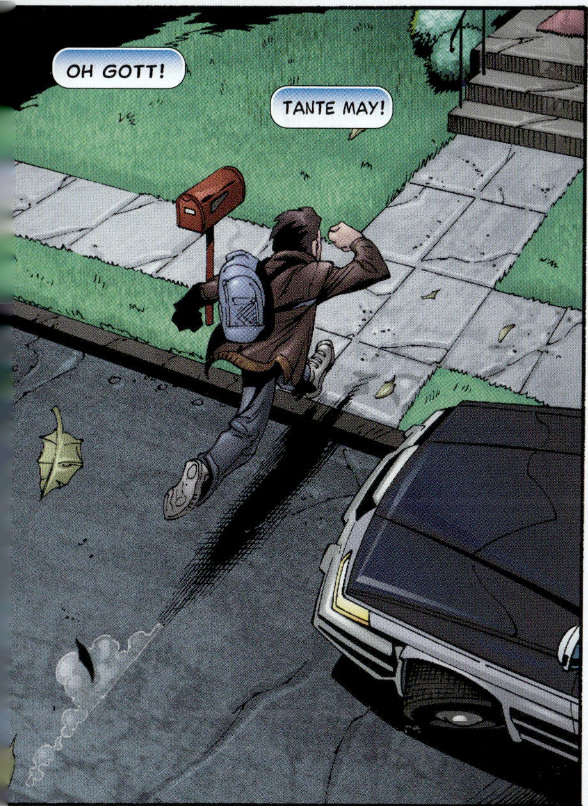
OH GOTT!
TANTE MAY!

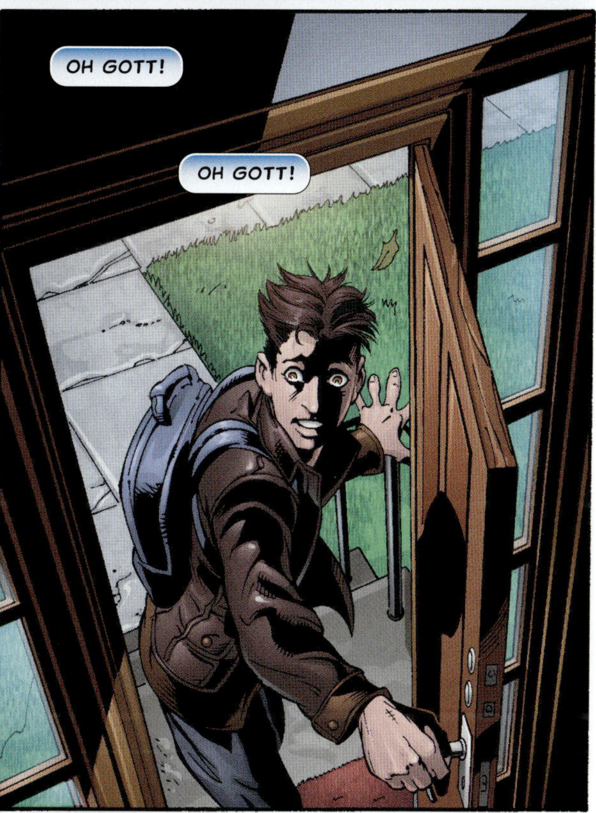
OH GOTT!
OH GOTT!

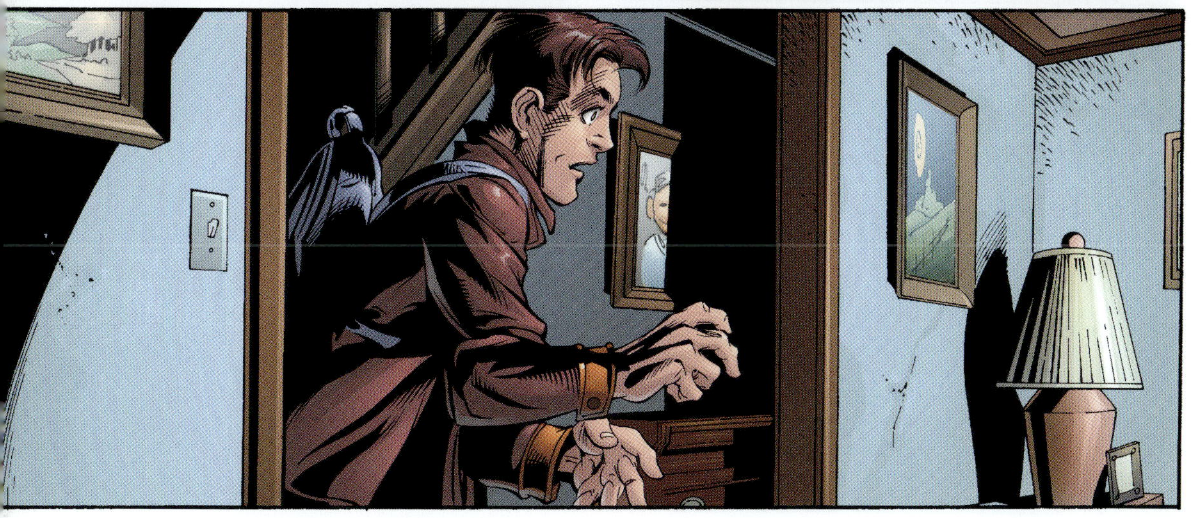

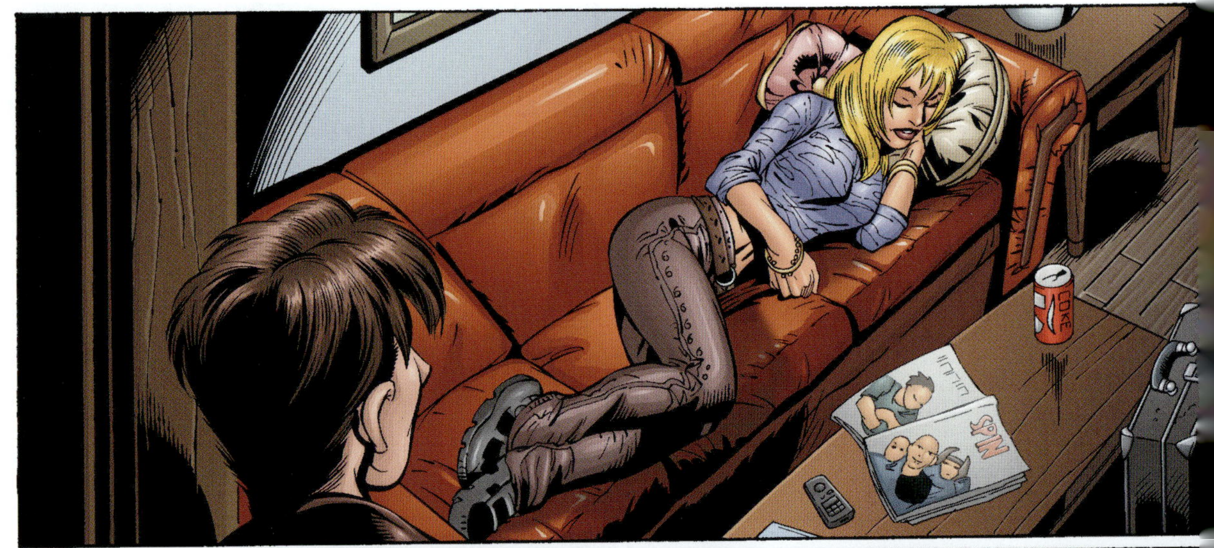

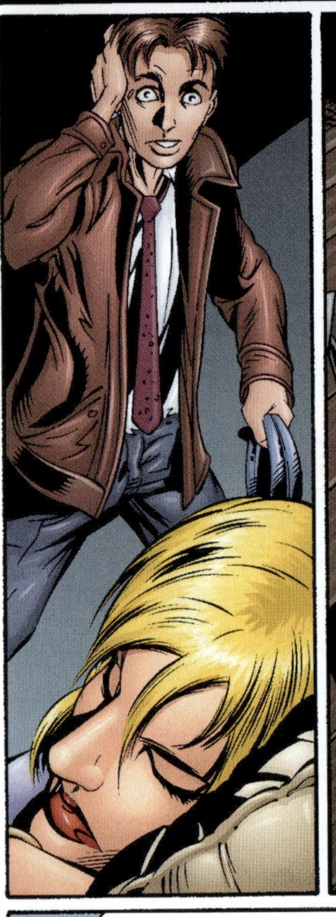

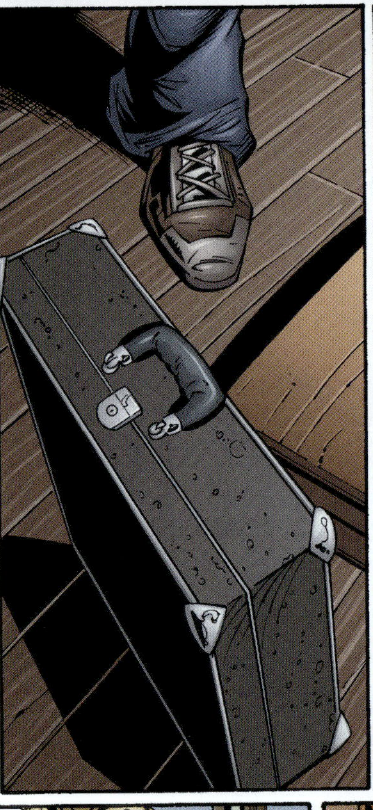

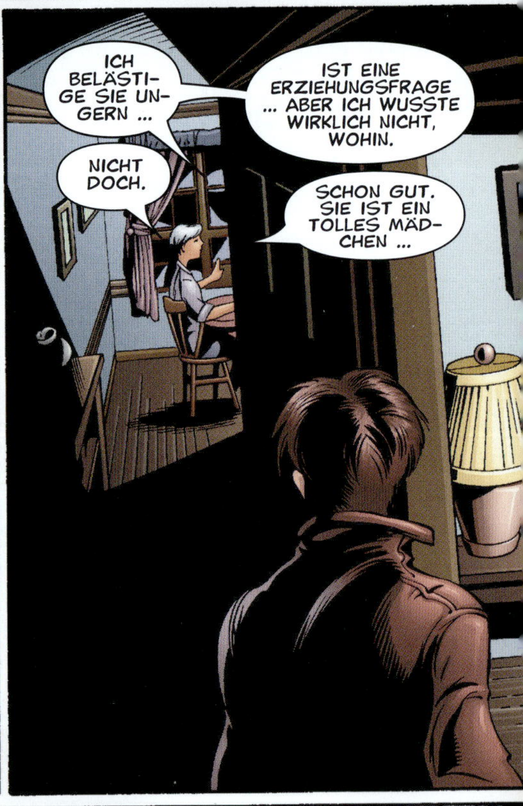

ICH BELÄSTI-GE SIE UN-GERN ...
IST EINE ERZIEHUNGSFRAGE ... ABER ICH WUSSTE WIRKLICH NICHT, WOHIN.
NICHT DOCH.
SCHON GUT. SIE IST EIN TOLLES MÄD-CHEN ...

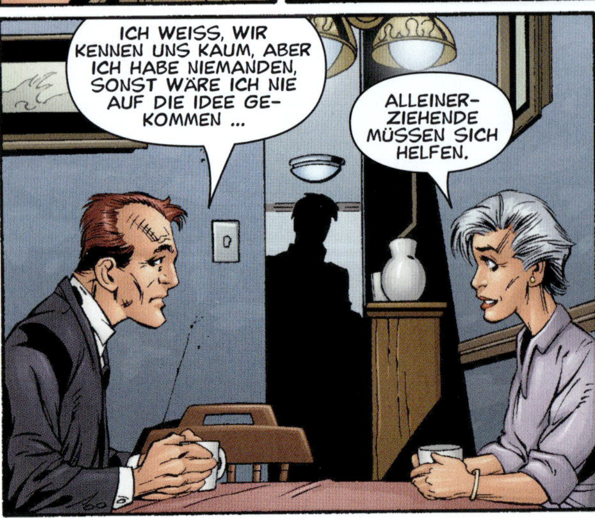

ICH WEISS, WIR KENNEN UNS KAUM, ABER ICH HABE NIEMANDEN, SONST WÄRE ICH NIE AUF DIE IDEE GE-KOMMEN ...
ALLEINER-ZIEHENDE MÜSSEN SICH HELFEN.

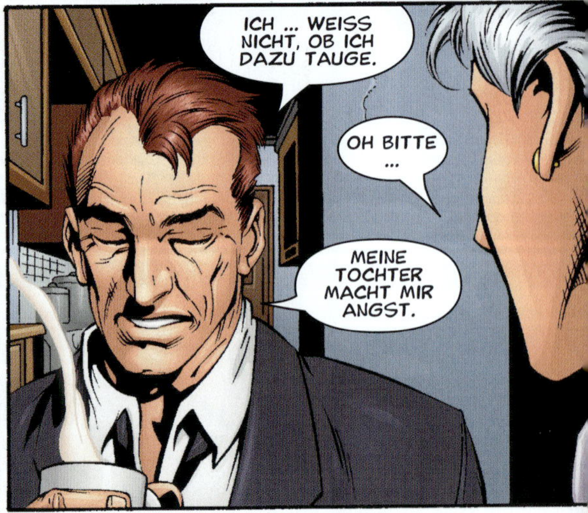

ICH ... WEISS NICHT, OB ICH DAZU TAUGE.
OH BITTE ...
MEINE TOCHTER MACHT MIR ANGST.

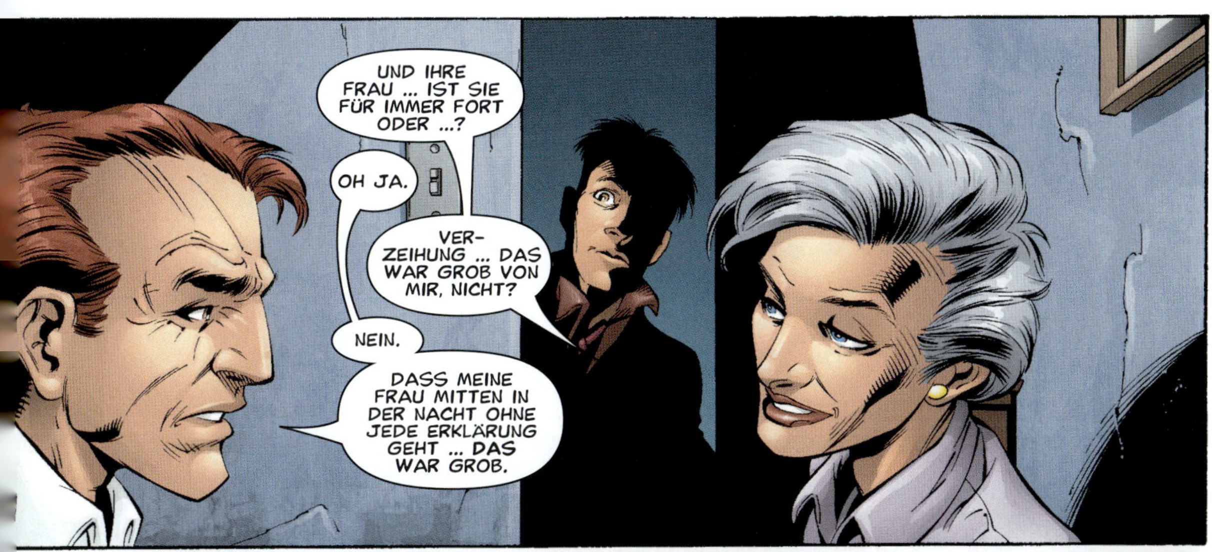
UND IHRE FRAU ... IST SIE FÜR IMMER FORT ODER ...?
OH JA.
VER-ZEIHUNG ... DAS WAR GROB VON MIR, NICHT?
NEIN.
DASS MEINE FRAU MITTEN IN DER NACHT OHNE JEDE ERKLÄRUNG GEHT ... DAS WAR GROB.

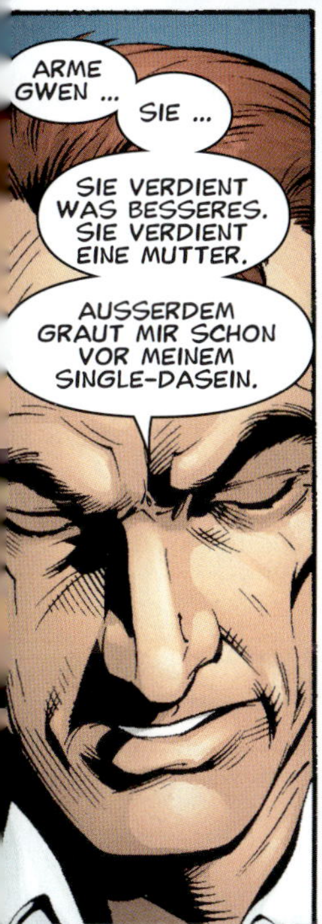
ARME GWEN ...
SIE ...
SIE VERDIENT WAS BESSERES. SIE VERDIENT EINE MUTTER.
AUSSERDEM GRAUT MIR SCHON VOR MEINEM SINGLE-DASEIN.

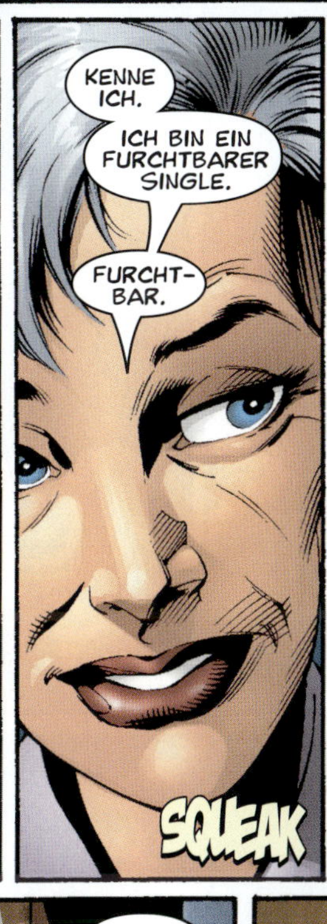
KENNE ICH.
ICH BIN EIN FURCHTBARER SINGLE.
FURCHT-BAR.
SQUEAK

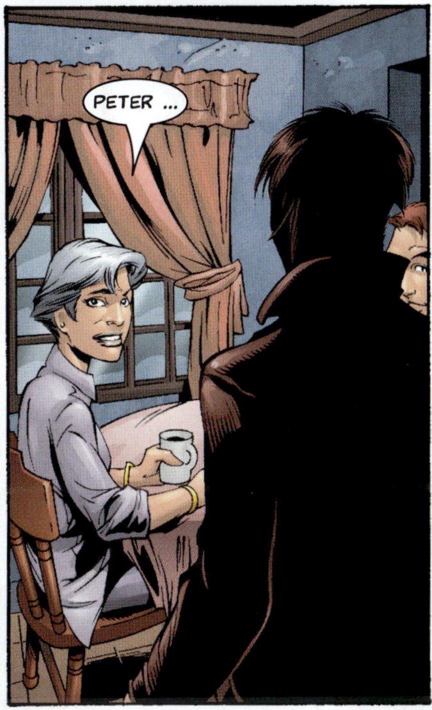
PETER ...

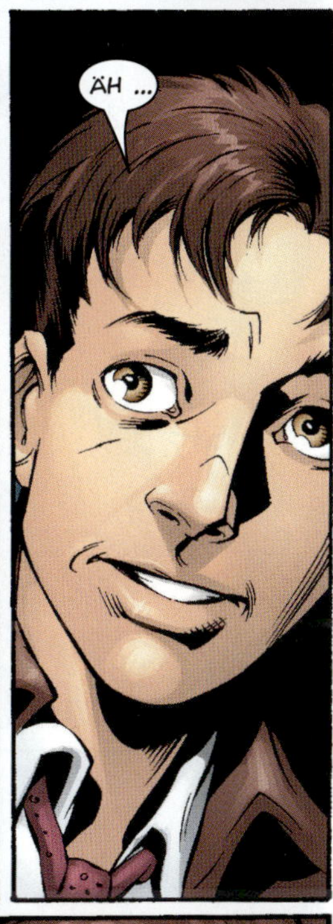
ÄH ...

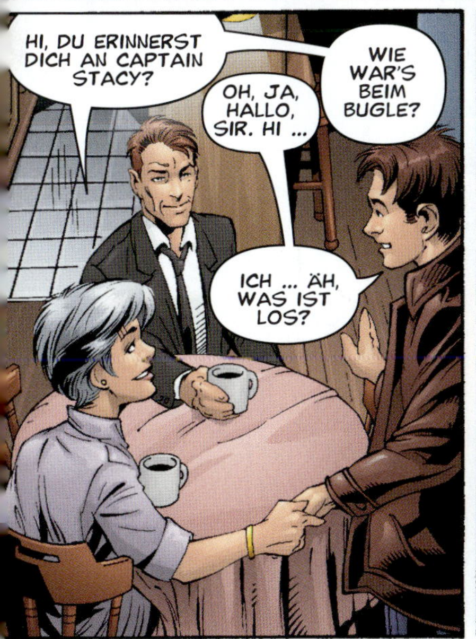
HI, DU ERINNERST DICH AN CAPTAIN STACY?
OH, JA, HALLO, SIR. HI ...
WIE WAR'S BEIM BUGLE?
ICH ... ÄH, WAS IST LOS?

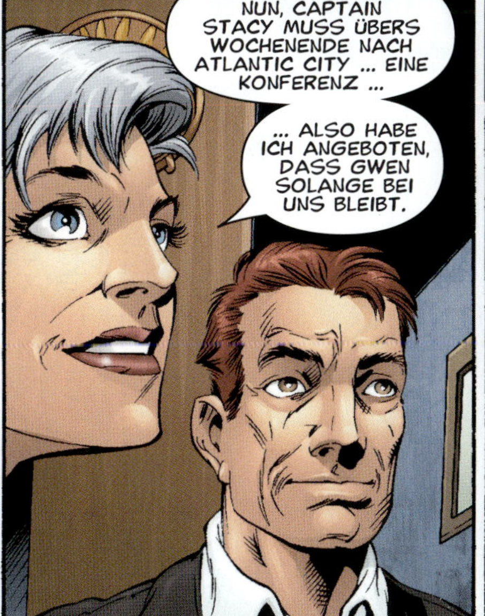
NUN, CAPTAIN STACY MUSS ÜBERS WOCHENENDE NACH ATLANTIC CITY ... EINE KONFERENZ ...
... ALSO HABE ICH ANGEBOTEN, DASS GWEN SOLANGE BEI UNS BLEIBT.

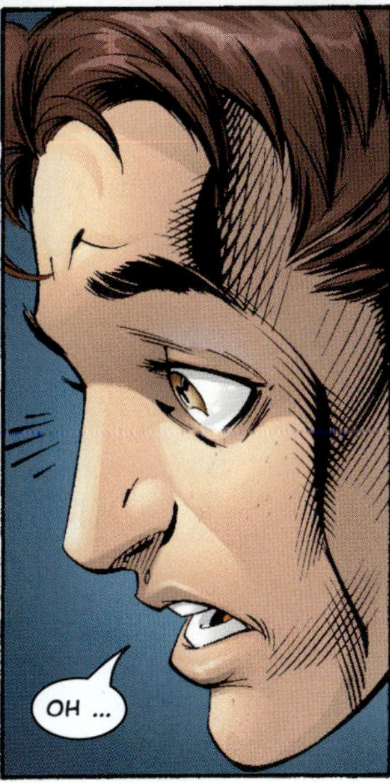
OH ...

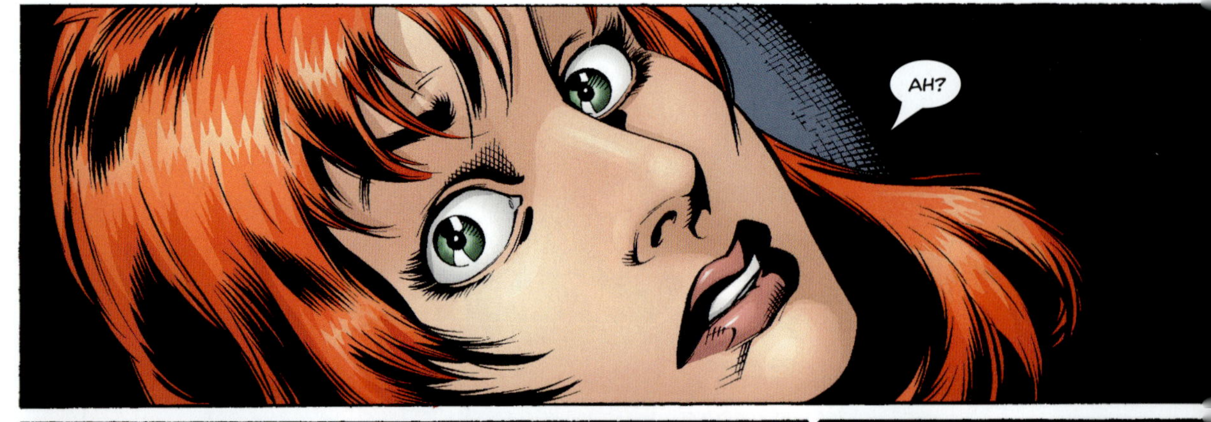
AH?

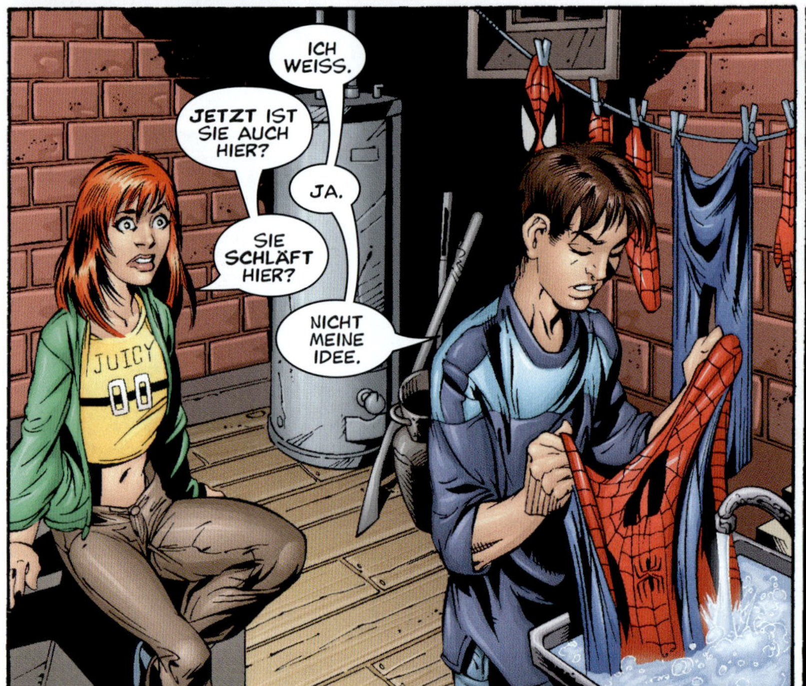
JETZT IST SIE AUCH HIER?
ICH WEISS.
SIE SCHLÄFT HIER?
JA.
NICHT MEINE IDEE.
JUICY 00

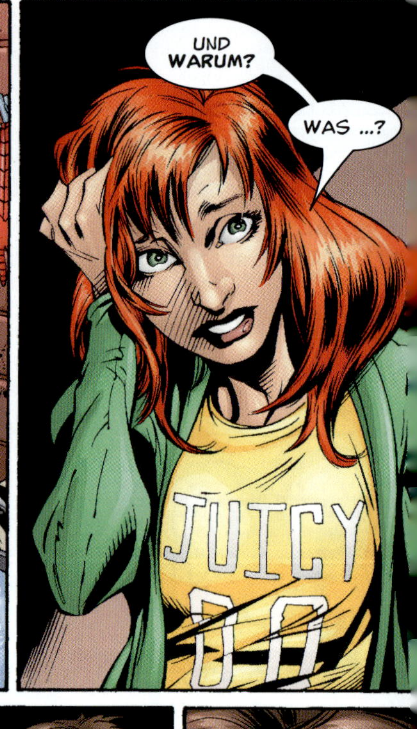
UND WARUM?
WAS ...?
JUICY 00

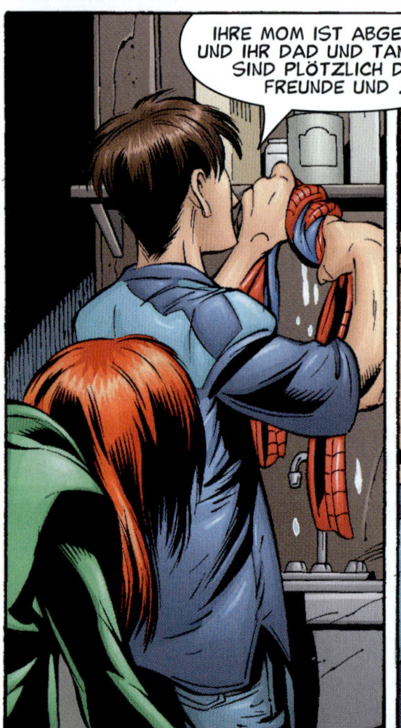
IHRE MOM IST ABGEHAUEN, UND IHR DAD UND TANTE MAY SIND PLÖTZLICH DICKE FREUNDE UND ...

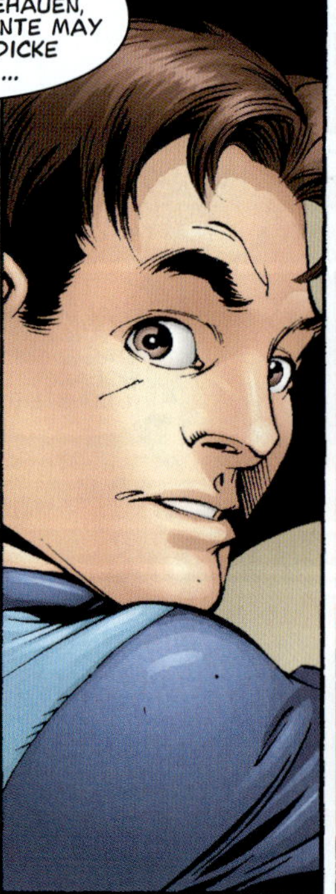

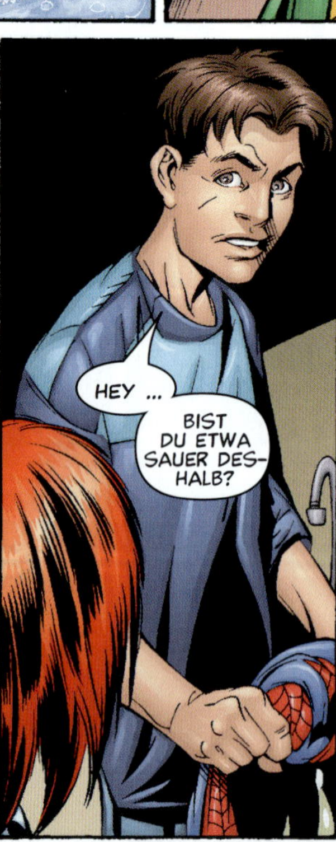
HEY ...
BIST DU ETWA SAUER DESHALB?

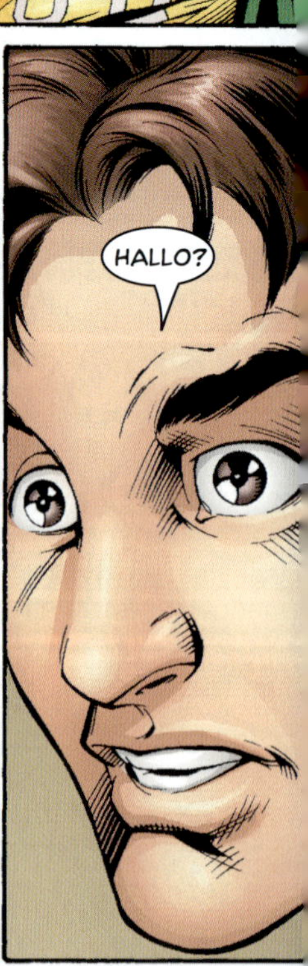
HALLO?

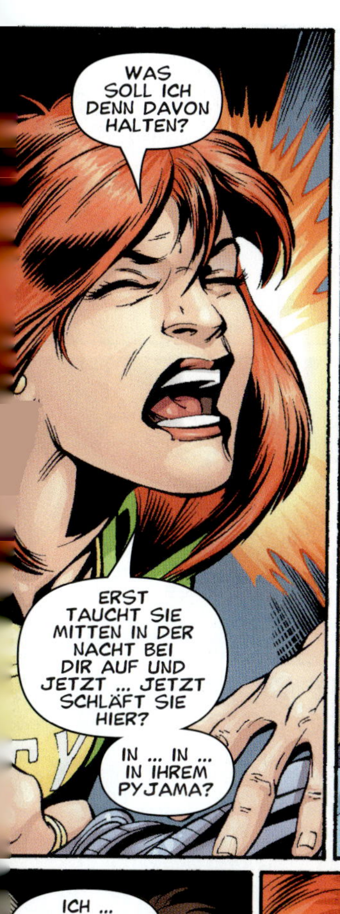
WAS SOLL ICH DENN DAVON HALTEN?
ERST TAUCHT SIE MITTEN IN DER NACHT BEI DIR AUF UND JETZT ... JETZT SCHLÄFT SIE HIER?
IN ... IN ... IN IHREM PYJAMA?

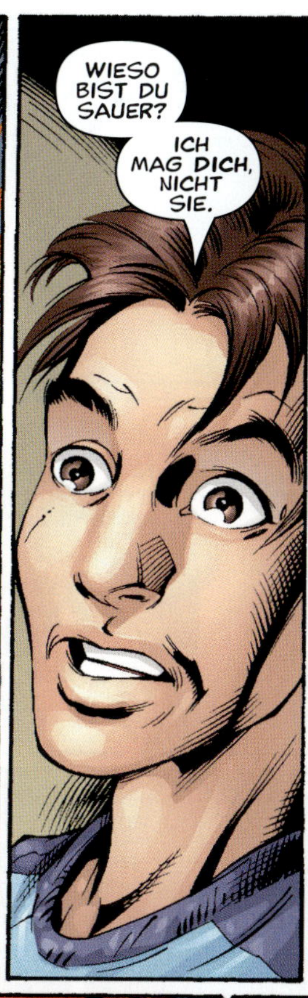
WIESO BIST DU SAUER?
ICH MAG DICH, NICHT SIE.

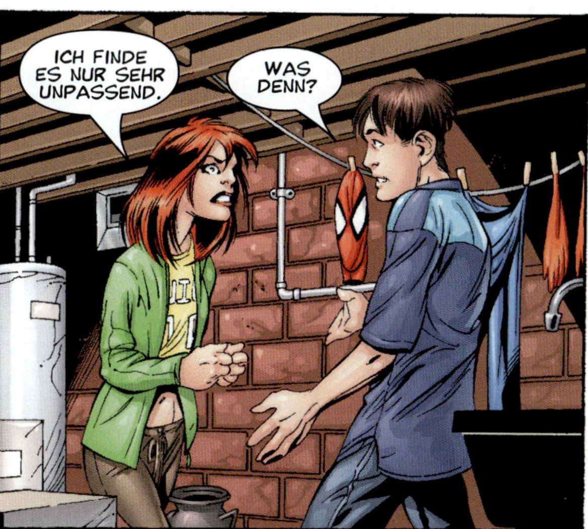
ICH FINDE ES NUR SEHR UNPASSEND.
WAS DENN?

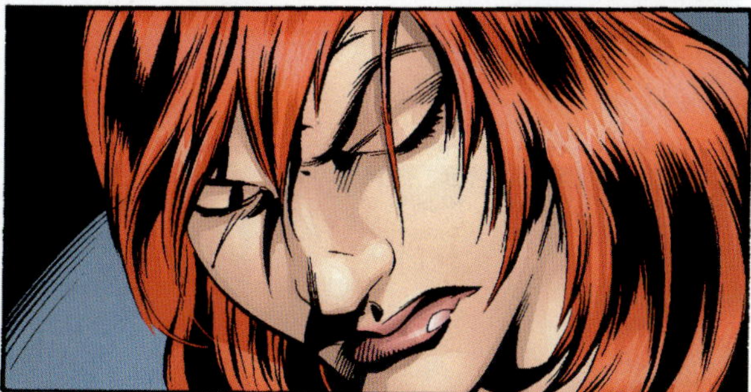

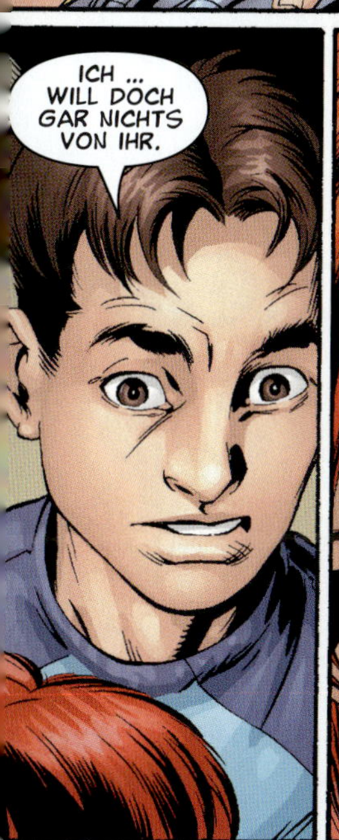
ICH ... WILL DOCH GAR NICHTS VON IHR.

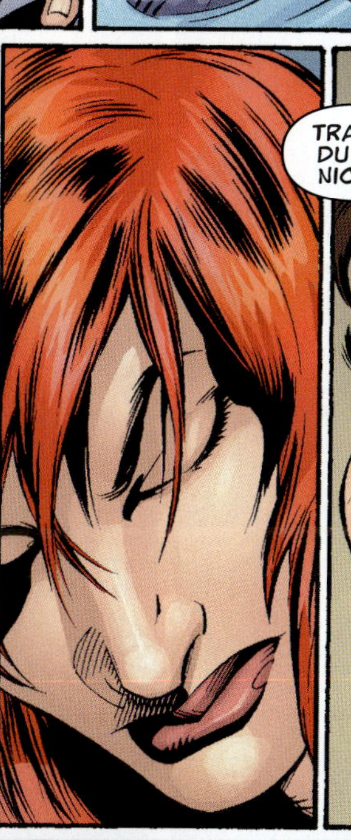

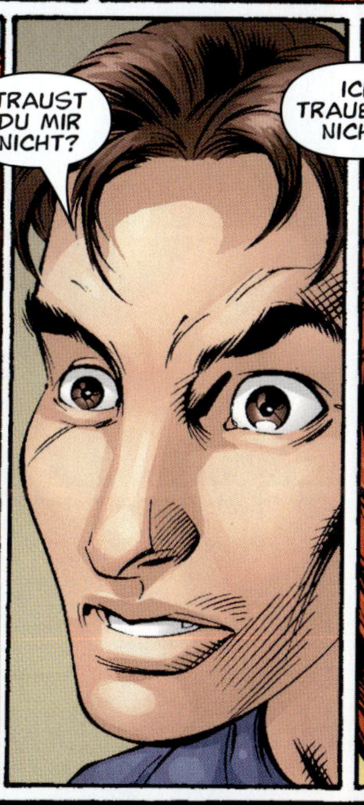
TRAUST DU MIR NICHT?

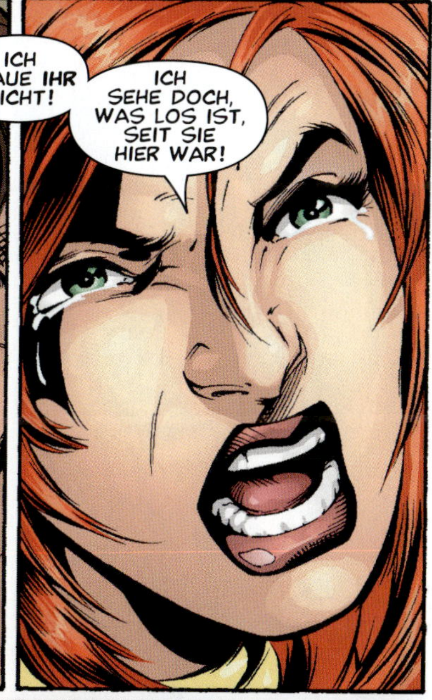
ICH TRAUE IHR NICHT!
ICH SEHE DOCH, WAS LOS IST, SEIT SIE HIER WAR!

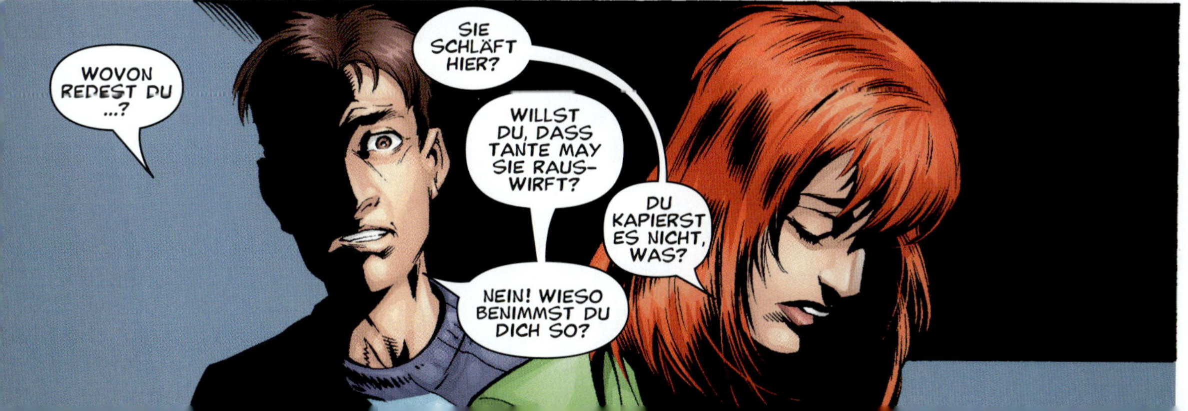
WOVON REDEST DU ...?
SIE SCHLÄFT HIER?
WILLST DU, DASS TANTE MAY SIE RAUS-WIRFT?
DU KAPIERST ES NICHT, WAS?
NEIN! WIESO BENIMMST DU DICH SO?

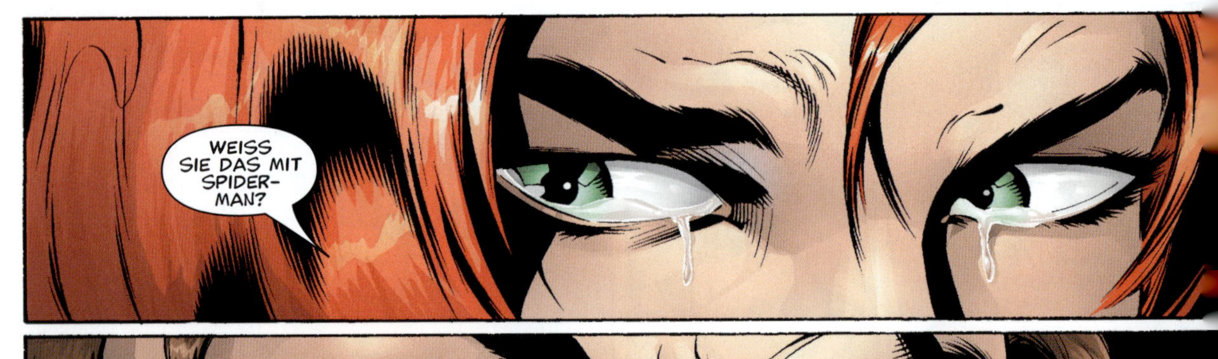
WEISS SIE DAS MIT SPIDER-MAN?

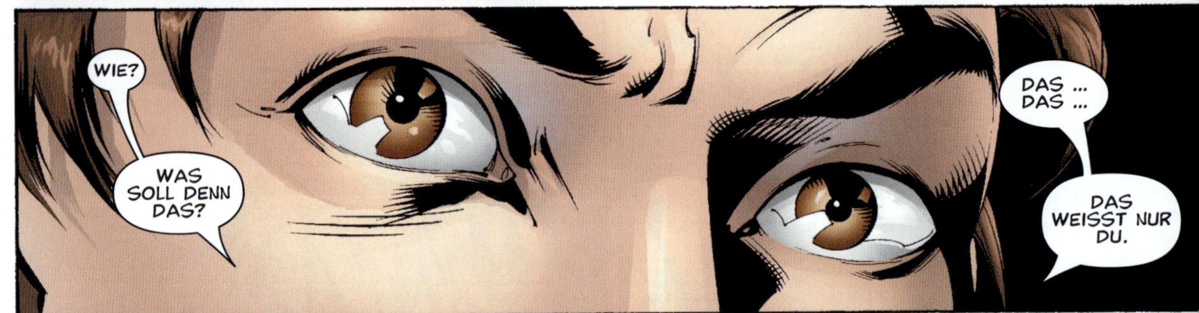
WIE?
WAS SOLL DENN DAS?
DAS ... DAS ...
DAS WEISST NUR DU.

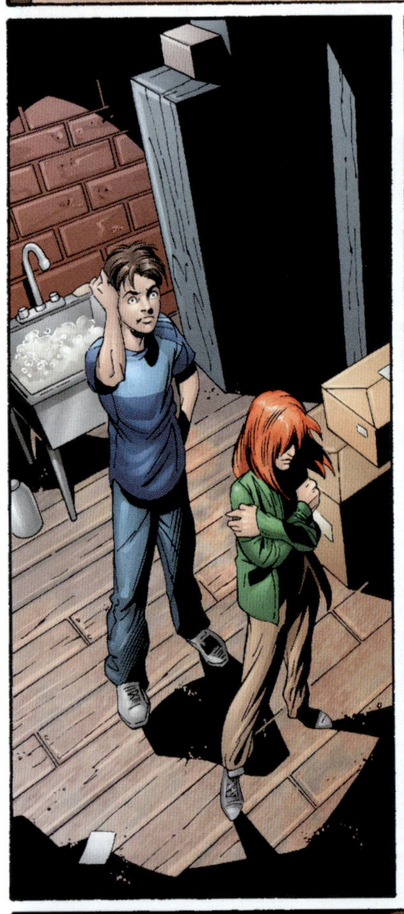

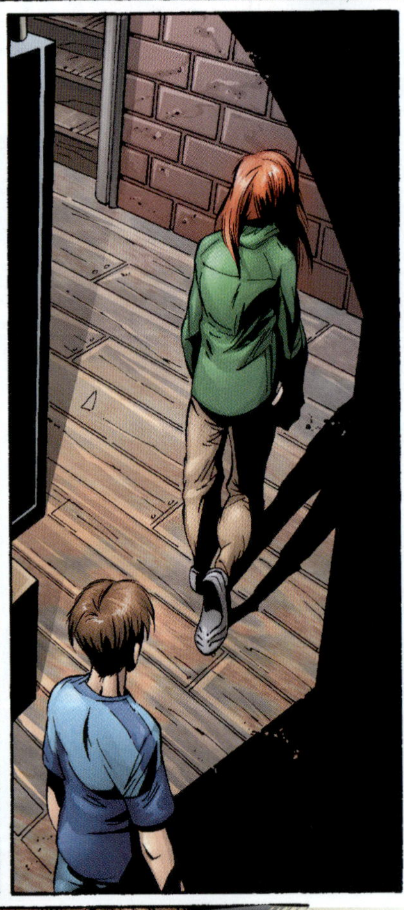

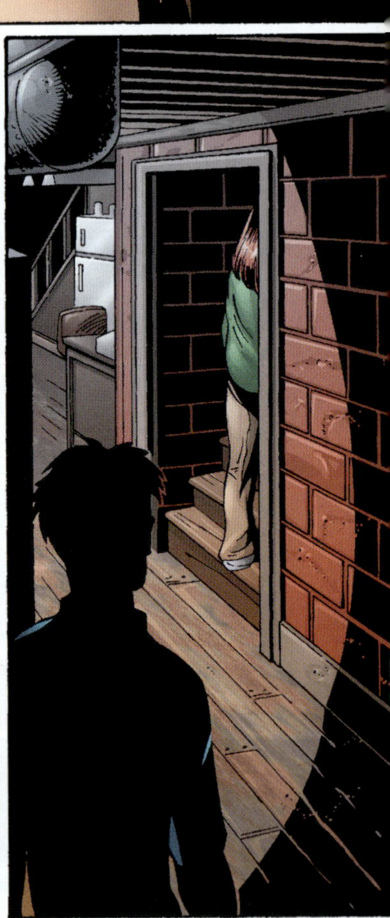

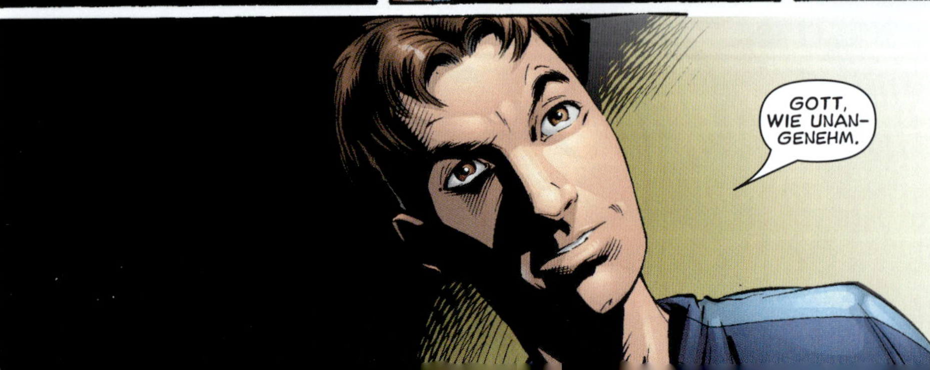
GOTT, WIE UNAN-GENEHM.

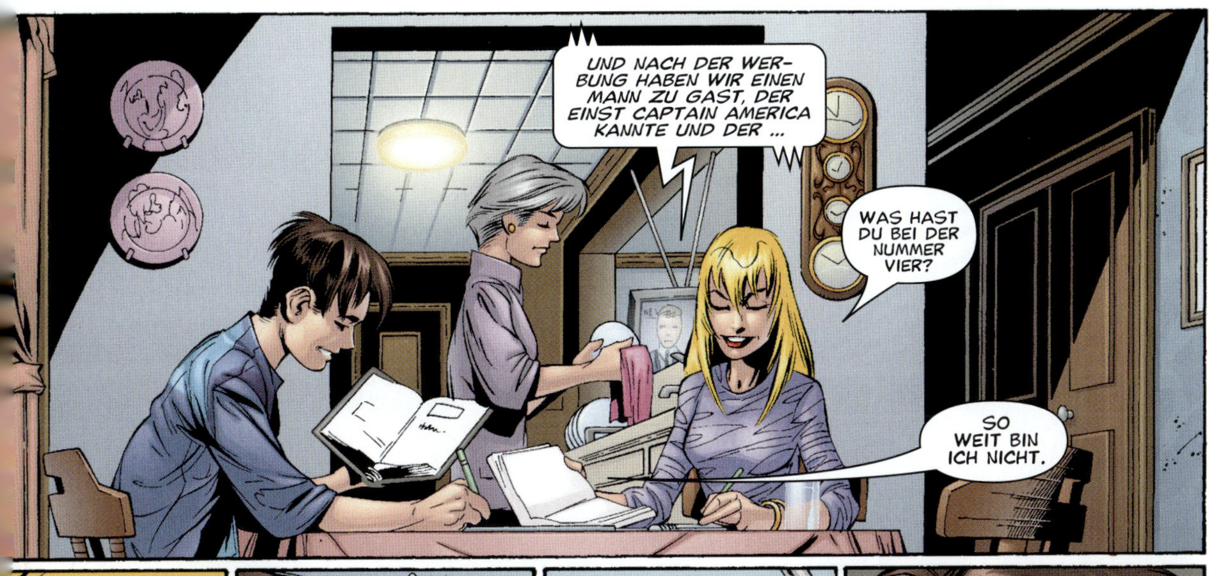
UND NACH DER WERBUNG HABEN WIR EINEN MANN ZU GAST, DER EINST CAPTAIN AMERICA KANNTE UND DER ...
WAS HAST DU BEI DER NUMMER VIER?
SO WEIT BIN ICH NICHT.

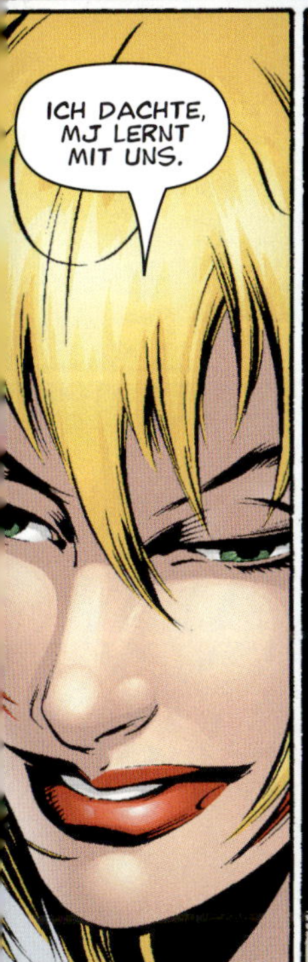
ICH DACHTE, MJ LERNT MIT UNS.

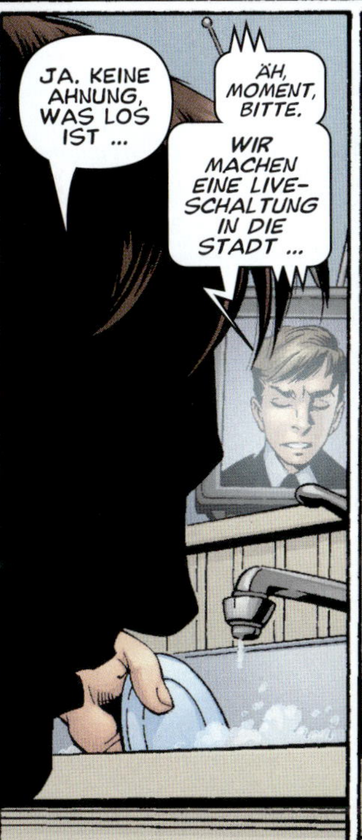
JA. KEINE AHNUNG, WAS LOS IST ...
ÄH, MOMENT, BITTE.
WIR MACHEN EINE LIVE-SCHALTUNG IN DIE STADT ...

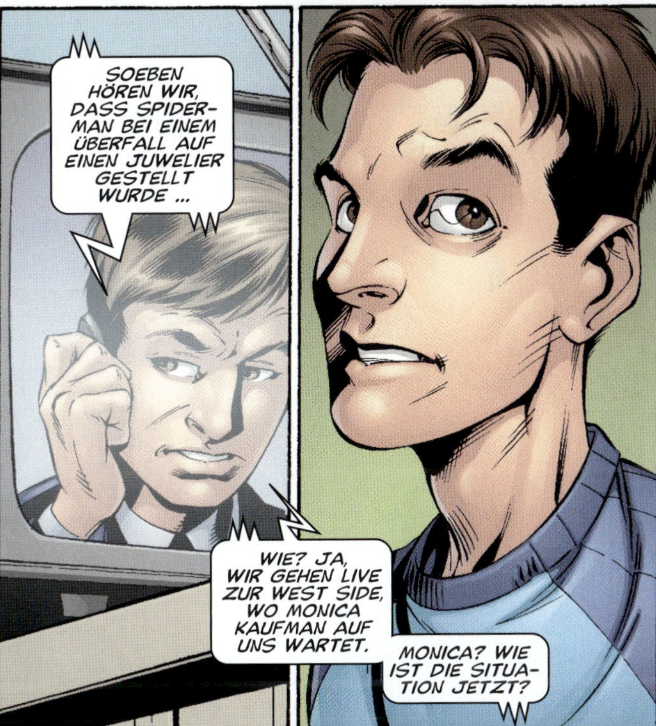
SOEBEN HÖREN WIR, DASS SPIDER-MAN BEI EINEM ÜBERFALL AUF EINEN JUWELIER GESTELLT WURDE ...
WIE? JA, WIR GEHEN LIVE ZUR WEST SIDE, WO MONICA KAUFMAN AUF UNS WARTET.
MONICA? WIE IST DIE SITUATION JETZT?

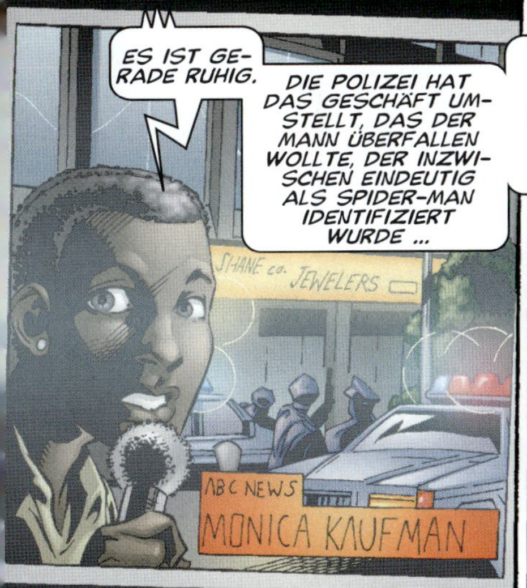
ES IST GERADE RUHIG.
DIE POLIZEI HAT DAS GESCHÄFT UMSTELLT, DAS DER MANN ÜBERFALLEN WOLLTE, DER INZWISCHEN EINDEUTIG ALS SPIDER-MAN IDENTIFIZIERT WURDE ...
SHANE CO. JEWELERS
ABC NEWS
MONICA KAUFMAN

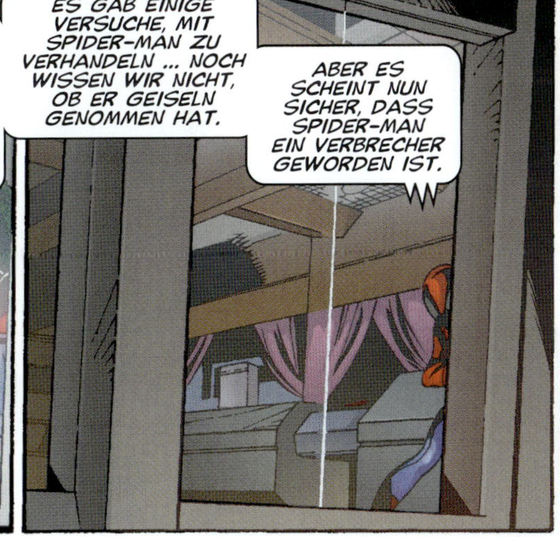
ES GAB EINIGE VERSUCHE, MIT SPIDER-MAN ZU VERHANDELN ... NOCH WISSEN WIR NICHT, OB ER GEISELN GENOMMEN HAT.
ABER ES SCHEINT NUN SICHER, DASS SPIDER-MAN EIN VERBRECHER GEWORDEN IST.

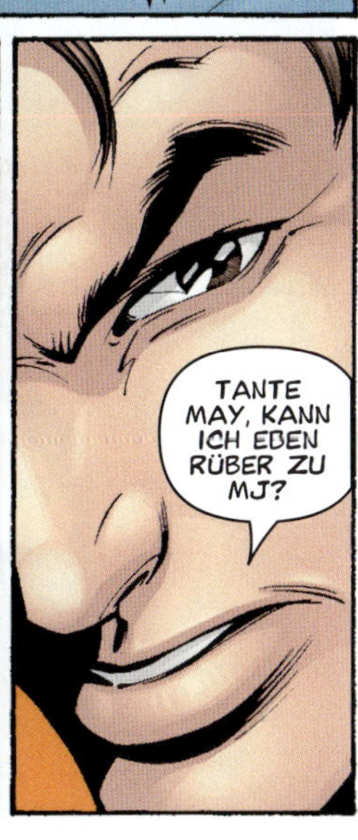
TANTE MAY, KANN ICH EBEN RÜBER ZU MJ?

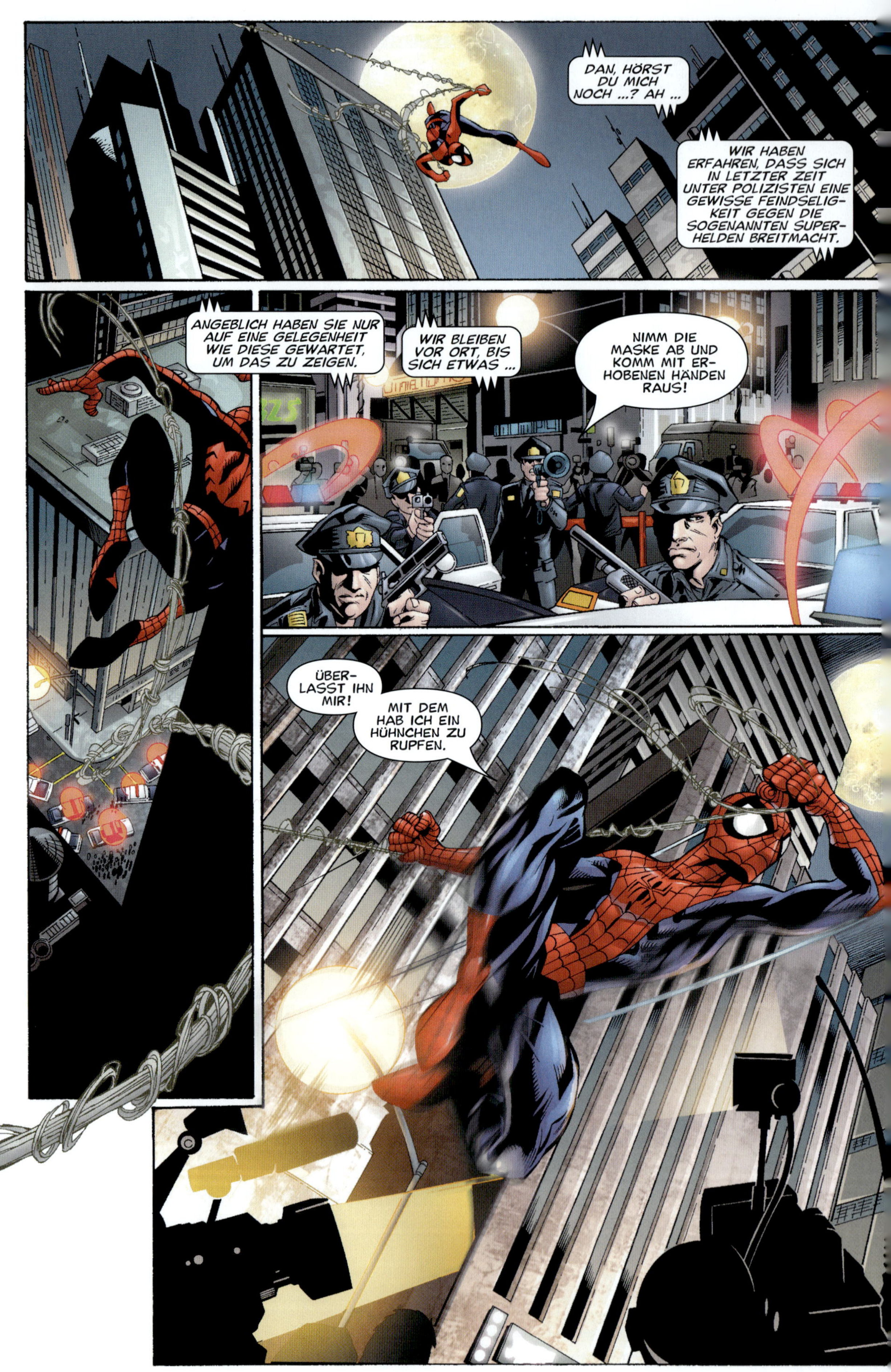

DAN, HÖRST DU MICH NOCH ...? AH ...
WIR HABEN ERFAHREN, DASS SICH IN LETZTER ZEIT UNTER POLIZISTEN EINE GEWISSE FEINDSELIGKEIT GEGEN DIE SOGENANNTEN SUPERHELDEN BREITMACHT.
ANGEBLICH HABEN SIE NUR AUF EINE GELEGENHEIT WIE DIESE GEWARTET, UM DAS ZU ZEIGEN.
WIR BLEIBEN VOR ORT, BIS SICH ETWAS ...
NIMM DIE MASKE AB UND KOMM MIT ERHOBENEN HÄNDEN RAUS!
ÜBERLASST IHN MIR!
MIT DEM HAB ICH EIN HÜHNCHEN ZU RUPFEN.

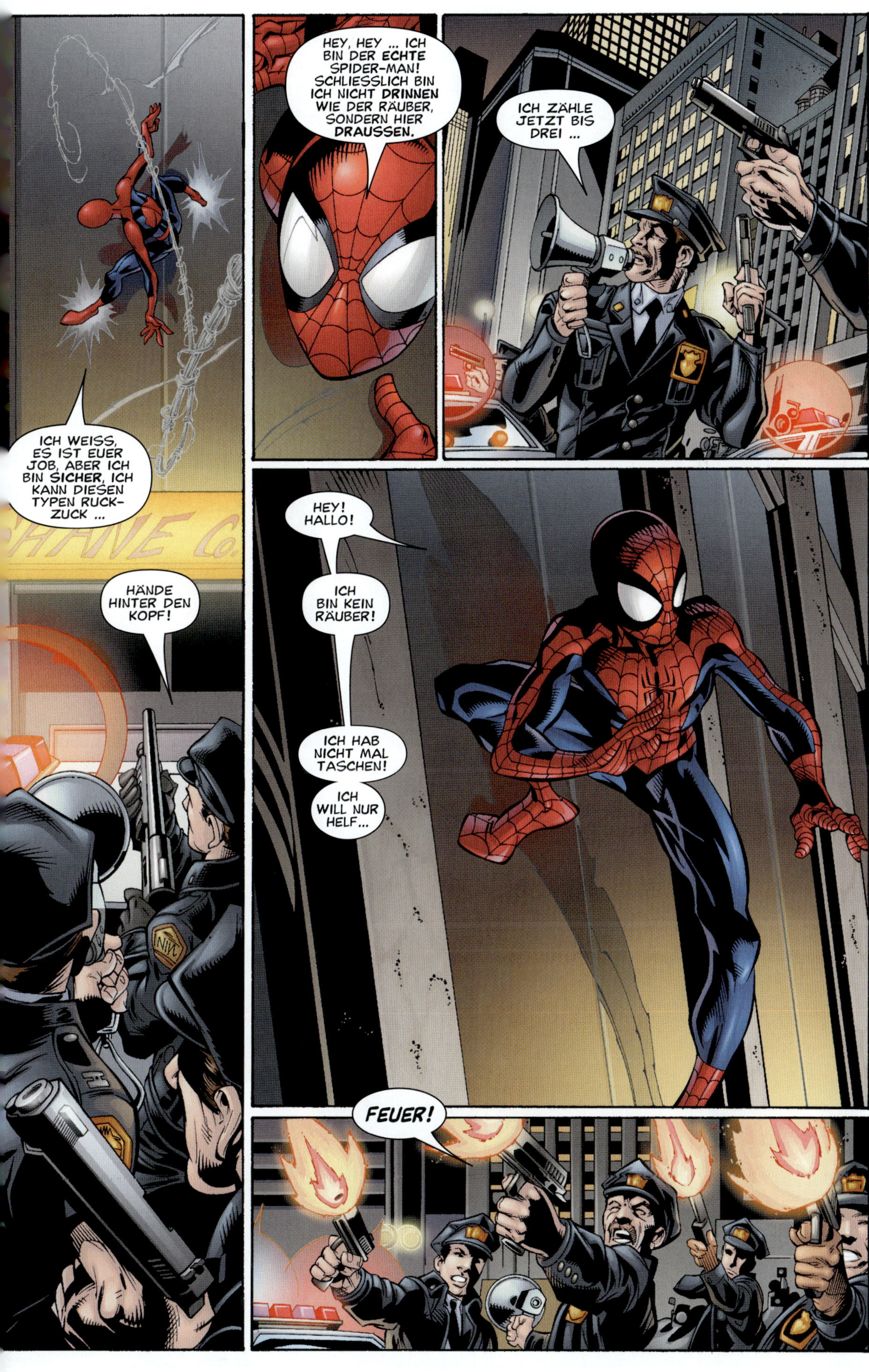
ICH WEISS, ES IST EUER JOB, ABER ICH BIN SICHER, ICH KANN DIESEN TYPEN RUCK-ZUCK ...
HÄNDE HINTER DEN KOPF!
HEY, HEY ... ICH BIN DER ECHTE SPIDER-MAN! SCHLIESSLICH BIN ICH NICHT DRINNEN WIE DER RÄUBER, SONDERN HIER DRAUSSEN.
ICH ZÄHLE JETZT BIS DREI ...
HEY! HALLO!
ICH BIN KEIN RÄUBER!
ICH HAB NICHT MAL TASCHEN!
ICH WILL NUR HELF...
FEUER!

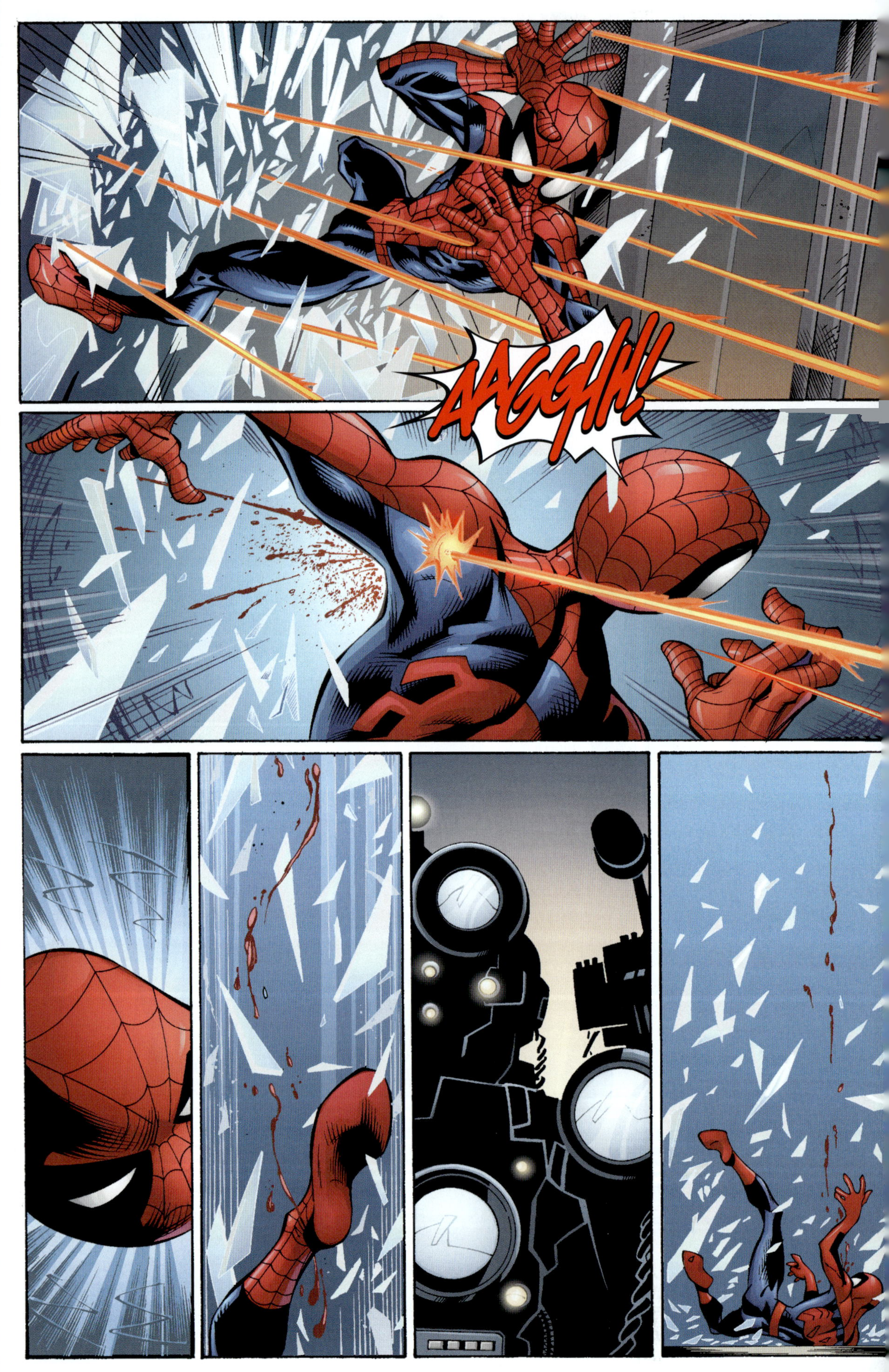
AAGGHH!

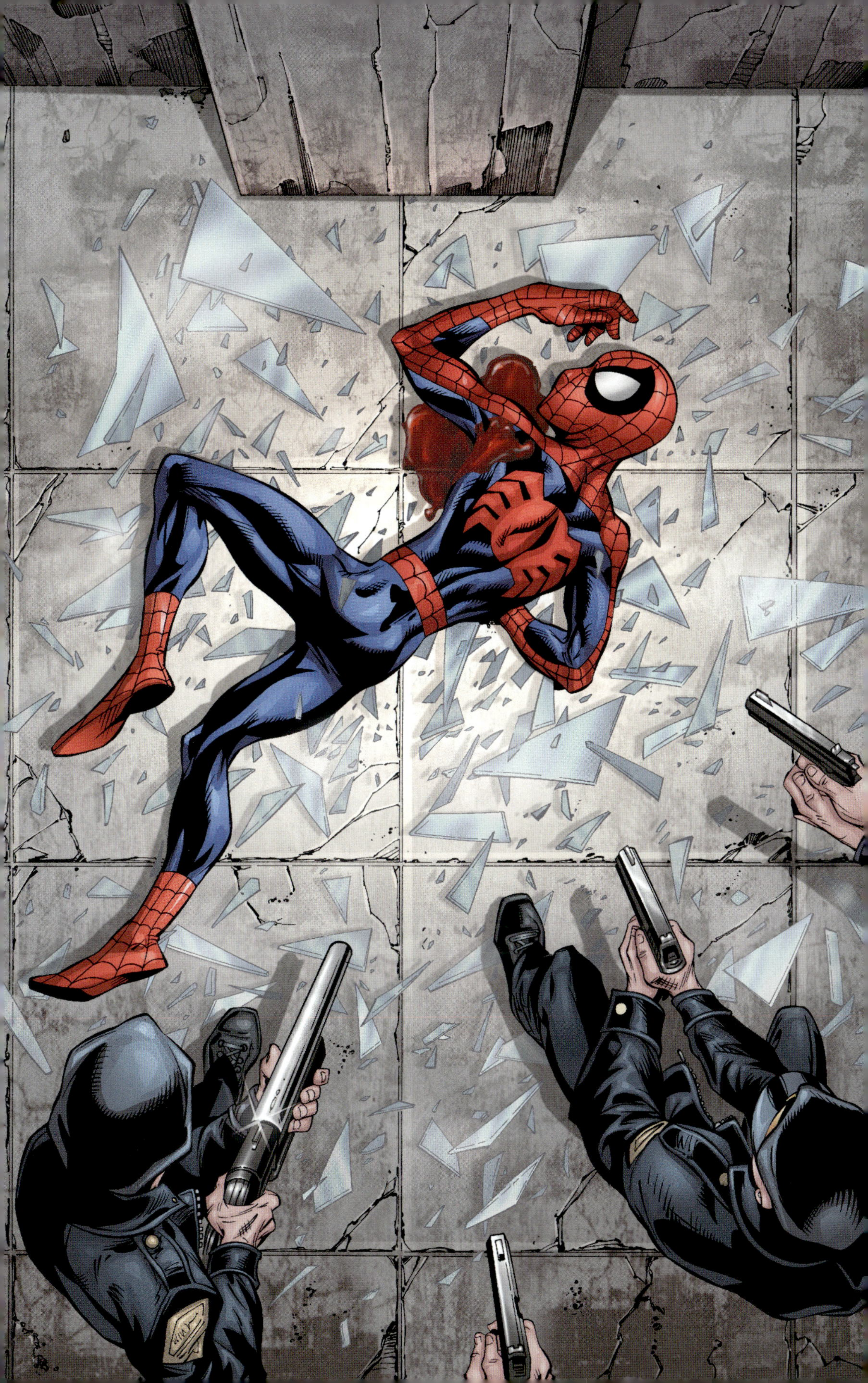

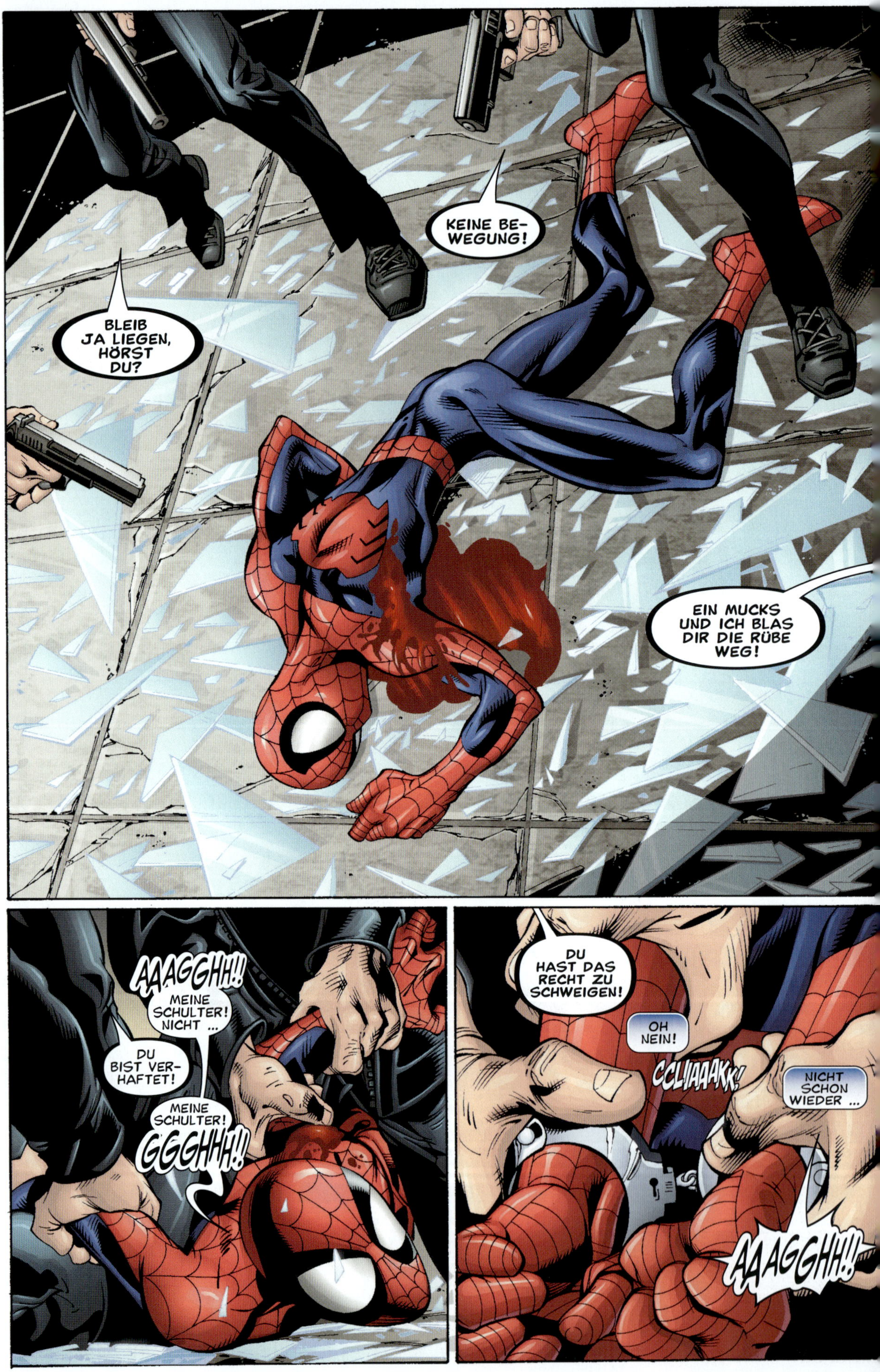

KEINE BEWEGUNG!
BLEIB JA LIEGEN, HÖRST DU?
EIN MUCKS UND ICH BLAS DIR DIE RÜBE WEG!

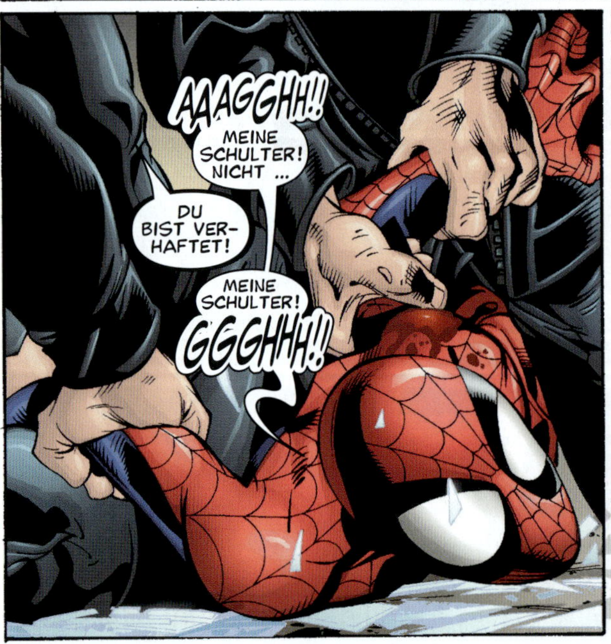

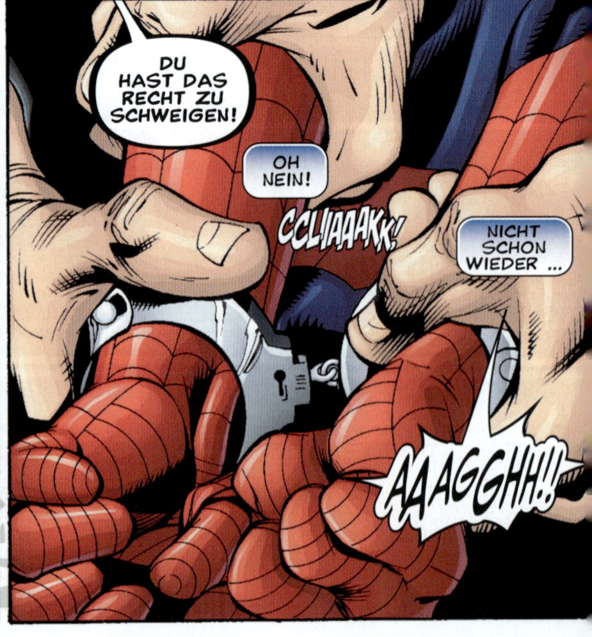

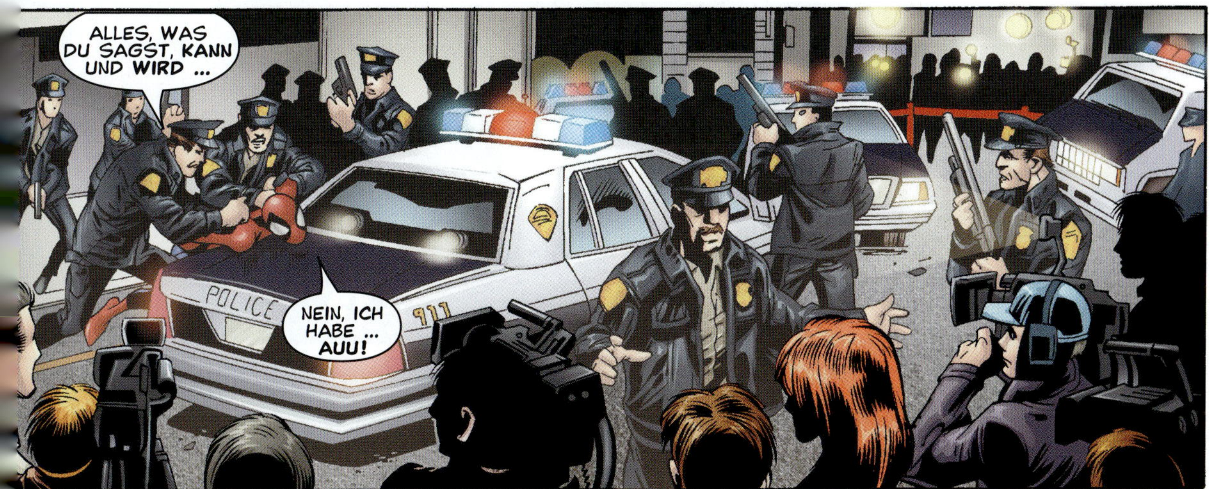
ALLES, WAS DU SAGST, KANN UND WIRD ...
NEIN, ICH HABE ... AUU!
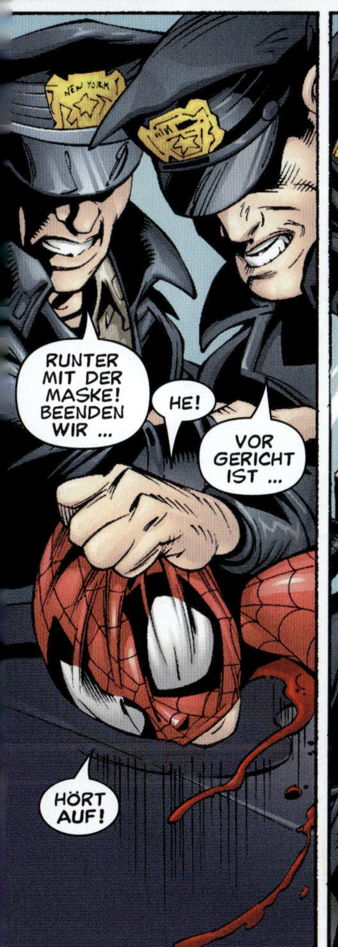
RUNTER MIT DER MASKE! BEENDEN WIR ...
HE!
VOR GERICHT IST ...
HÖRT AUF!
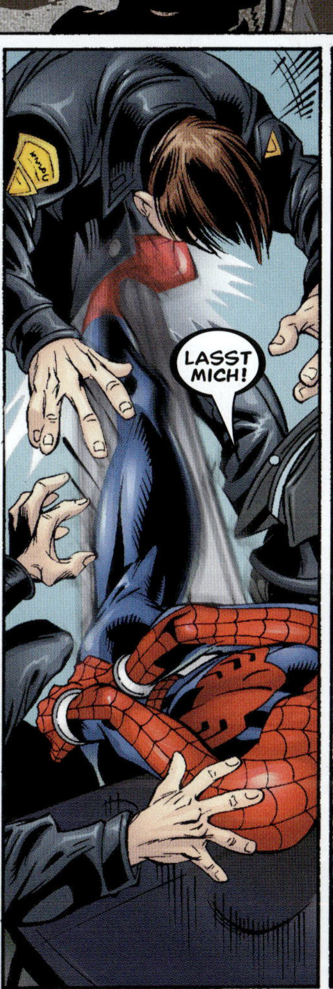
LASST MICH!
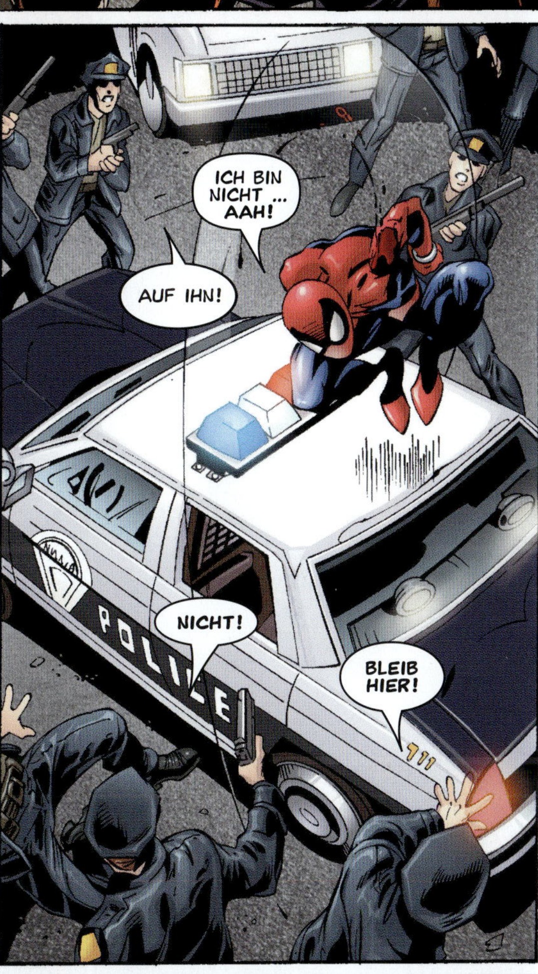
ICH BIN NICHT ... AAH!
AUF IHN!
NICHT!
BLEIB HIER!
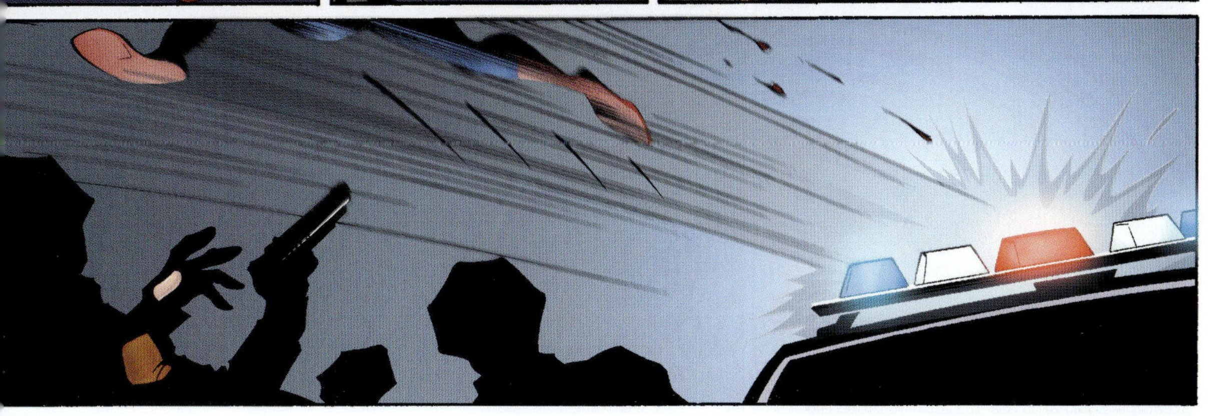

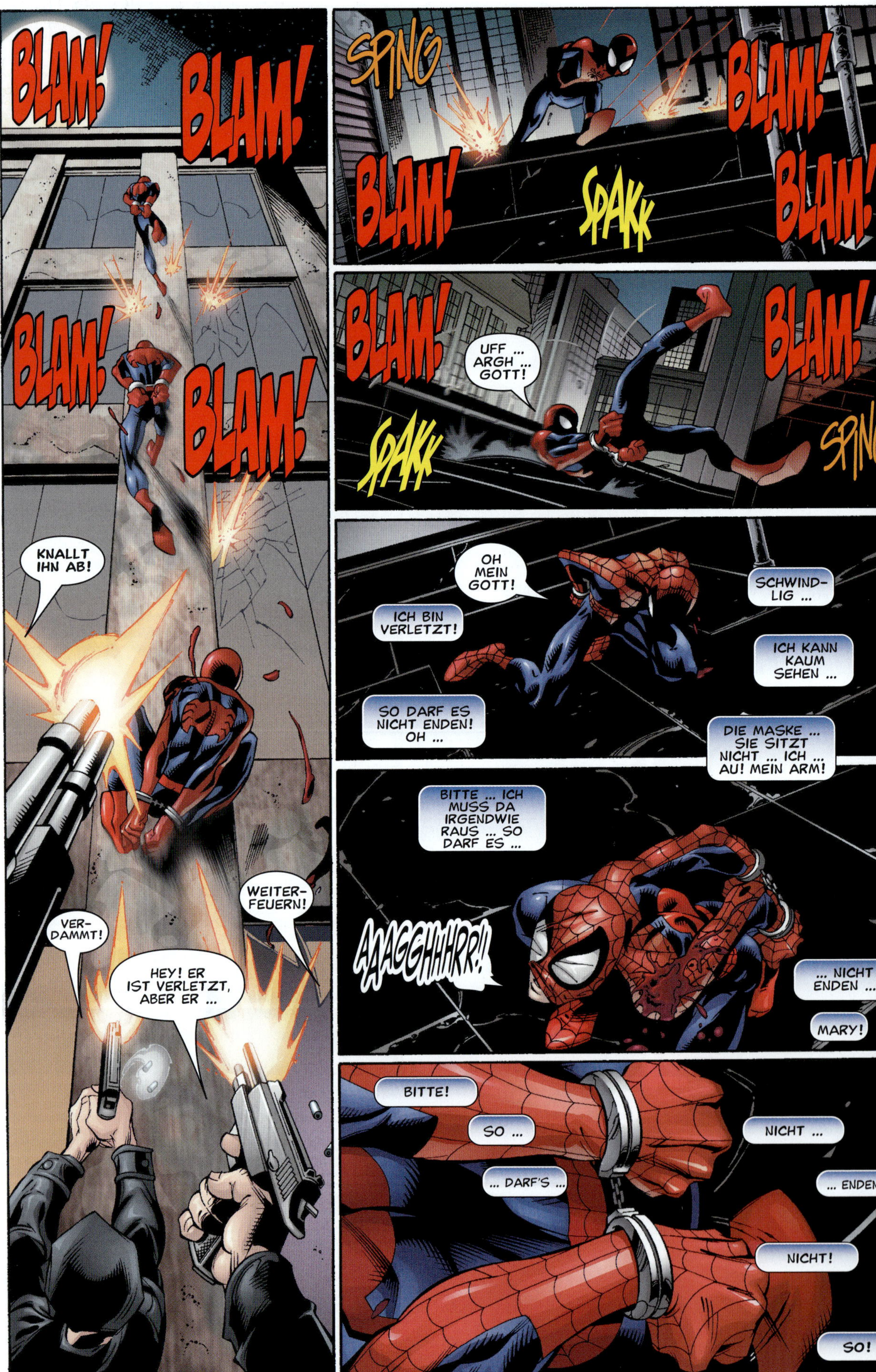
BLAM!
BLAM!
BLAM!
BLAM!
KNALLT IHN AB!
VER-DAMMT!
WEITER-FEUERN!
HEY! ER IST VERLETZT, ABER ER ...
SPING
BLAM!
SPAKK
BLAM!
BLAM!
BLAM!
UFF ... ARGH ... GOTT!
BLAM!
SPAKK
SPING
OH MEIN GOTT!
ICH BIN VERLETZT!
SCHWIND-LIG ...
ICH KANN KAUM SEHEN ...
SO DARF ES NICHT ENDEN! OH ...
DIE MASKE ... SIE SITZT NICHT ... ICH ... AU! MEIN ARM!
BITTE ... ICH MUSS DA IRGENDWIE RAUS ... SO DARF ES ...
AAAGGHHHRR!!
... NICHT ENDEN ...
MARY!
BITTE!
SO ...
NICHT ...
... DARF'S ...
... ENDEN!
NICHT!
SO!

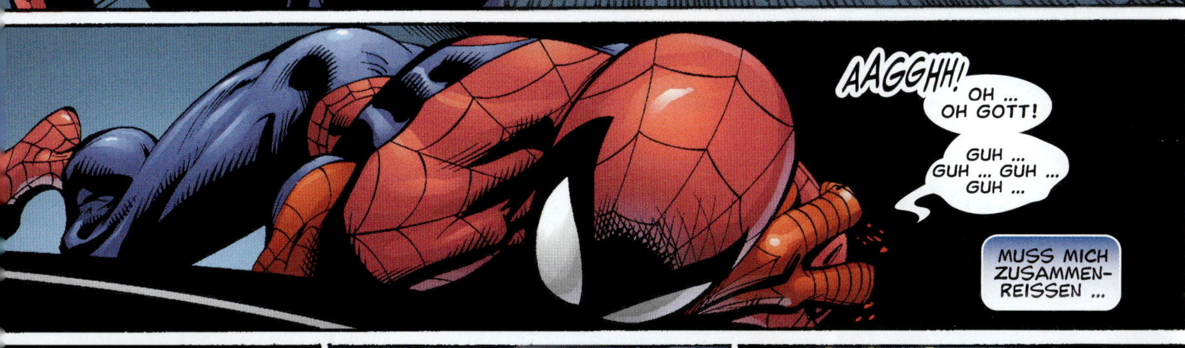

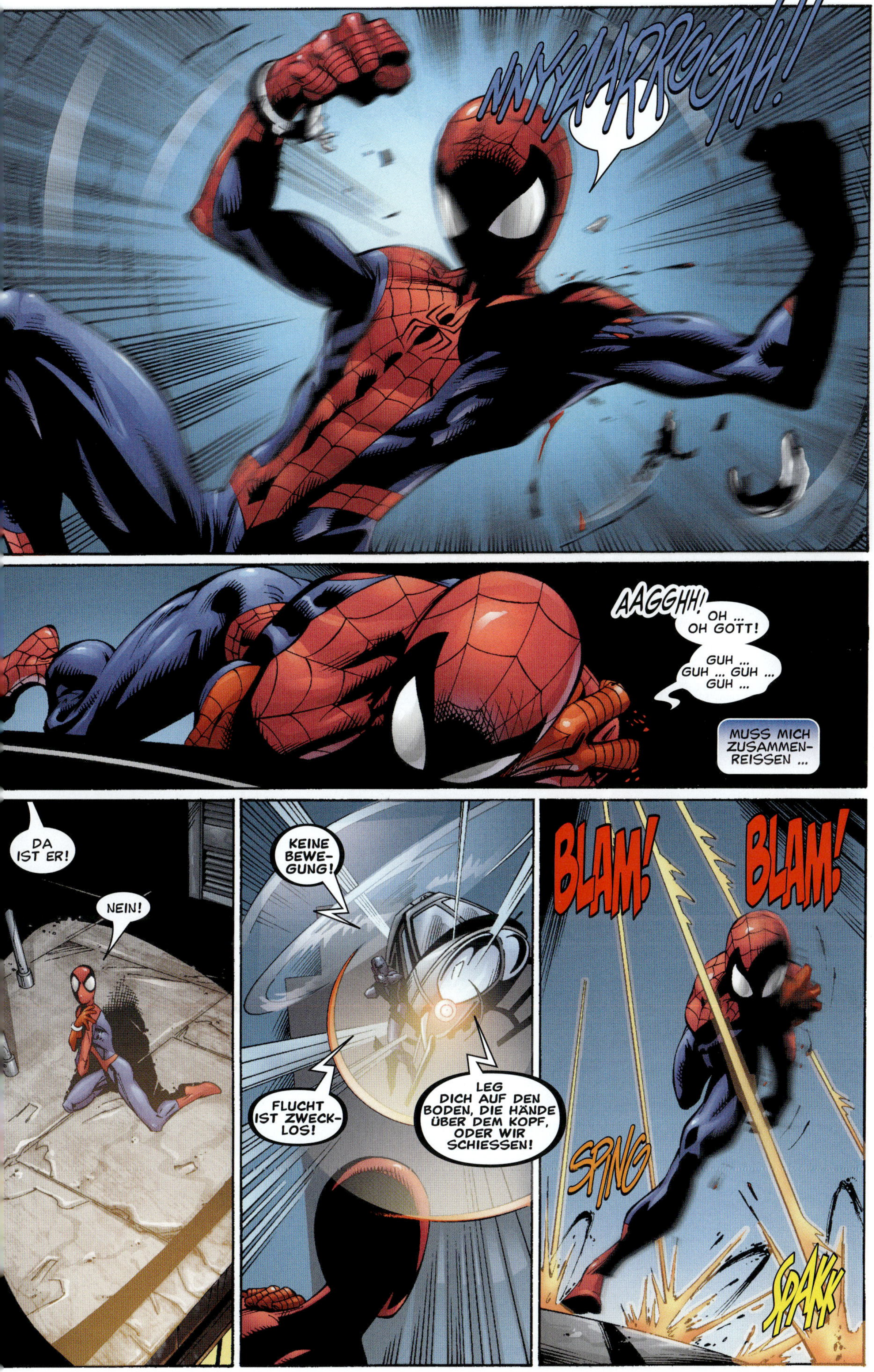

NNYYAAARRGGHH!!
AAGGHH!
OH ... OH GOTT!
GUH ... GUH ... GUH ... GUH ...
MUSS MICH ZUSAMMEN-REISSEN ...
DA IST ER!
NEIN!
KEINE BEWE-GUNG!
FLUCHT IST ZWECK-LOS!
LEG DICH AUF DEN BODEN, DIE HÄNDE ÜBER DEM KOPF, ODER WIR SCHIESSEN!
BLAM! BLAM!
SPING
SPAKK

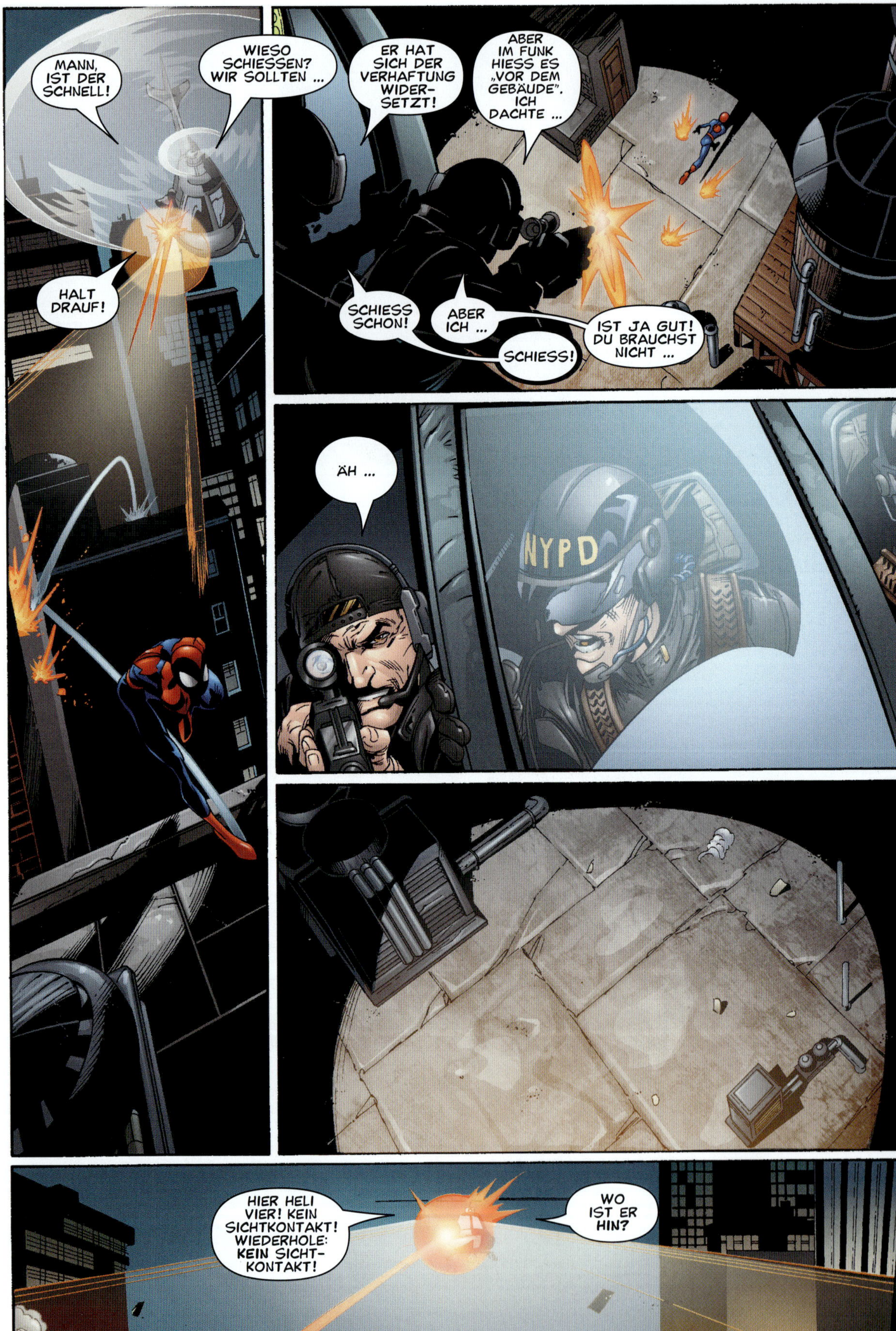
MANN, IST DER SCHNELL!
WIESO SCHIESSEN? WIR SOLLTEN ...
HALT DRAUF!
ER HAT SICH DER VERHAFTUNG WIDER-SETZT!
ABER IM FUNK HIESS ES „VOR DEM GEBÄUDE". ICH DACHTE ...
SCHIESS SCHON!
ABER ICH ...
SCHIESS!
IST JA GUT! DU BRAUCHST NICHT ...
ÄH ...
NYPD
HIER HELI VIER! KEIN SICHTKONTAKT! WIEDERHOLE: KEIN SICHT-KONTAKT!
WO IST ER HIN?

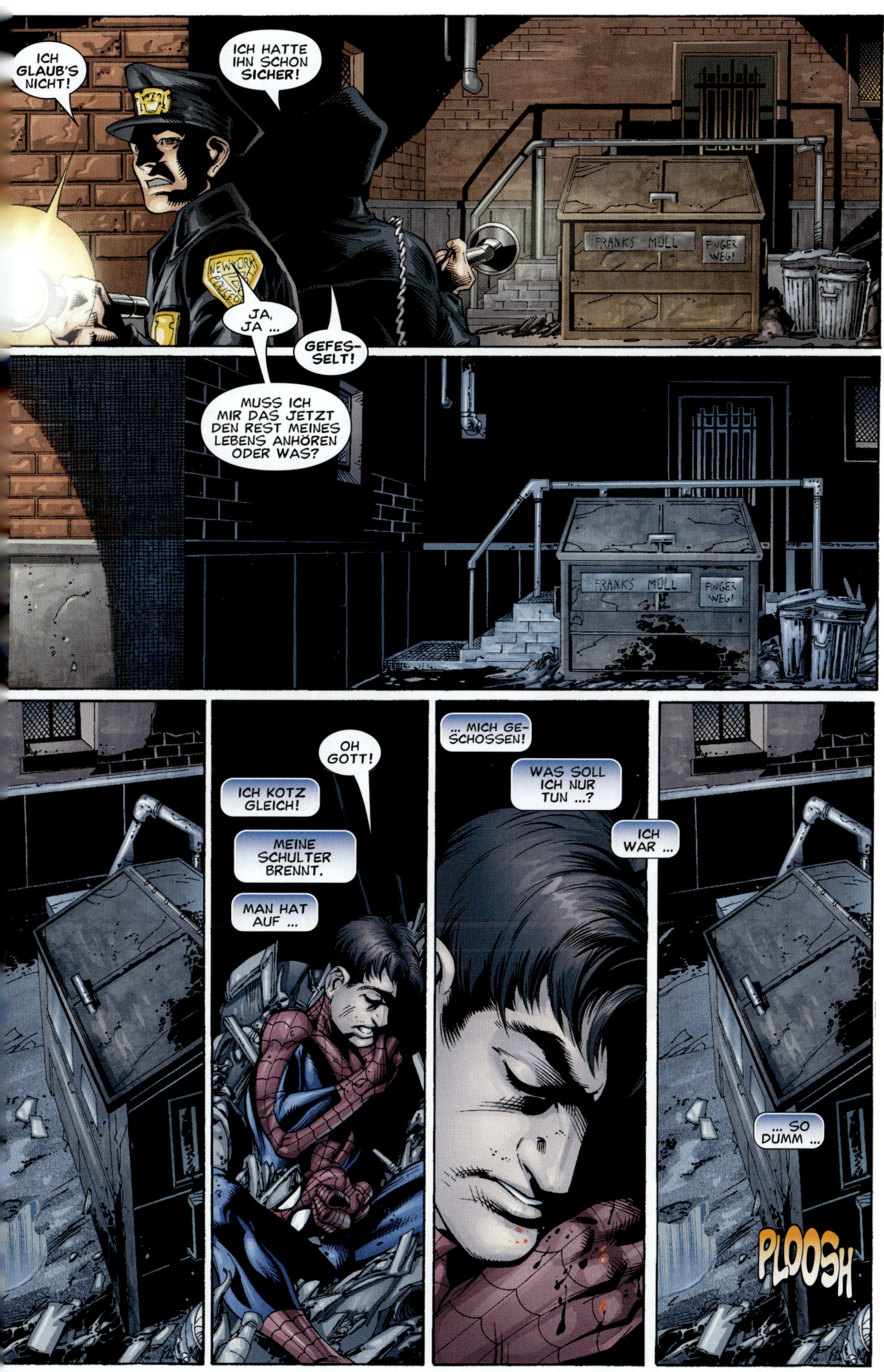
ICH GLAUB'S NICHT!
ICH HATTE IHN SCHON SICHER!
JA, JA ...
GEFES-SELT!
MUSS ICH MIR DAS JETZT DEN REST MEINES LEBENS ANHÖREN ODER WAS?
FRANKS MÜLL
FINGER WEG!
OH GOTT!
ICH KOTZ GLEICH!
MEINE SCHULTER BRENNT.
MAN HAT AUF ...
... MICH GE-SCHOSSEN!
WAS SOLL ICH NUR TUN ...?
ICH WAR ...
... SO DUMM ...
PLOOSH

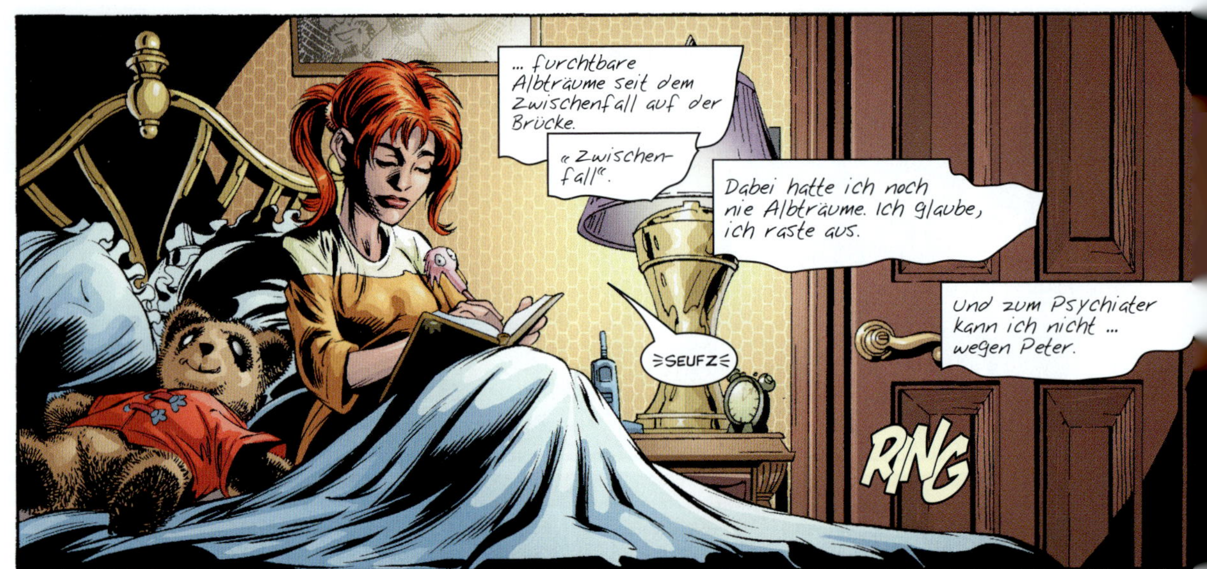
... furchtbare Albträume seit dem Zwischenfall auf der Brücke.
„Zwischenfall".
Dabei hatte ich noch nie Albträume. Ich glaube, ich raste aus.
Und zum Psychiater kann ich nicht ... wegen Peter.
SEUFZ
RING

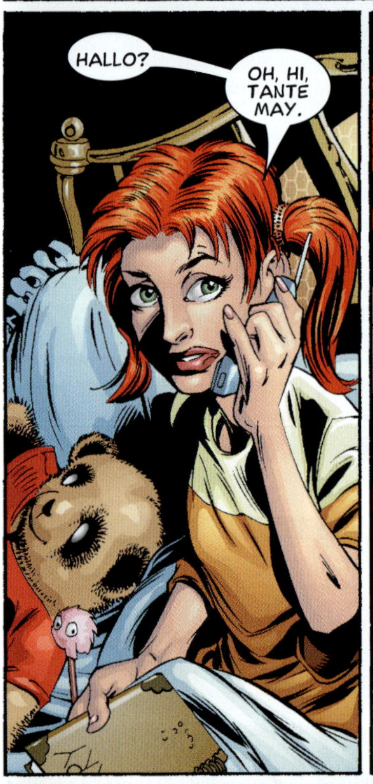
HALLO?
OH, HI, TANTE MAY.

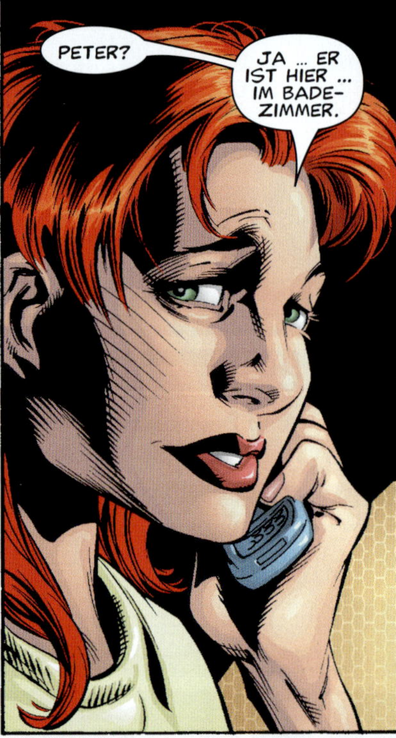
PETER?
JA ... ER IST HIER ... IM BADE-ZIMMER.

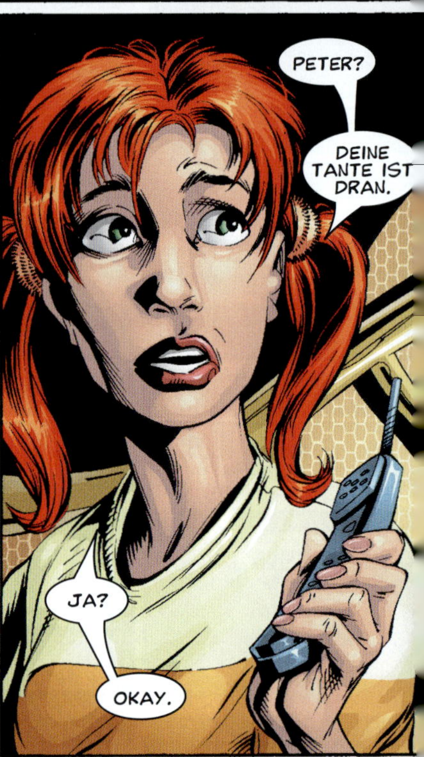
PETER?
DEINE TANTE IST DRAN.
JA?
OKAY.

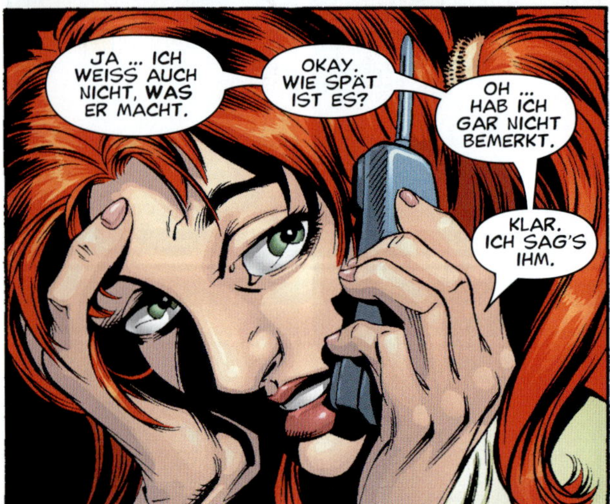
JA ... ICH WEISS AUCH NICHT, WAS ER MACHT.
OKAY. WIE SPÄT IST ES?
OH ... HAB ICH GAR NICHT BEMERKT.
KLAR. ICH SAG'S IHM.

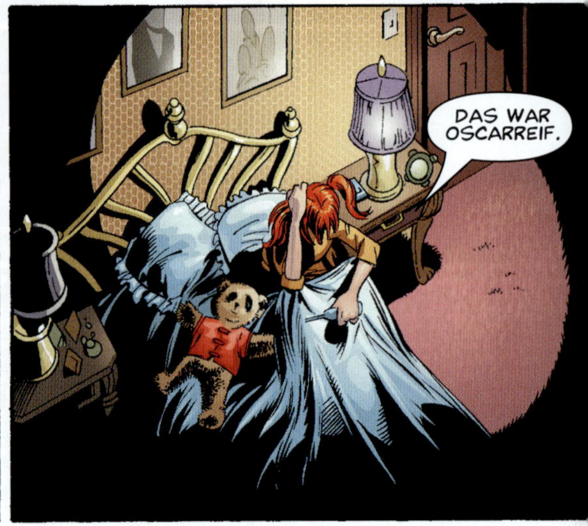
DAS WAR OSCARREIF.

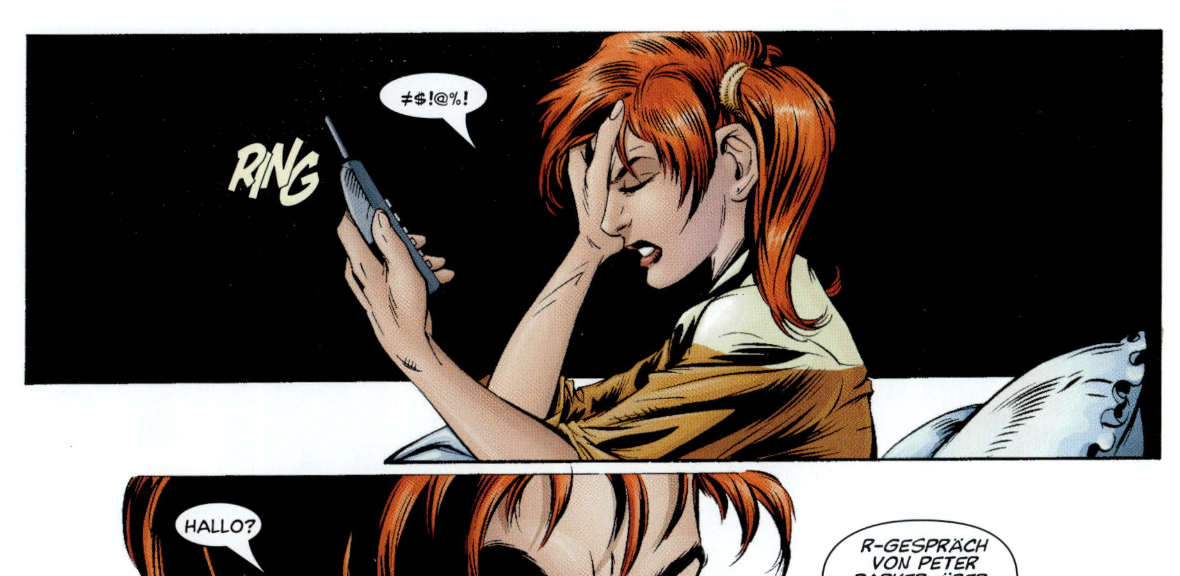
RING
≠$!@%!
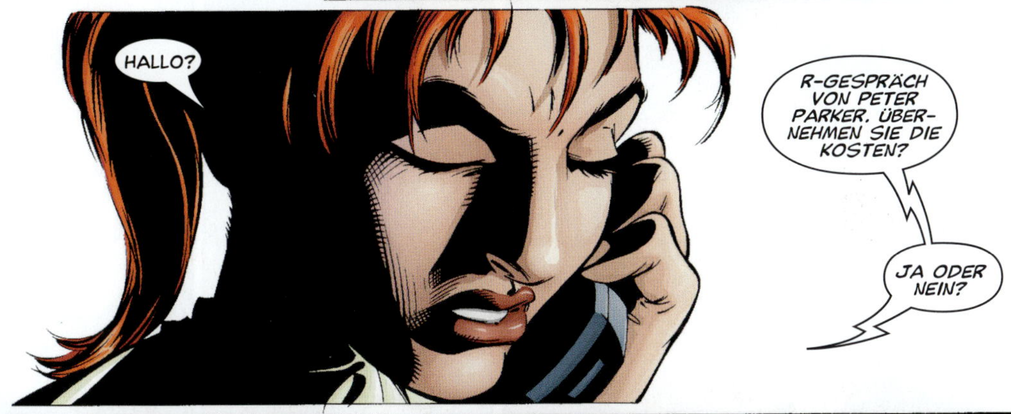
HALLO?
R-GESPRÄCH VON PETER PARKER. ÜBER-NEHMEN SIE DIE KOSTEN?
JA ODER NEIN?
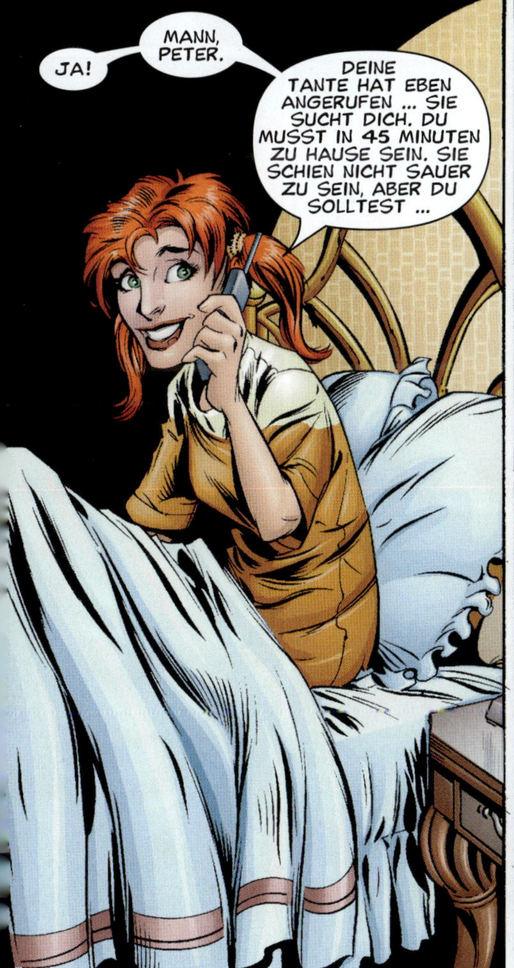
JA!
MANN, PETER.
DEINE TANTE HAT EBEN ANGERUFEN ... SIE SUCHT DICH. DU MUSST IN 45 MINUTEN ZU HAUSE SEIN. SIE SCHIEN NICHT SAUER ZU SEIN, ABER DU SOLLTEST ...
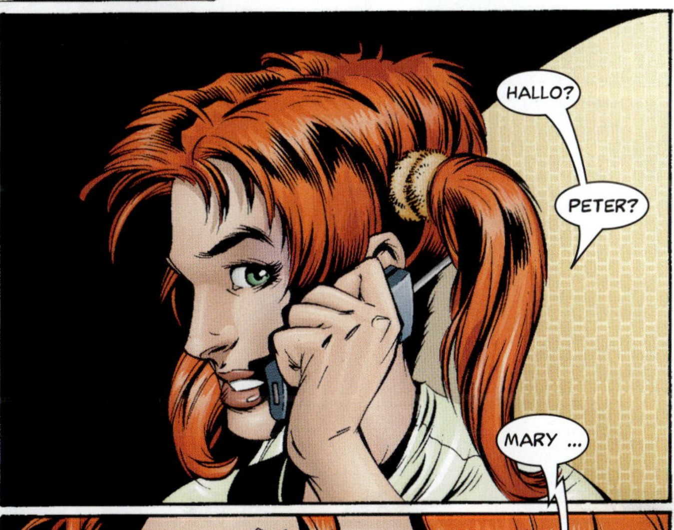
HALLO?
PETER?
MARY ...
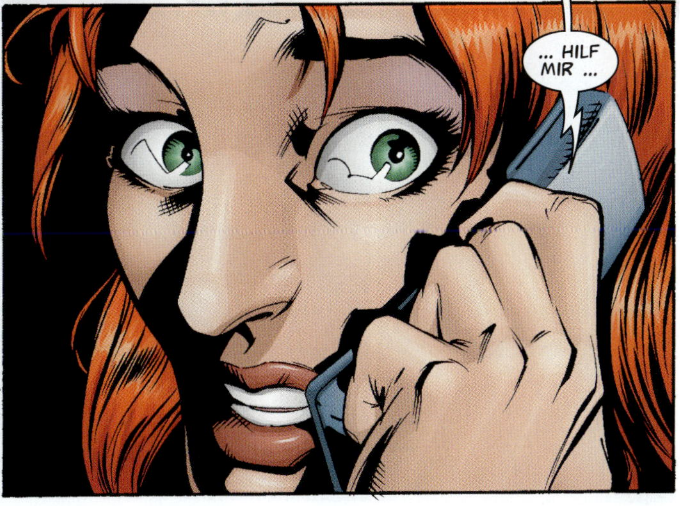
... HILF MIR ...

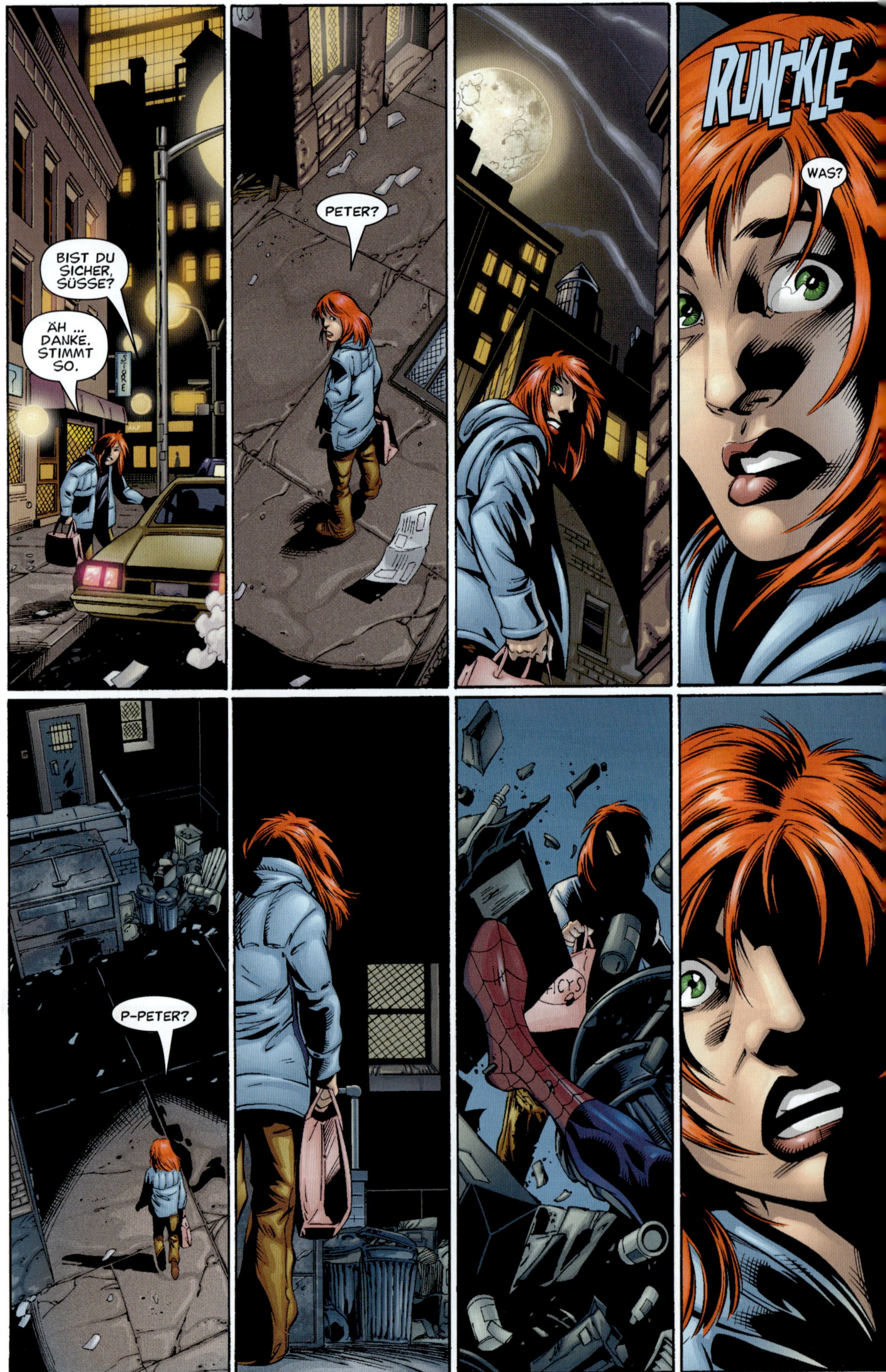
BIST DU SICHER, SÜSSE?
ÄH ... DANKE. STIMMT SO.
STORE
PETER?
RUNCKLE
WAS?
P-PETER?

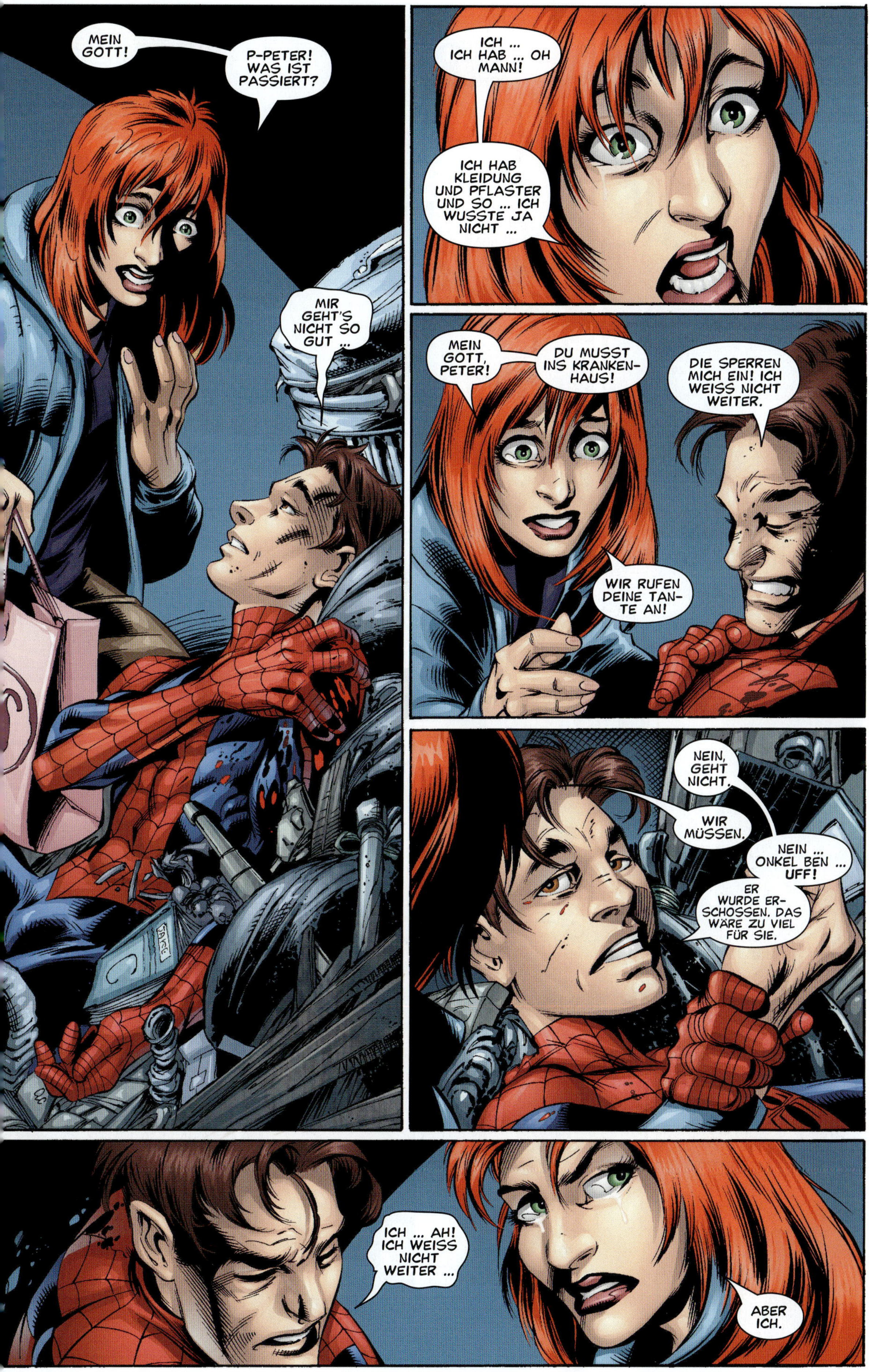

MEIN GOTT!
P-PETER! WAS IST PASSIERT?
MIR GEHT'S NICHT SO GUT ...

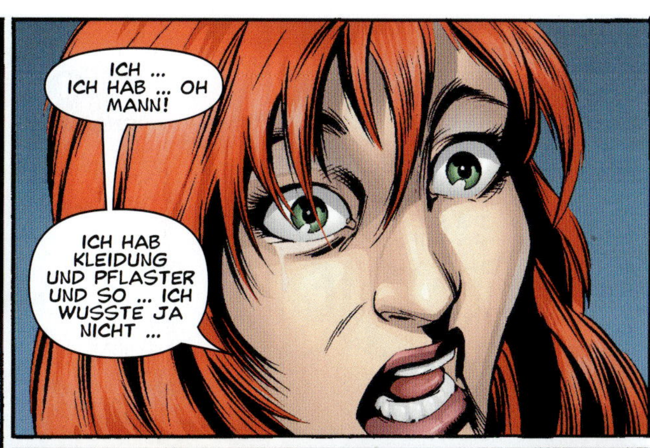

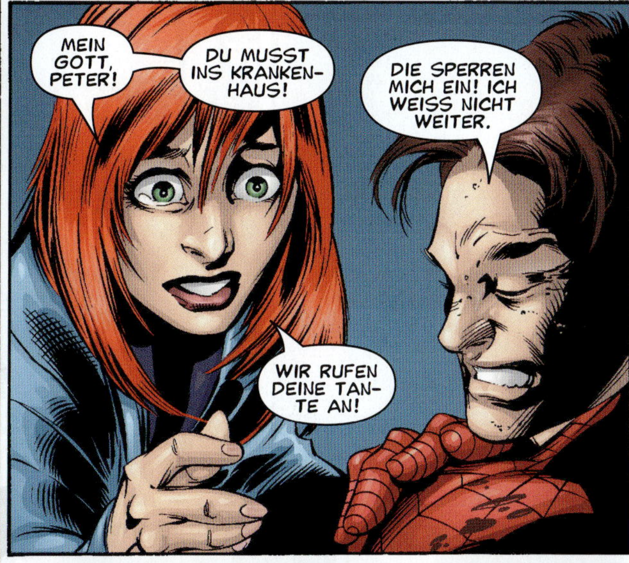

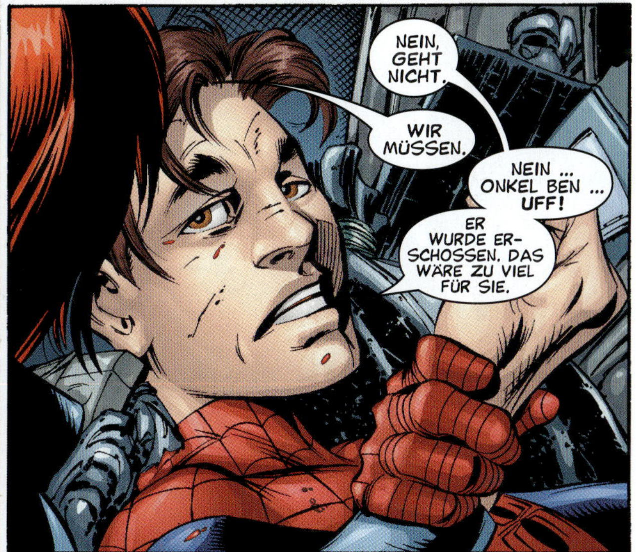

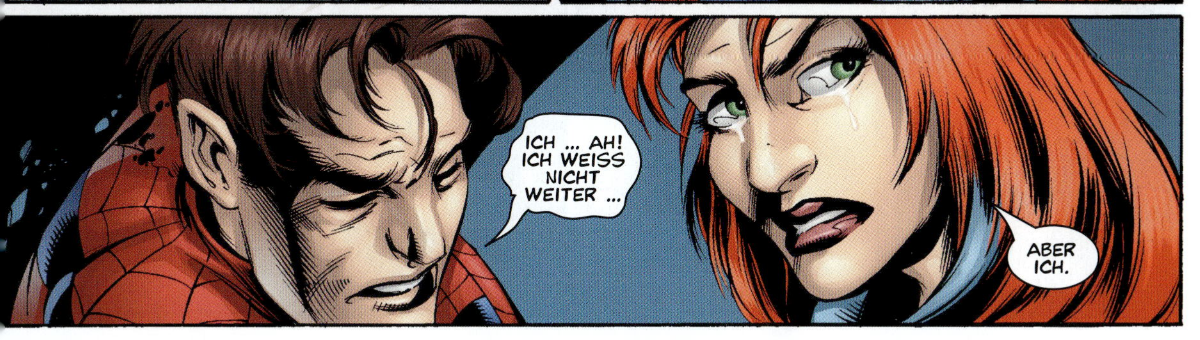

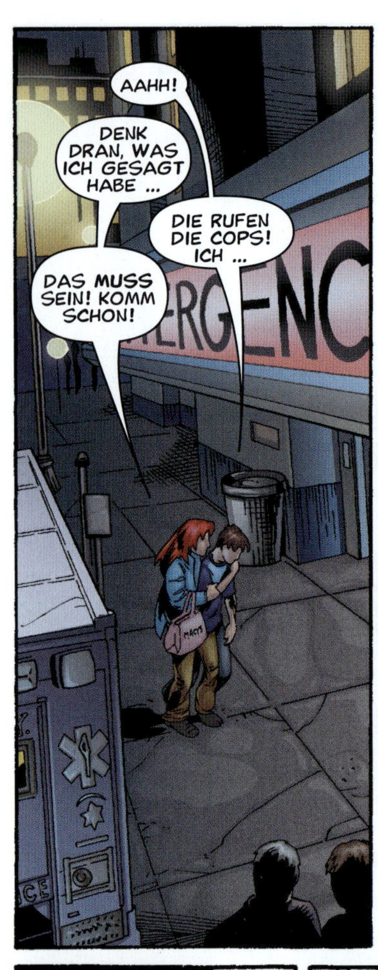
AAHH!
DENK DRAN, WAS ICH GESAGT HABE ...
DIE RUFEN DIE COPS! ICH ...
DAS **MUSS** SEIN! KOMM SCHON!
ERGENC

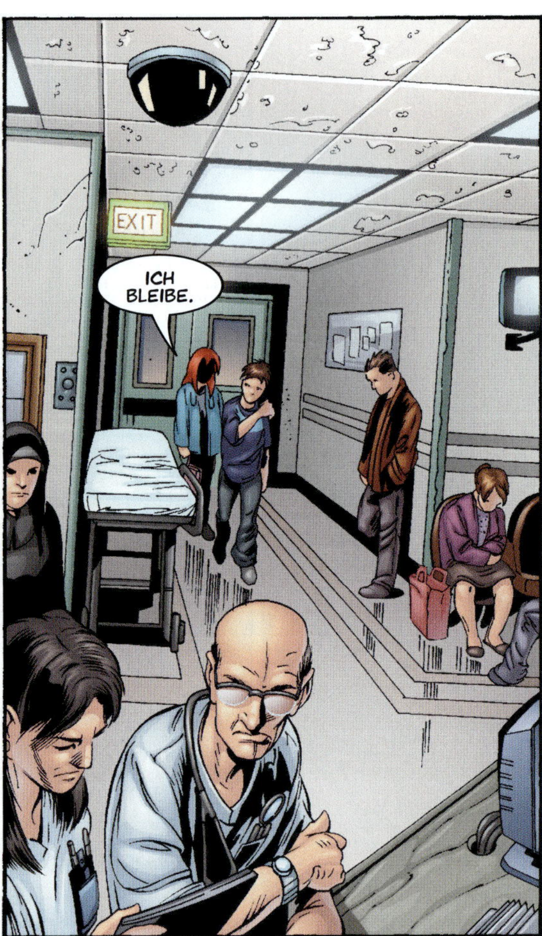
EXIT
ICH BLEIBE.

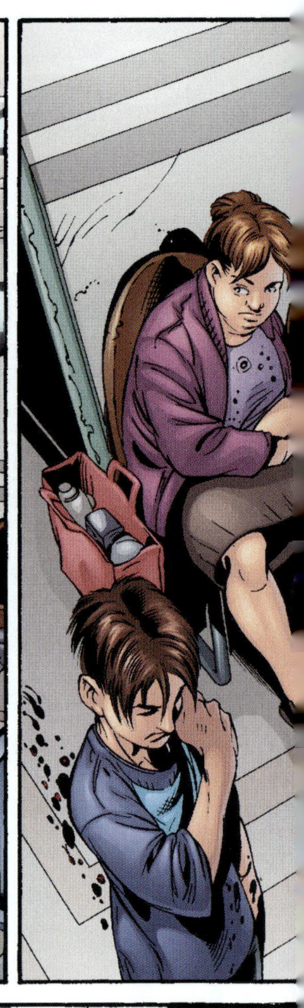

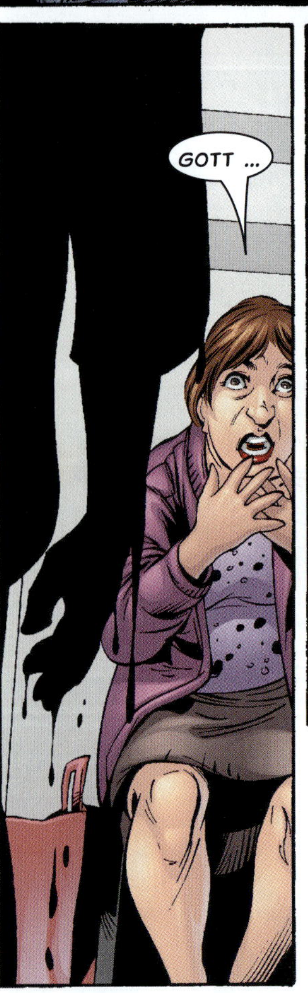
GOTT ...

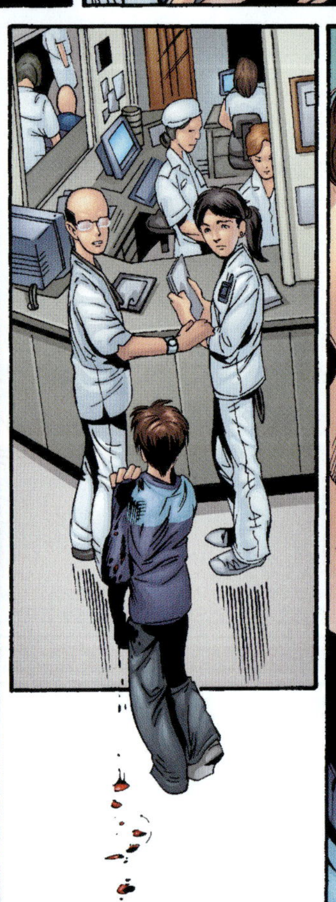

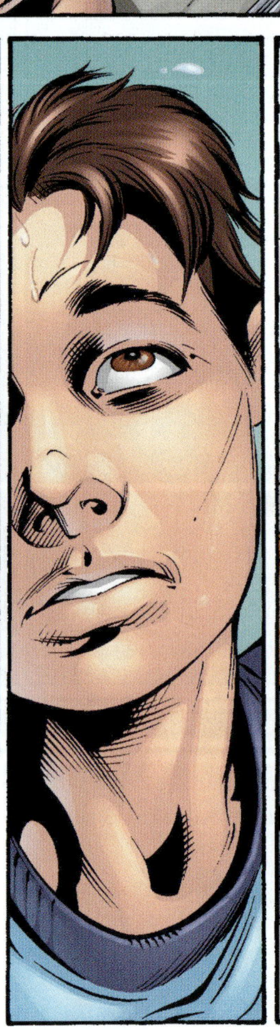

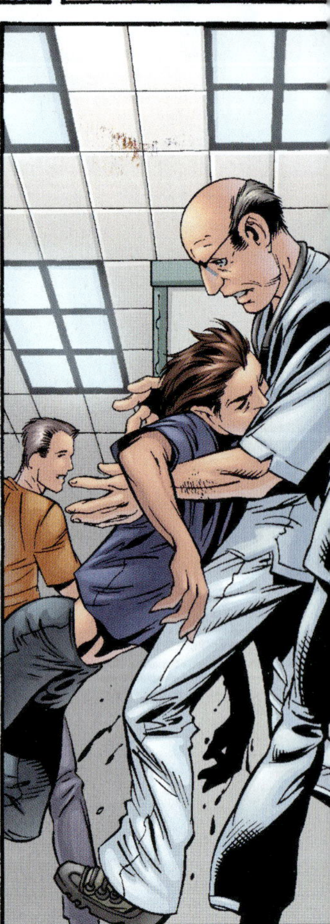

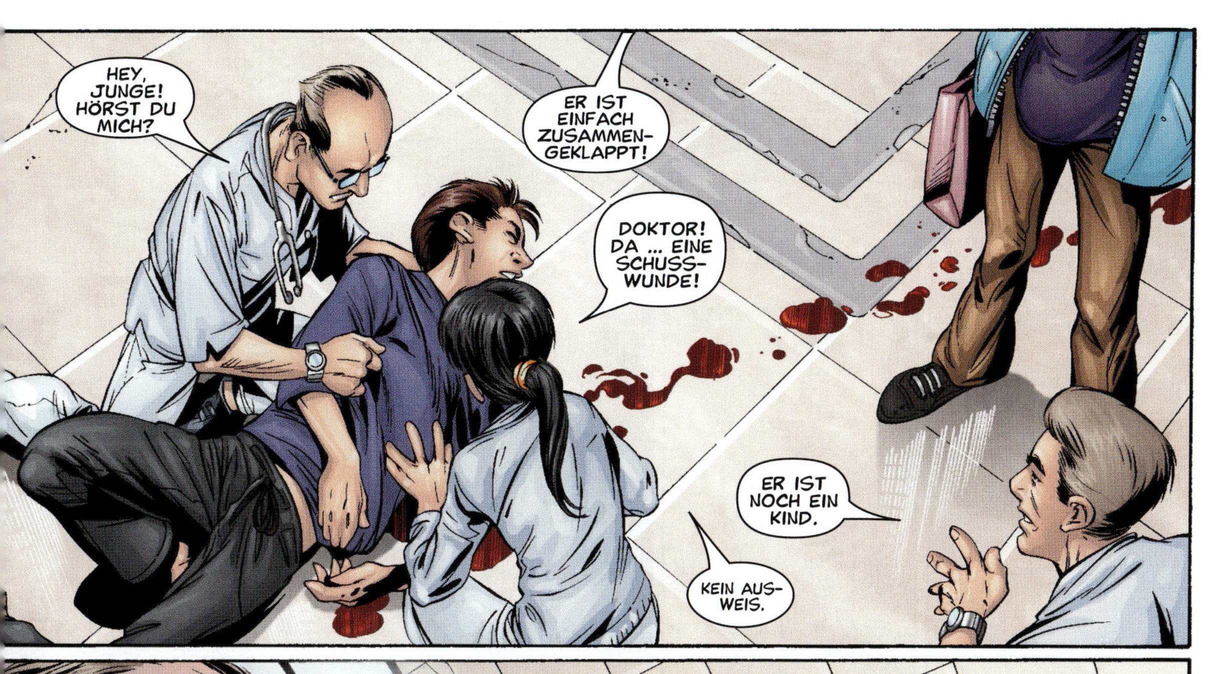
HEY, JUNGE! HÖRST DU MICH?
ER IST EINFACH ZUSAMMEN-GEKLAPPT!
DOKTOR! DA ... EINE SCHUSS-WUNDE!
ER IST NOCH EIN KIND.
KEIN AUS-WEIS.

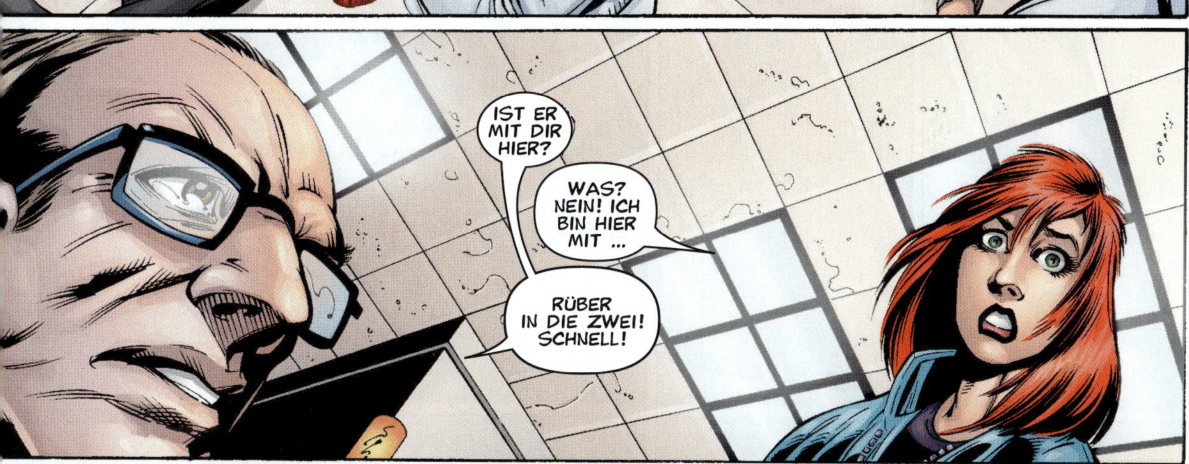
IST ER MIT DIR HIER?
WAS? NEIN! ICH BIN HIER MIT ...
RÜBER IN DIE ZWEI! SCHNELL!

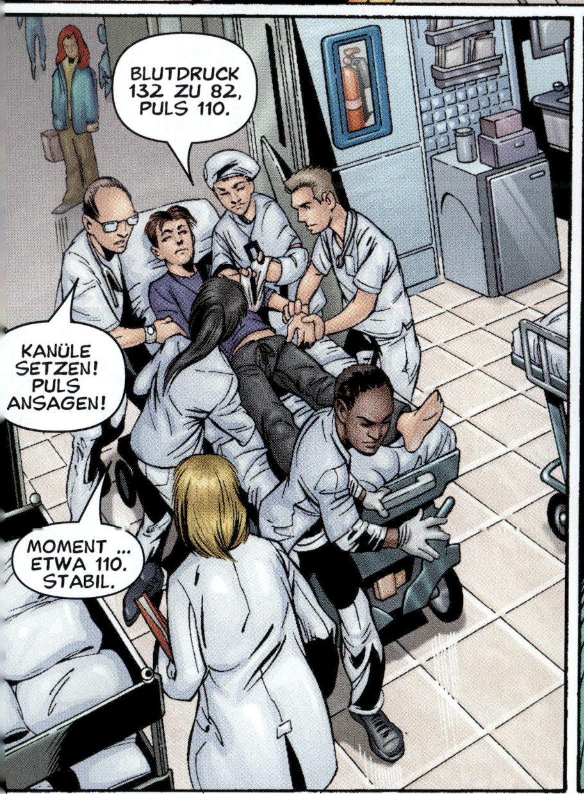
BLUTDRUCK 132 ZU 82, PULS 110.
KANÜLE SETZEN! PULS ANSAGEN!
MOMENT ... ETWA 110. STABIL.

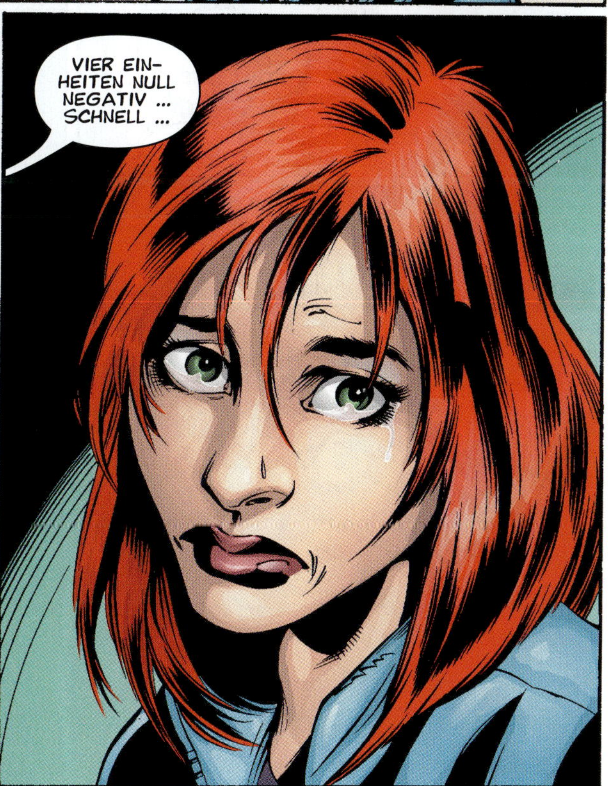
VIER EIN-HEITEN NULL NEGATIV ... SCHNELL ...

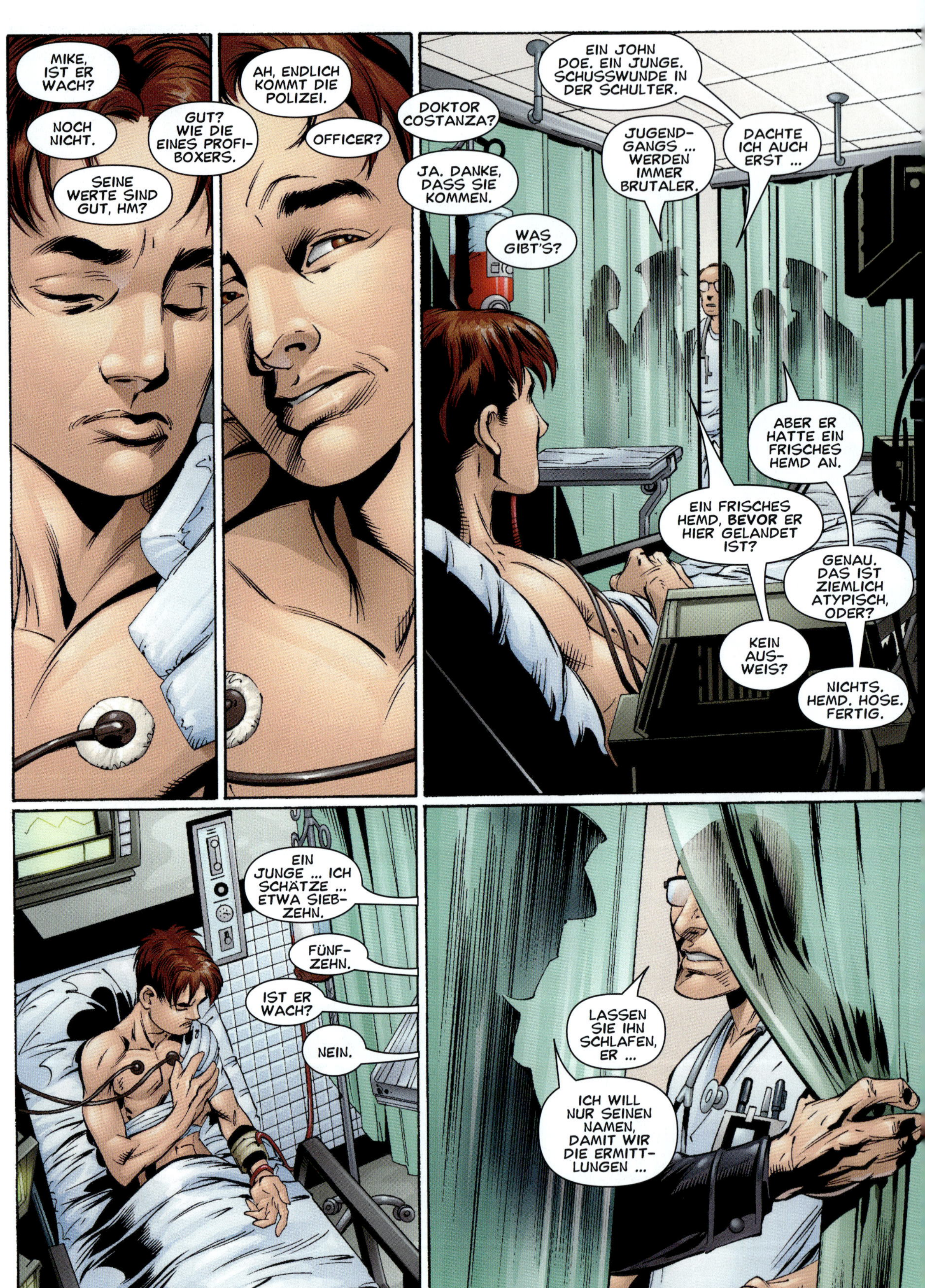
MIKE, IST ER WACH?
NOCH NICHT.
SEINE WERTE SIND GUT, HM?
GUT? WIE DIE EINES PROFI-BOXERS.
AH, ENDLICH KOMMT DIE POLIZEI.
OFFICER?
DOKTOR COSTANZA?
JA. DANKE, DASS SIE KOMMEN.
WAS GIBT'S?
EIN JOHN DOE. EIN JUNGE. SCHUSSWUNDE IN DER SCHULTER.
JUGEND-GANGS ... WERDEN IMMER BRUTALER.
DACHTE ICH AUCH ERST ...
ABER ER HATTE EIN FRISCHES HEMD AN.
EIN FRISCHES HEMD, BEVOR ER HIER GELANDET IST?
GENAU. DAS IST ZIEMLICH ATYPISCH, ODER?
KEIN AUS-WEIS?
NICHTS. HEMD. HOSE. FERTIG.
EIN JUNGE ... ICH SCHÄTZE ... ETWA SIEB-ZEHN.
FÜNF-ZEHN.
IST ER WACH?
NEIN.
LASSEN SIE IHN SCHLAFEN, ER ...
ICH WILL NUR SEINEN NAMEN, DAMIT WIR DIE ERMITT-LUNGEN ...

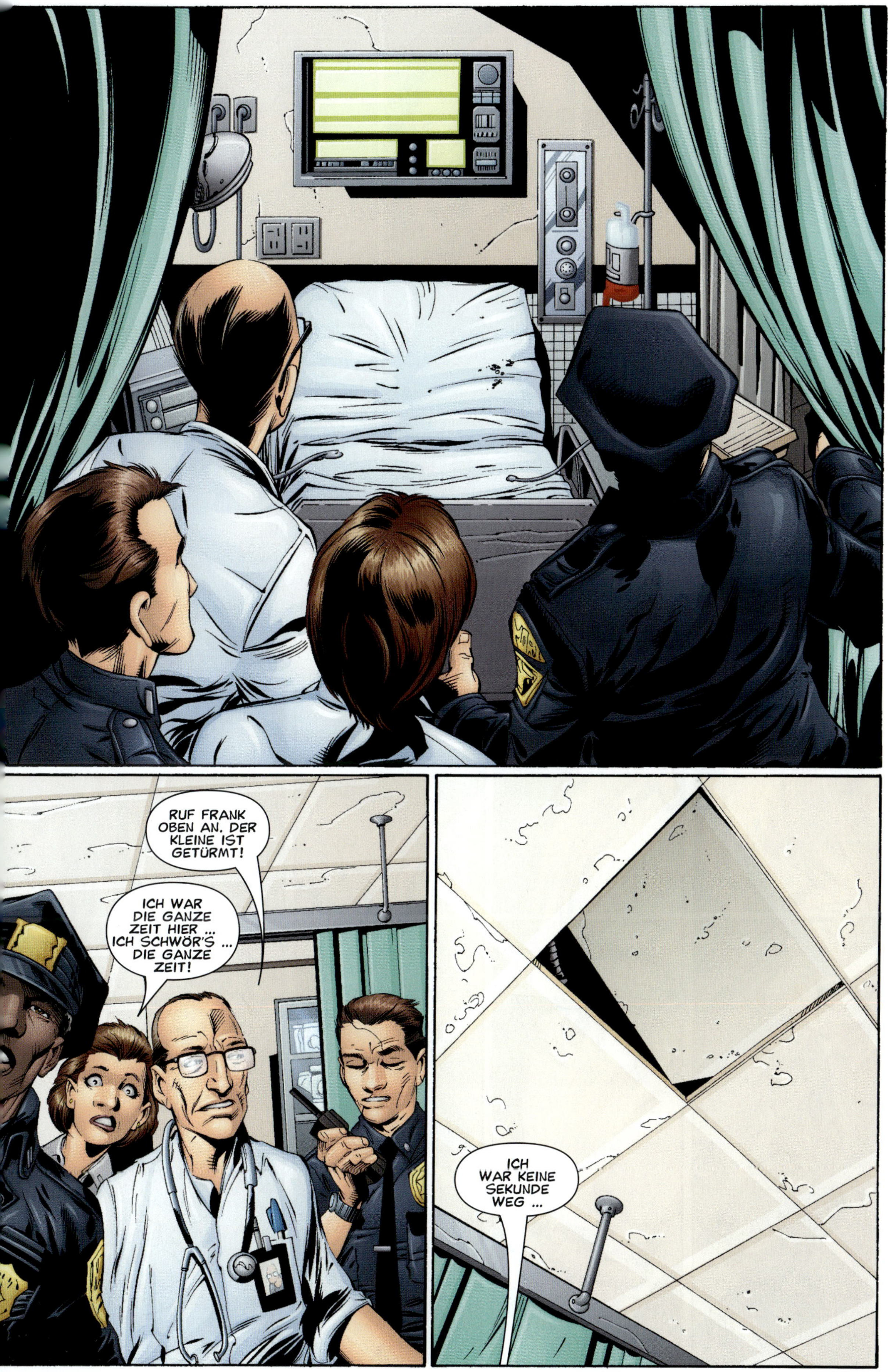

RUF FRANK OBEN AN. DER KLEINE IST GETÜRMT!
ICH WAR DIE GANZE ZEIT HIER ... ICH SCHWÖR'S ... DIE GANZE ZEIT!
ICH WAR KEINE SEKUNDE WEG ...

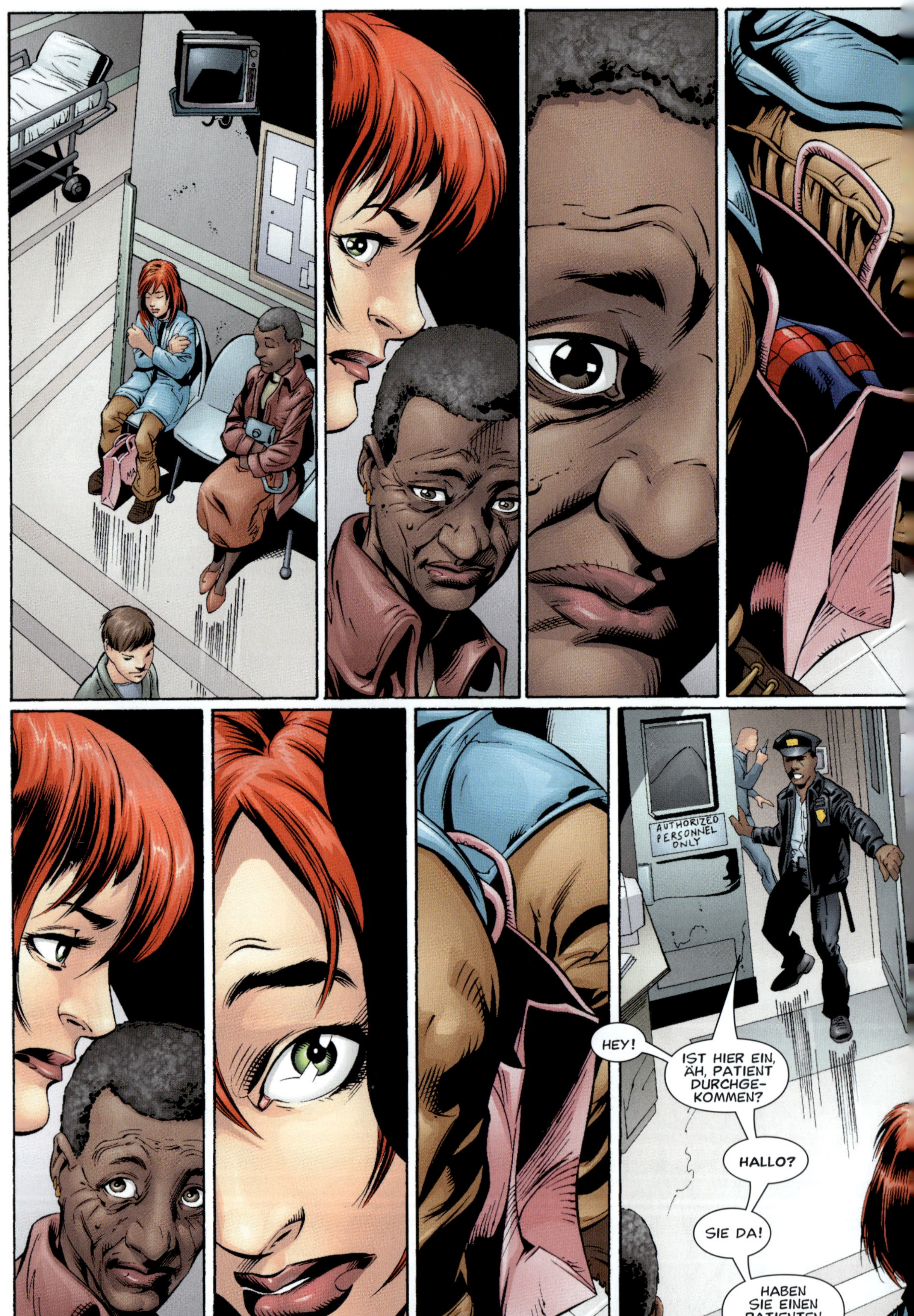
AUTHORIZED PERSONNEL ONLY
HEY!
IST HIER EIN, ÄH, PATIENT DURCHGE-KOMMEN?
HALLO?
SIE DA!
HABEN SIE EINEN PATIENTEN GESEHEN?

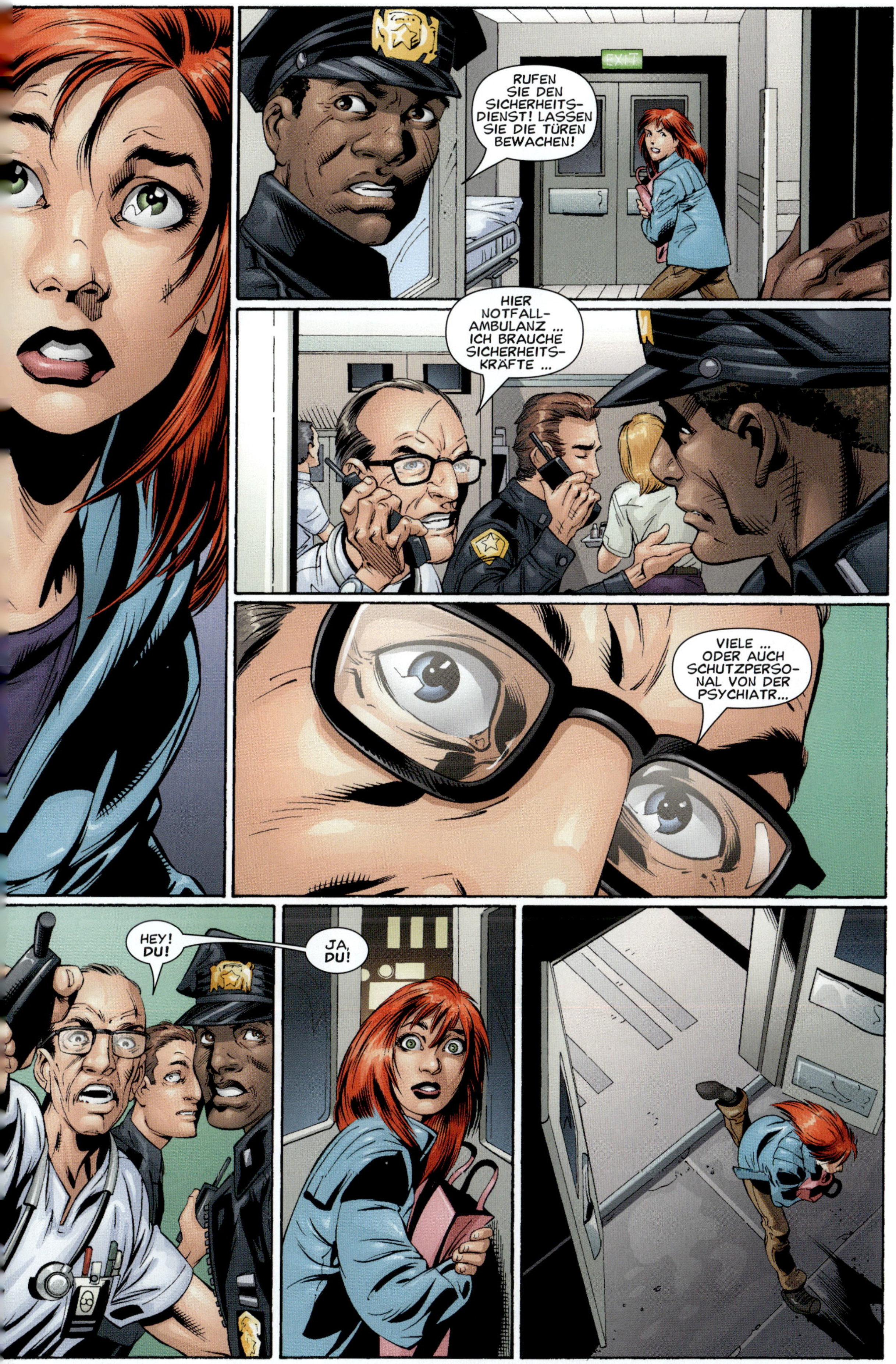

RUFEN SIE DEN SICHERHEITS-DIENST! LASSEN SIE DIE TÜREN BEWACHEN!

HIER NOTFALL-AMBULANZ ... ICH BRAUCHE SICHERHEITS-KRÄFTE ...

VIELE ... ODER AUCH SCHUTZPERSONAL VON DER PSYCHIATR...

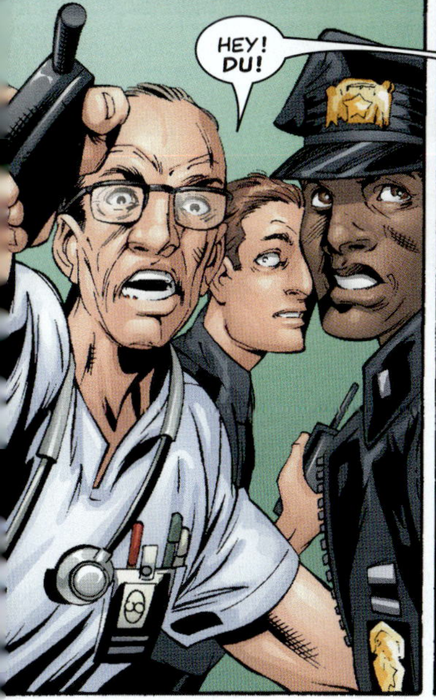

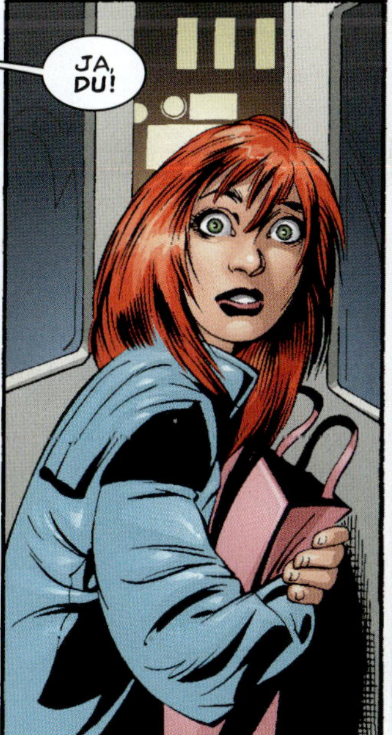

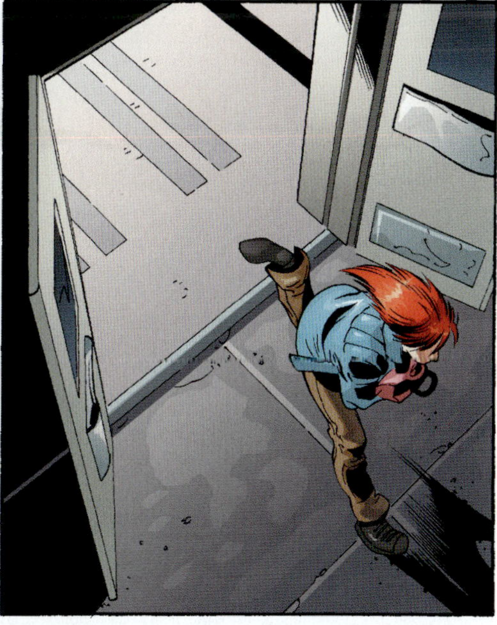

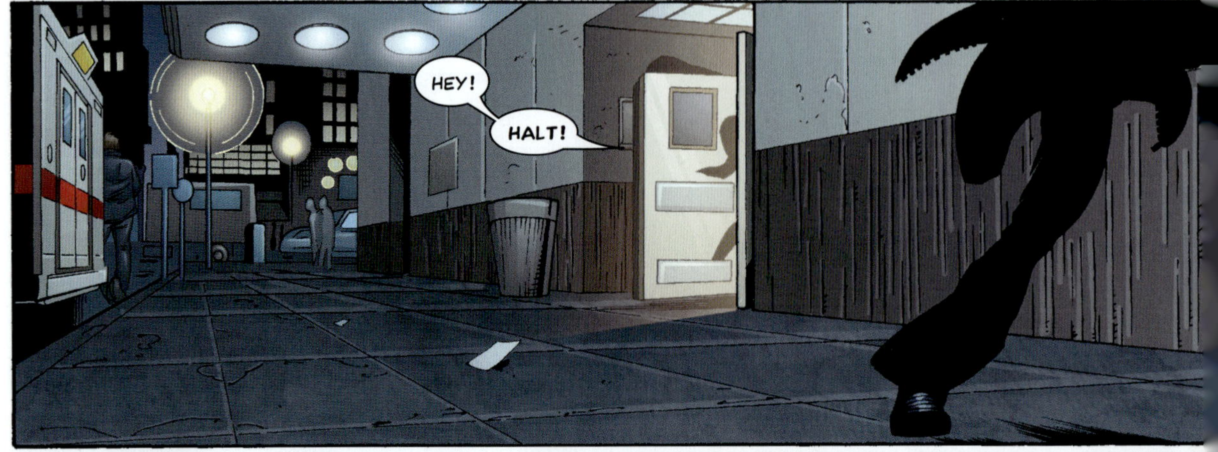
HEY!
HALT!

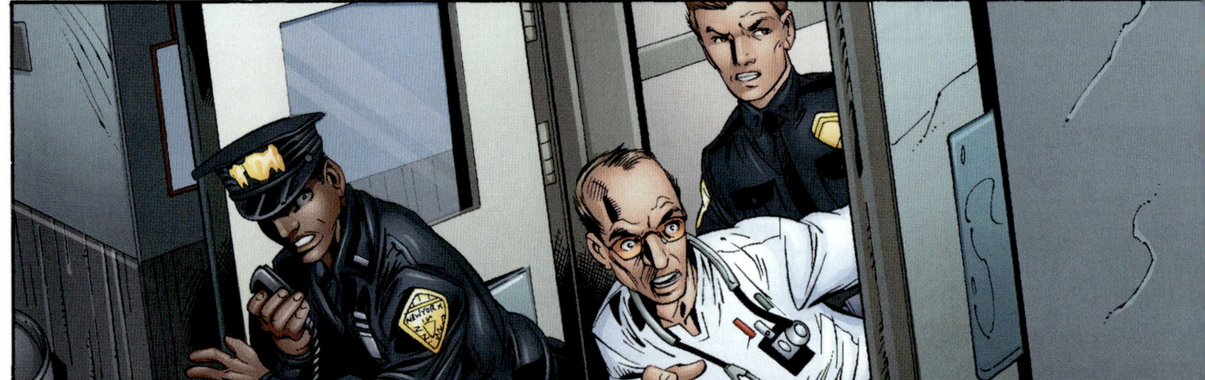

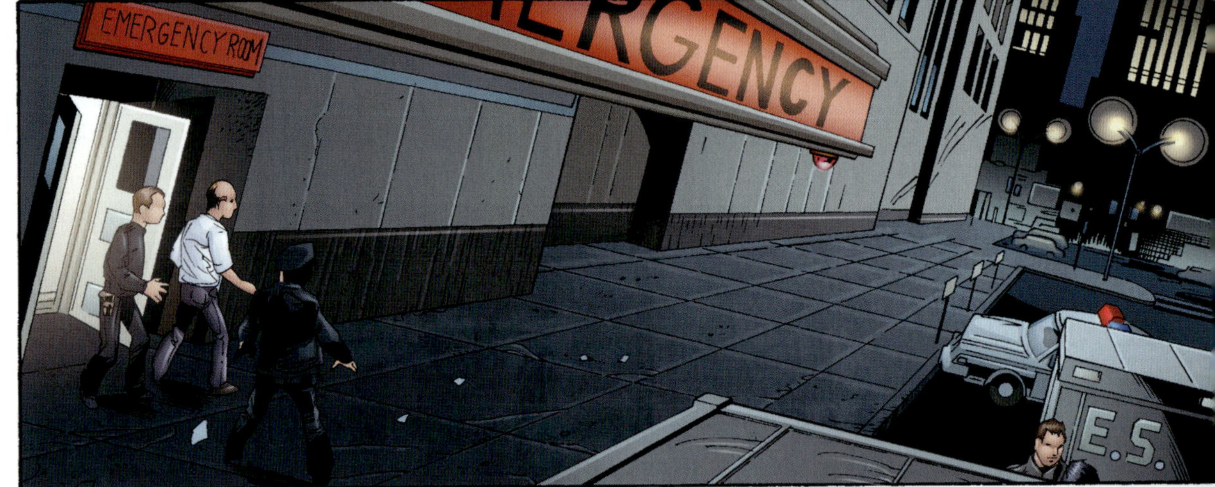
EMERGENCY ROOM
ERGENCY
E.S.

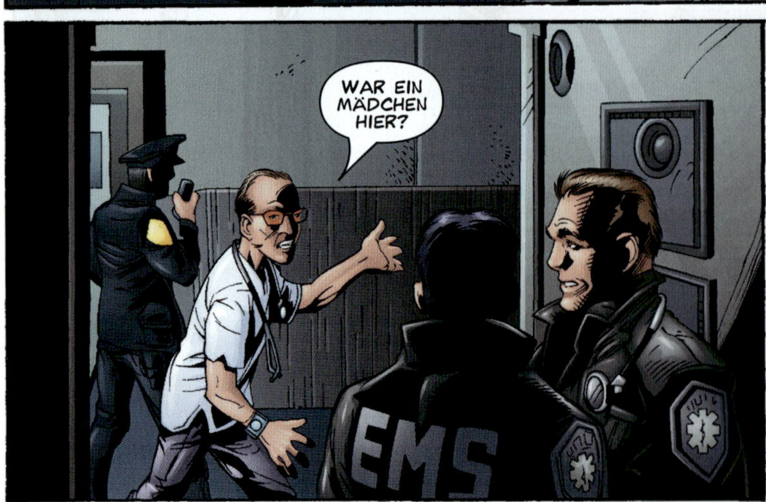
WAR EIN MÄDCHEN HIER?
EMS

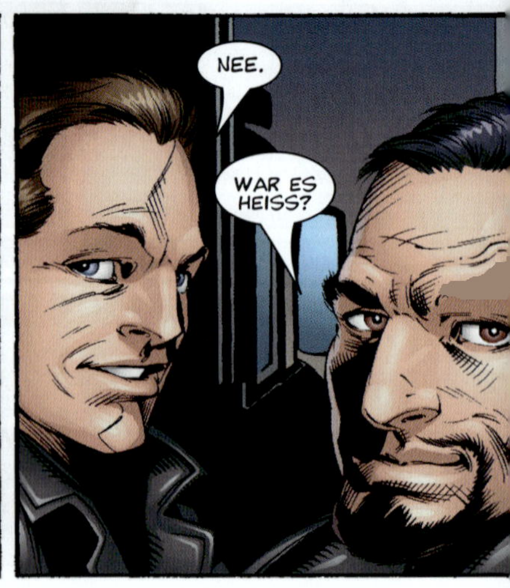
NEE.
WAR ES HEISS?

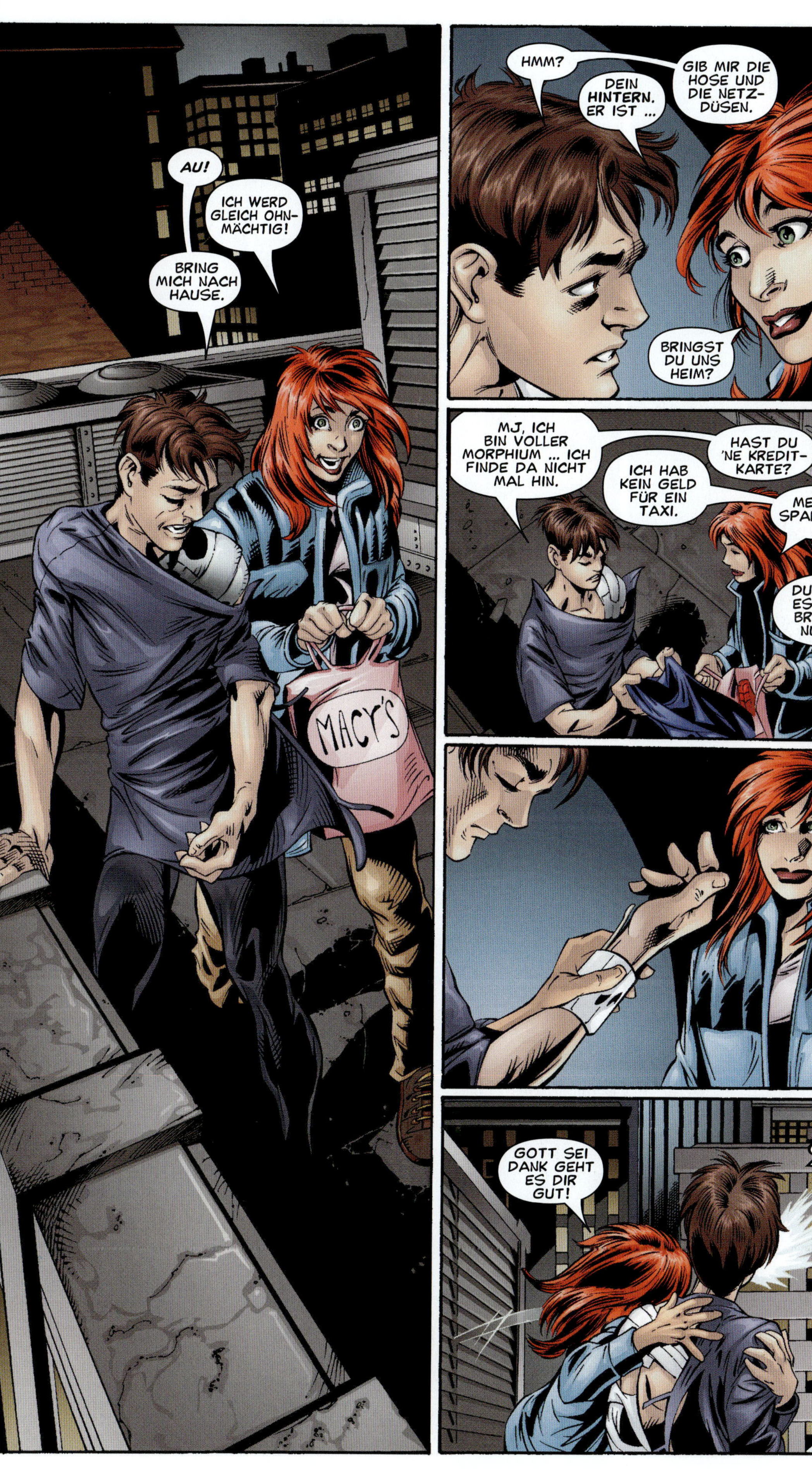
AU!
ICH WERD GLEICH OHNMÄCHTIG!
BRING MICH NACH HAUSE.
MACY'S
HMM?
DEIN HINTERN. ER IST ...
GIB MIR DIE HOSE UND DIE NETZDÜSEN.
BRINGST DU UNS HEIM?
MJ, ICH BIN VOLLER MORPHIUM ... ICH FINDE DA NICHT MAL HIN.
HAST DU 'NE KREDITKARTE?
ICH HAB KEIN GELD FÜR EIN TAXI.
MEINE ERSPARNISSE ...
DU KRIEGST ES ZURÜCK. BRING MICH NUR HEIM.
GOTT SEI DANK GEHT ES DIR GUT!
AU!

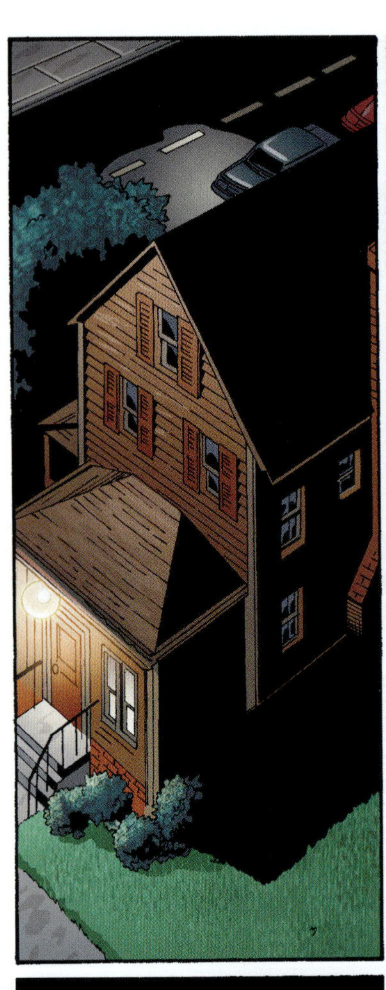
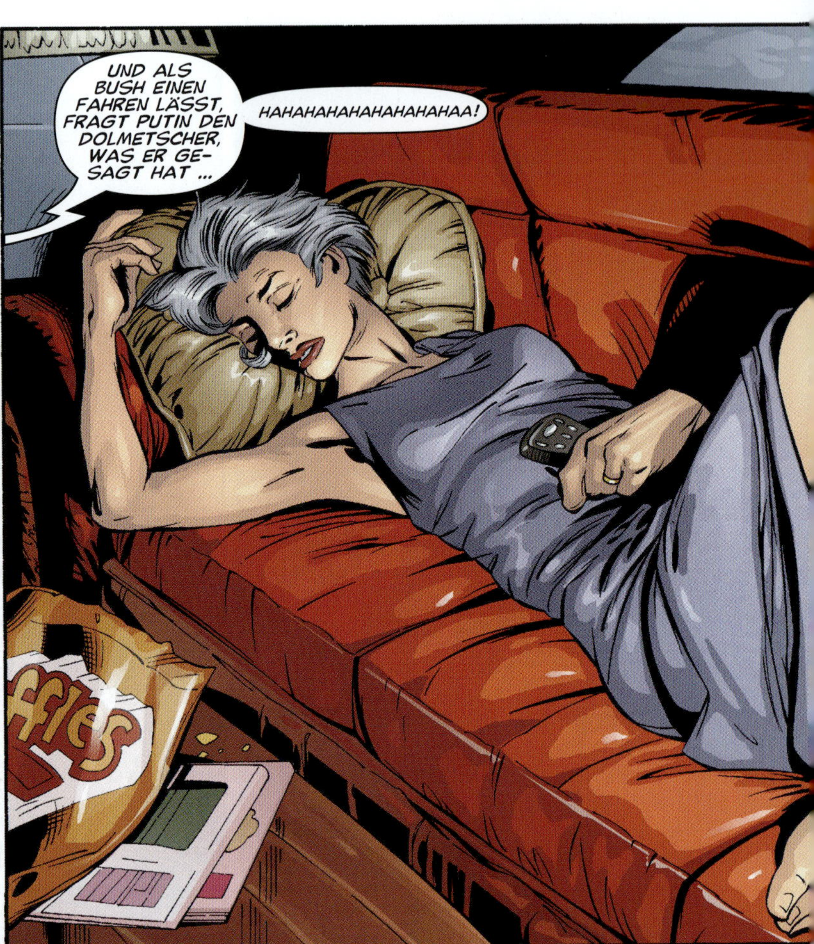
UND ALS BUSH EINEN FAHREN LÄSST, FRAGT PUTIN DEN DOLMETSCHER, WAS ER GESAGT HAT ...
HAHAHAHAHAHAHAHAHAA!
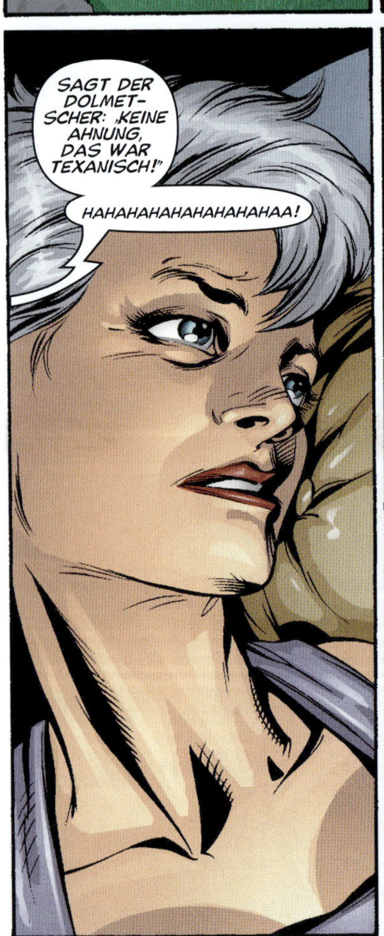
SAGT DER DOLMETSCHER: „KEINE AHNUNG, DAS WAR TEXANISCH!"
HAHAHAHAHAHAHAHAHAA!
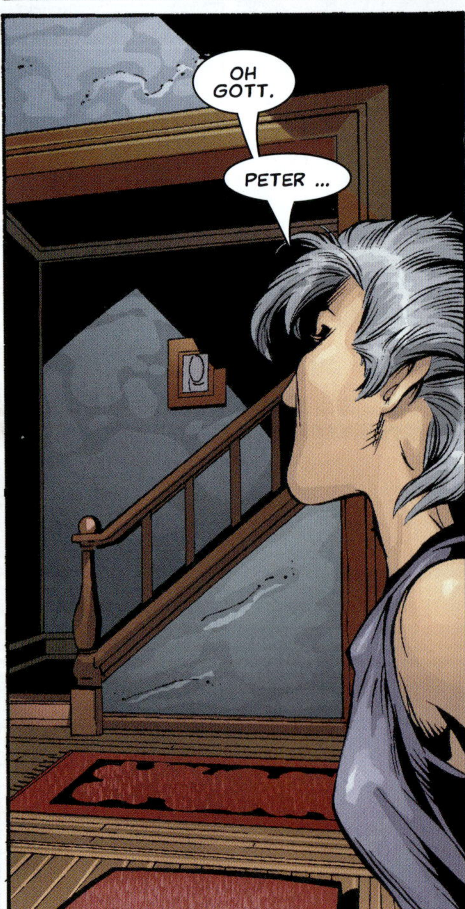
OH GOTT.
PETER ...
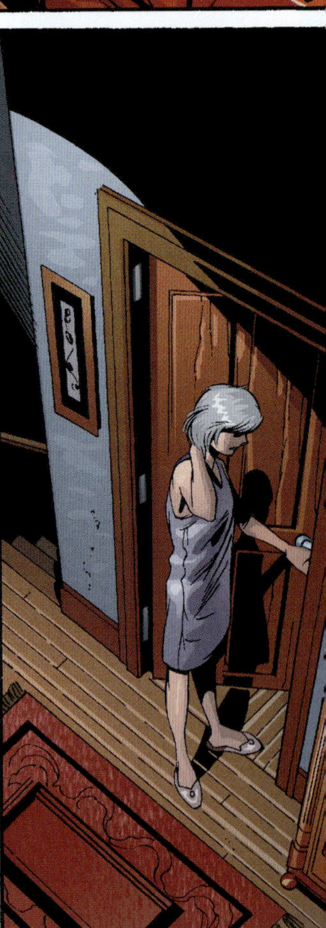

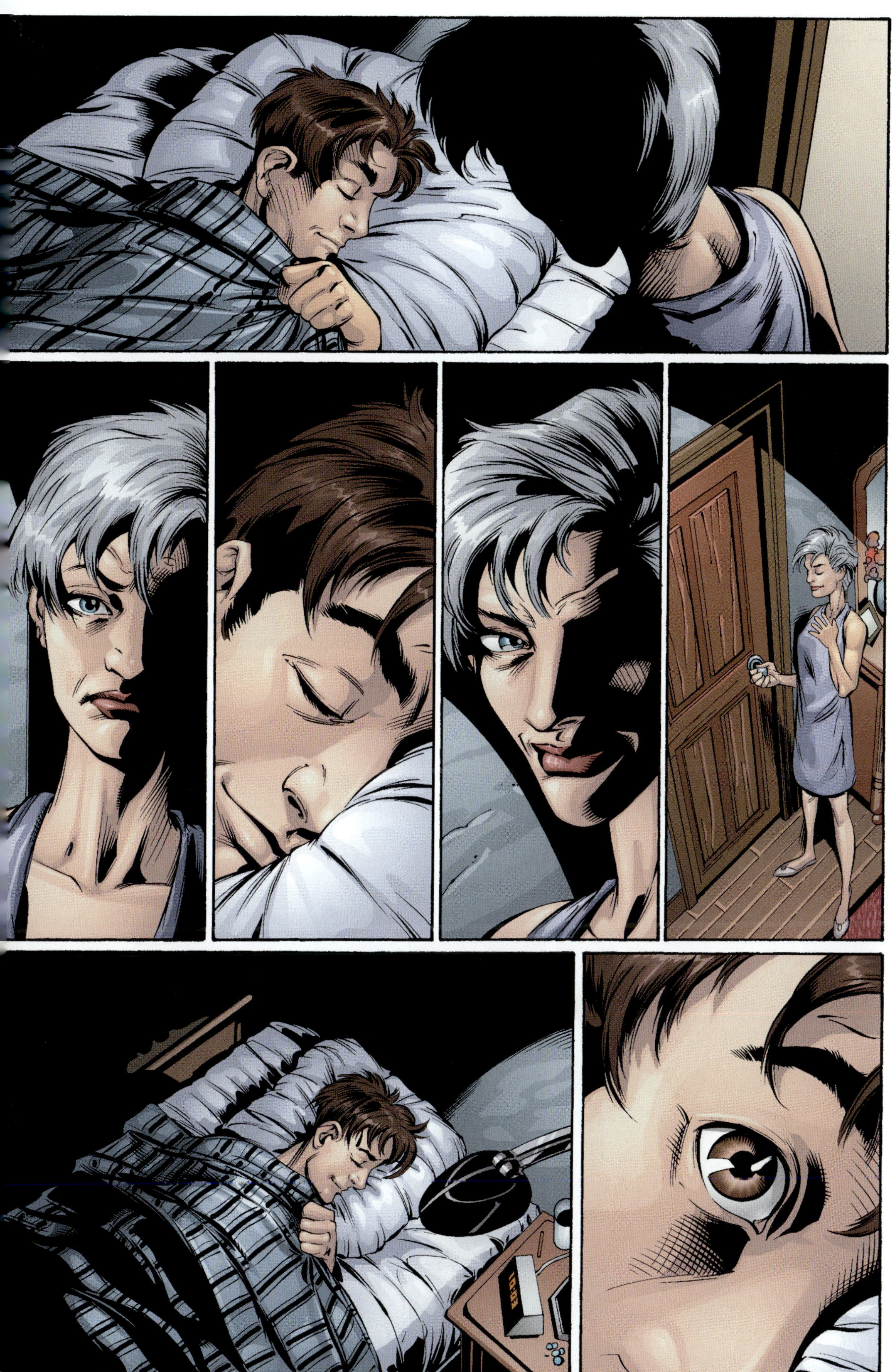

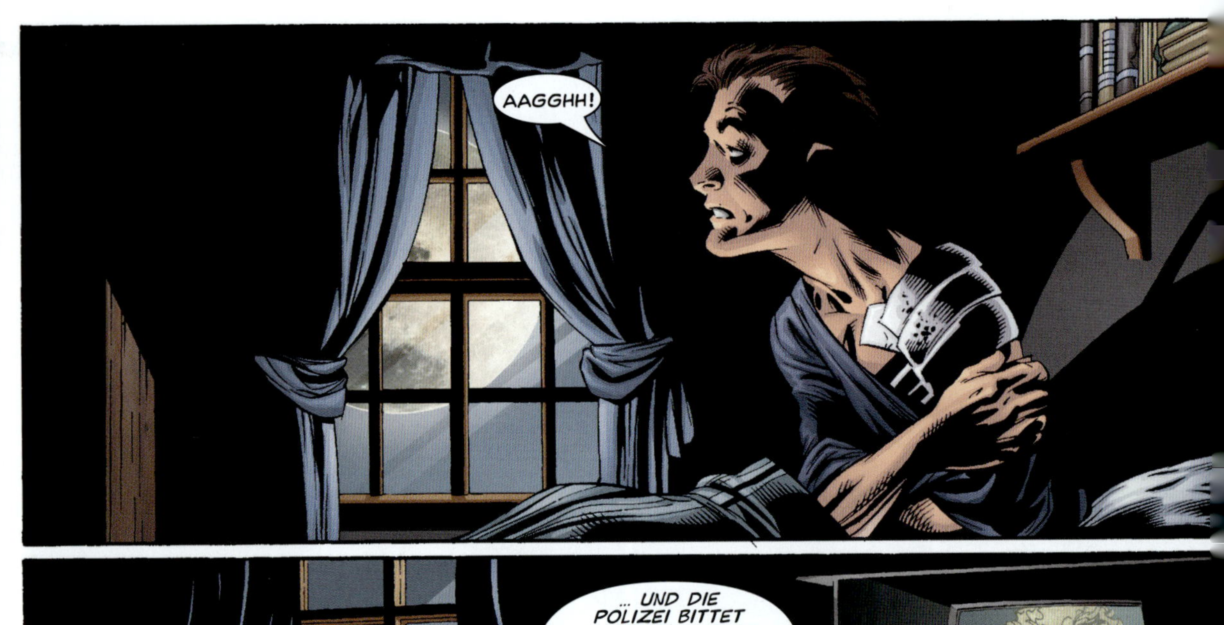
AAGGHH!

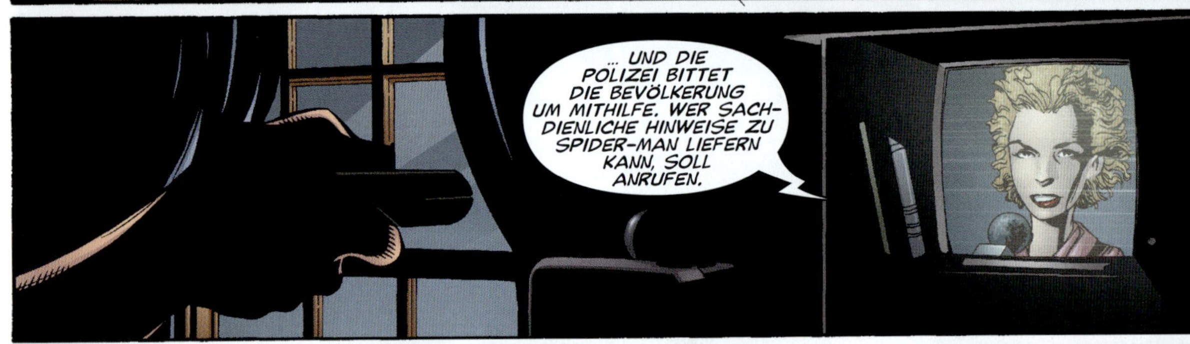
... UND DIE POLIZEI BITTET DIE BEVÖLKERUNG UM MITHILFE. WER SACHDIENLICHE HINWEISE ZU SPIDER-MAN LIEFERN KANN, SOLL ANRUFEN.

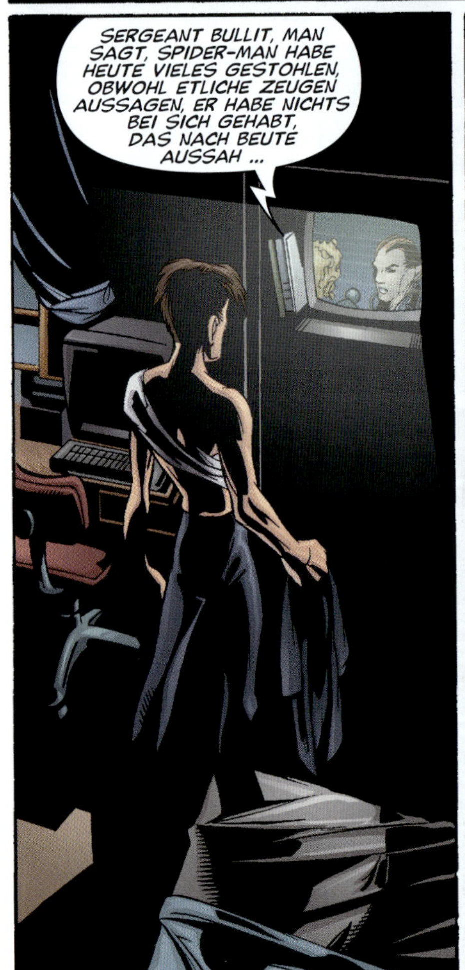
SERGEANT BULLIT, MAN SAGT, SPIDER-MAN HABE HEUTE VIELES GESTOHLEN, OBWOHL ETLICHE ZEUGEN AUSSAGEN, ER HABE NICHTS BEI SICH GEHABT, DAS NACH BEUTE AUSSAH ...

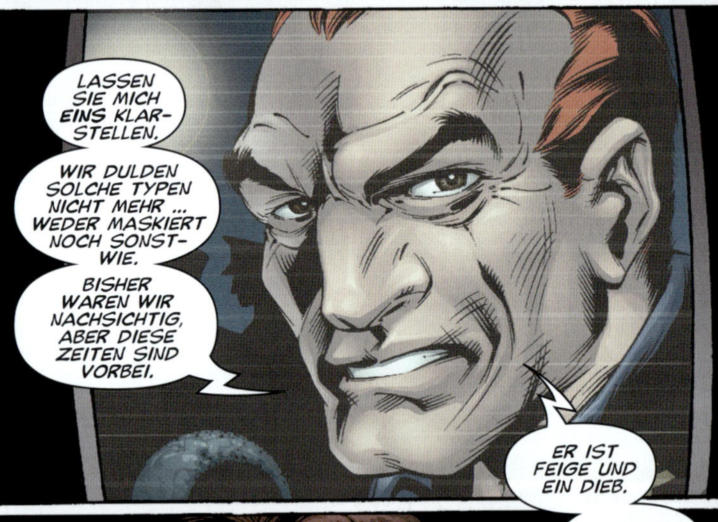
LASSEN SIE MICH **EINS** KLARSTELLEN.
WIR DULDEN SOLCHE TYPEN NICHT MEHR ... WEDER MASKIERT NOCH SONSTWIE.
BISHER WAREN WIR NACHSICHTIG, ABER DIESE ZEITEN SIND VORBEI.
ER IST FEIGE UND EIN DIEB.

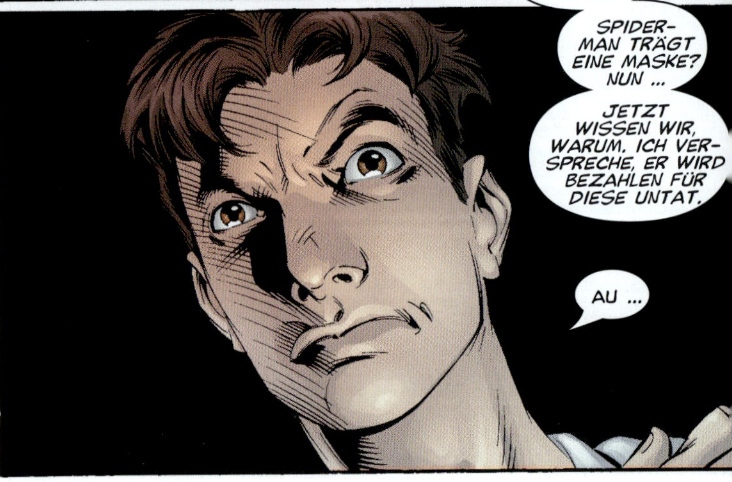
SPIDER-MAN TRÄGT EINE MASKE? NUN ...
JETZT WISSEN WIR, WARUM. ICH VERSPRECHE, ER WIRD BEZAHLEN FÜR DIESE UNTAT.
AU ...

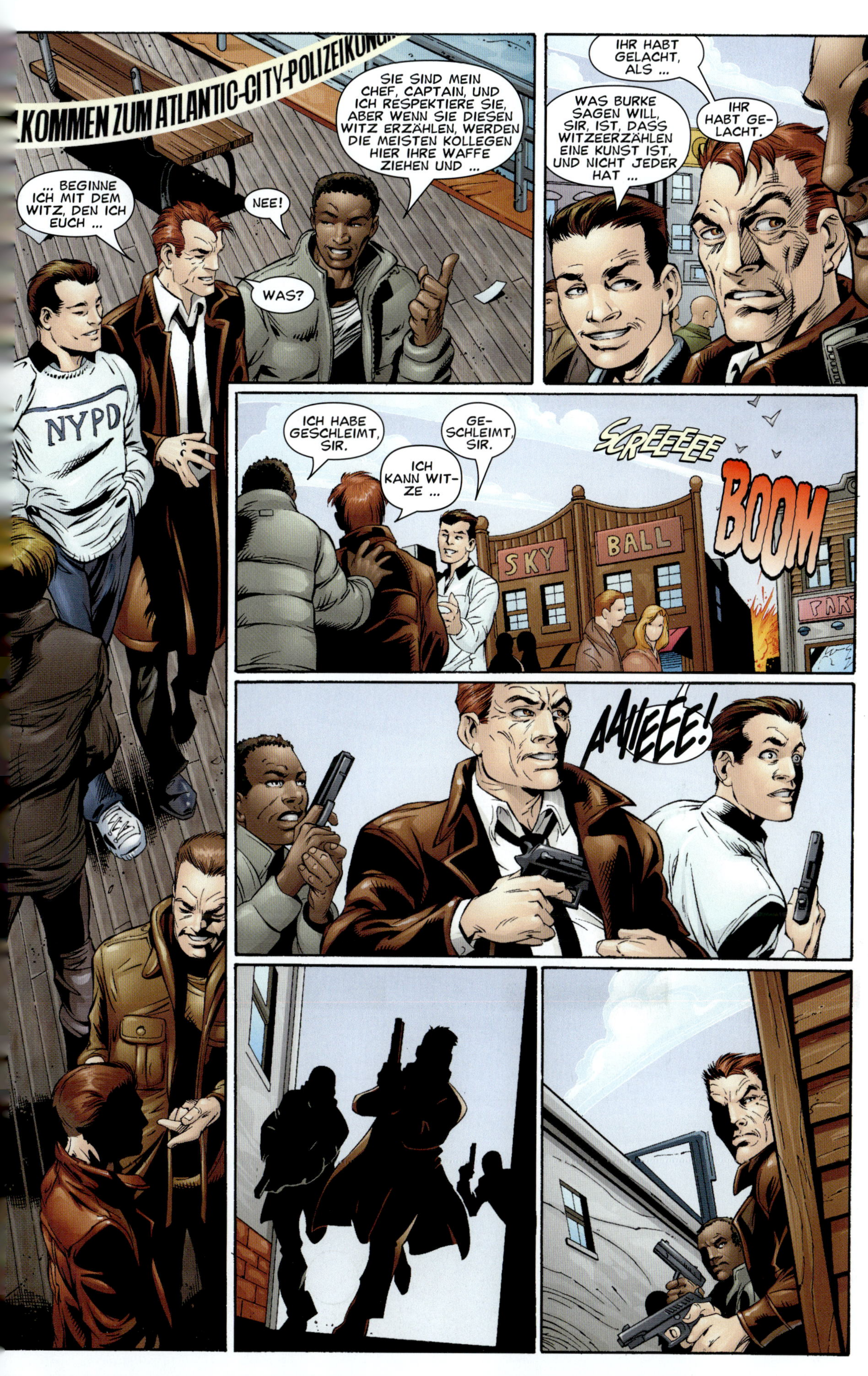
KOMMEN ZUM ATLANTIC-CITY-POLIZEIKONG...
... BEGINNE ICH MIT DEM WITZ, DEN ICH EUCH ...
NEE!
WAS?
SIE SIND MEIN CHEF, CAPTAIN, UND ICH RESPEKTIERE SIE, ABER WENN SIE DIESEN WITZ ERZÄHLEN, WERDEN DIE MEISTEN KOLLEGEN HIER IHRE WAFFE ZIEHEN UND ...
IHR HABT GELACHT, ALS ...
WAS BURKE SAGEN WILL, SIR, IST, DASS WITZEERZÄHLEN EINE KUNST IST, UND NICHT JEDER HAT ...
IHR HABT GELACHT.
ICH HABE GESCHLEIMT, SIR.
ICH KANN WITZE ...
GESCHLEIMT, SIR.
SCREEEEEE
SKY BALL
BOOM
AAIIEEEE!

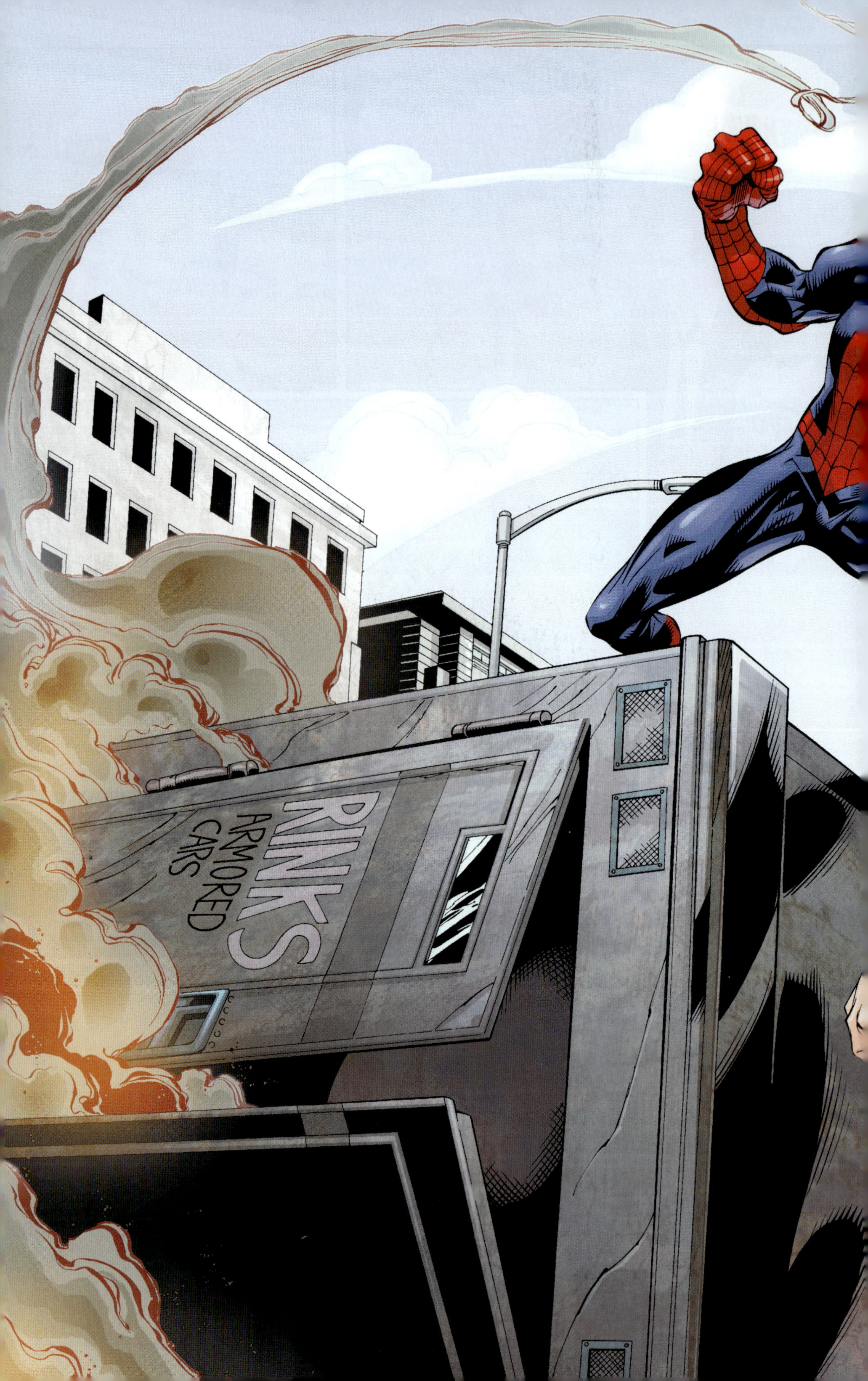
RINKS
ARMORED
CARS

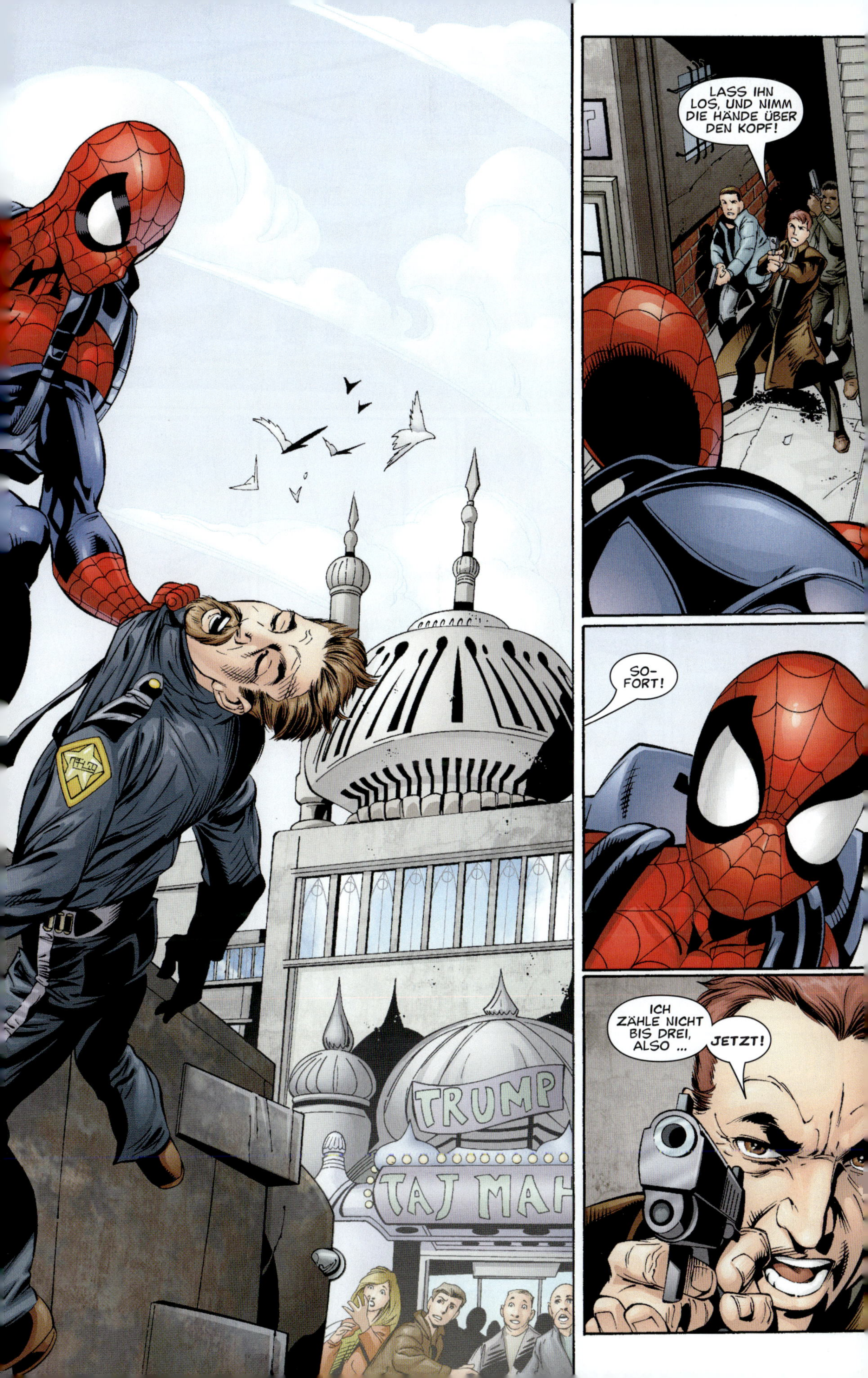

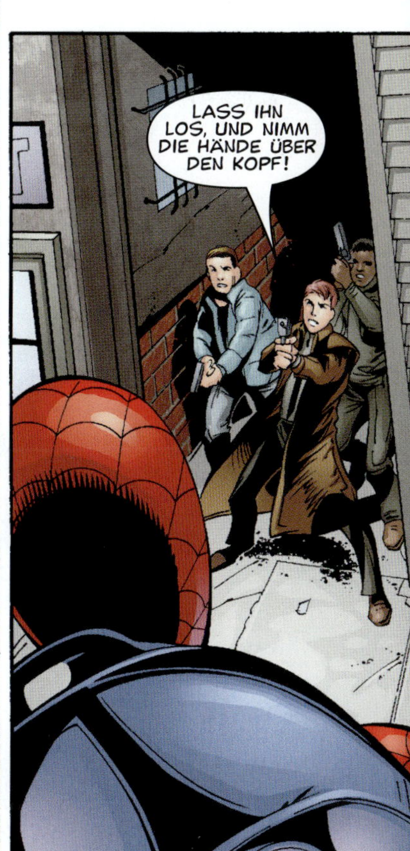
LASS IHN LOS, UND NIMM DIE HÄNDE ÜBER DEN KOPF!

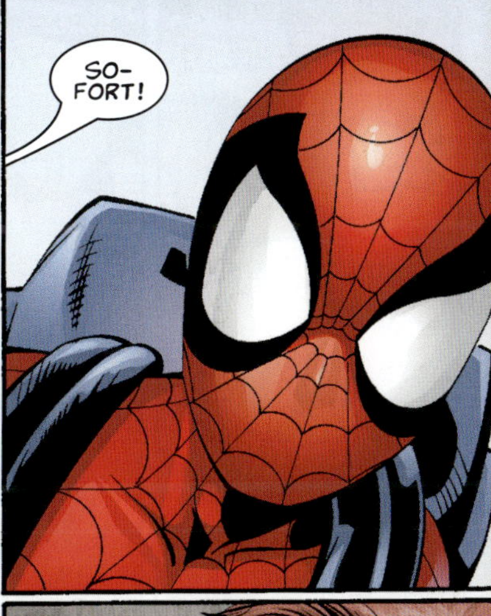
SO-FORT!

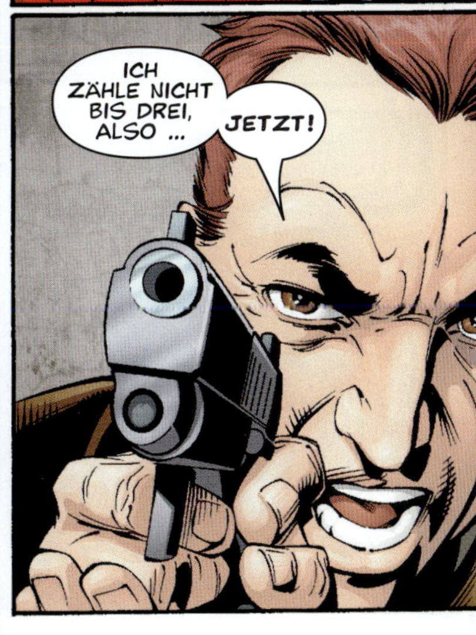
ICH ZÄHLE NICHT BIS DREI, ALSO ...
JETZT!

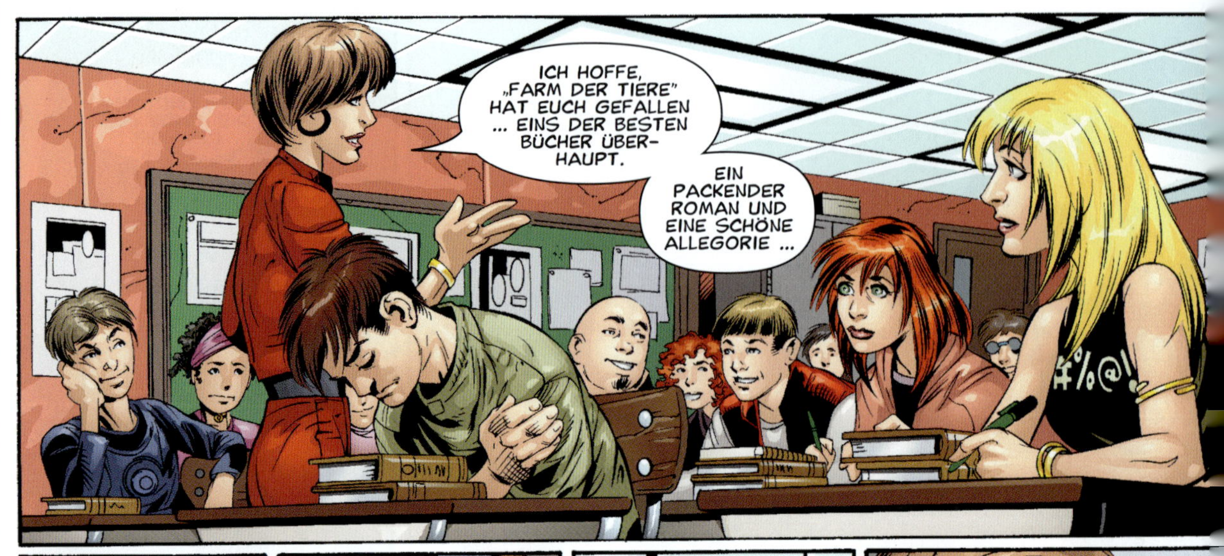
ICH HOFFE, „FARM DER TIERE" HAT EUCH GEFALLEN ... EINS DER BESTEN BÜCHER ÜBERHAUPT.
EIN PACKENDER ROMAN UND EINE SCHÖNE ALLEGORIE ...

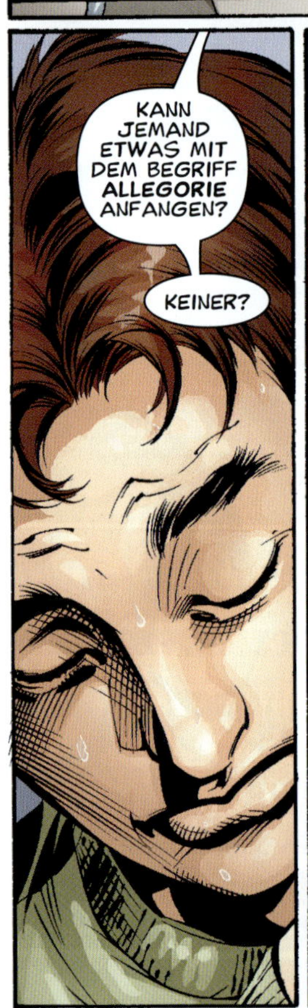
KANN JEMAND ETWAS MIT DEM BEGRIFF ALLEGORIE ANFANGEN?
KEINER?

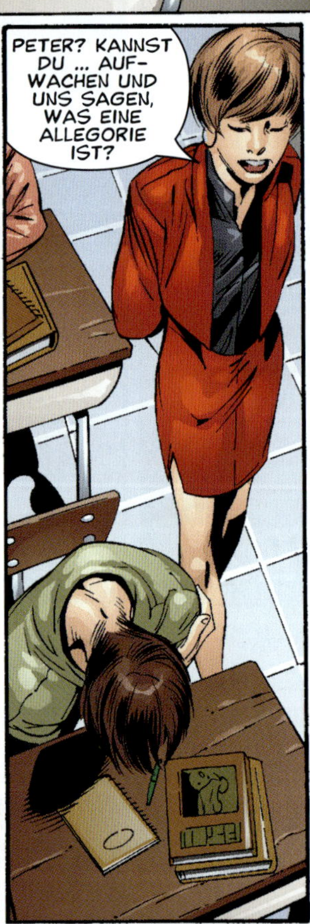
PETER? KANNST DU ... AUFWACHEN UND UNS SAGEN, WAS EINE ALLEGORIE IST?

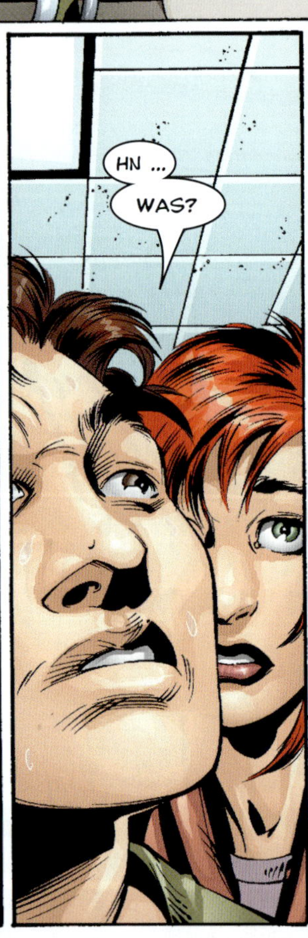
HN ...
WAS?

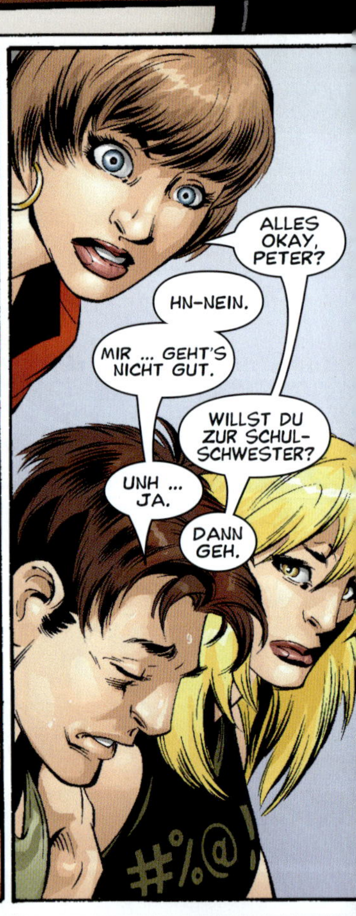
ALLES OKAY, PETER?
HN-NEIN.
MIR ... GEHT'S NICHT GUT.
WILLST DU ZUR SCHULSCHWESTER?
UNH ... JA.
DANN GEH.

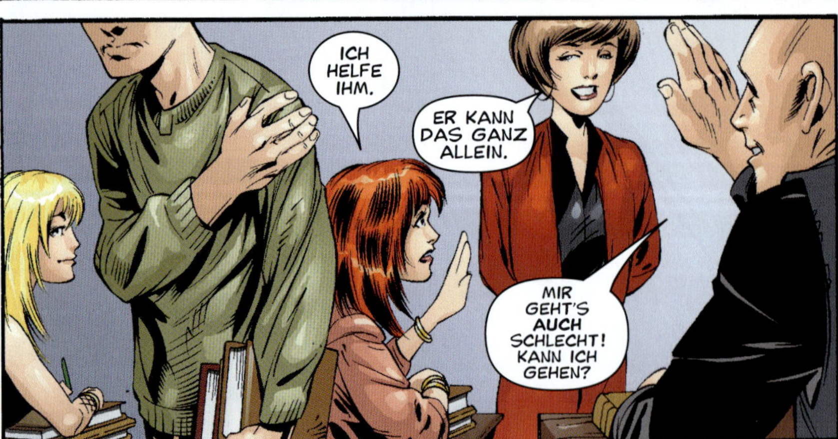
ICH HELFE IHM.
ER KANN DAS GANZ ALLEIN.
MIR GEHT'S AUCH SCHLECHT! KANN ICH GEHEN?

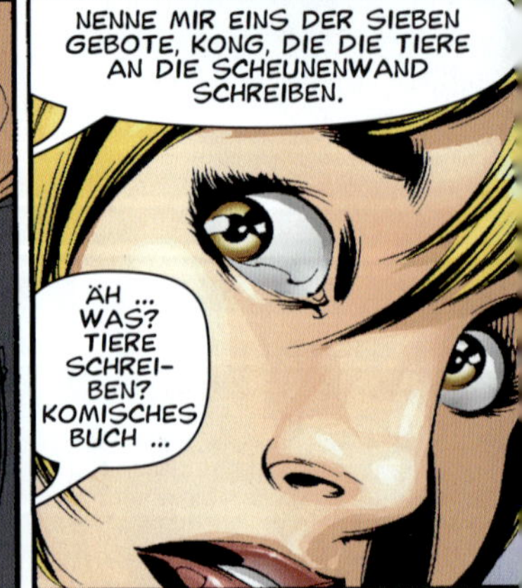
NENNE MIR EINS DER SIEBEN GEBOTE, KONG, DIE DIE TIERE AN DIE SCHEUNENWAND SCHREIBEN.
ÄH ... WAS? TIERE SCHREIBEN? KOMISCHES BUCH ...

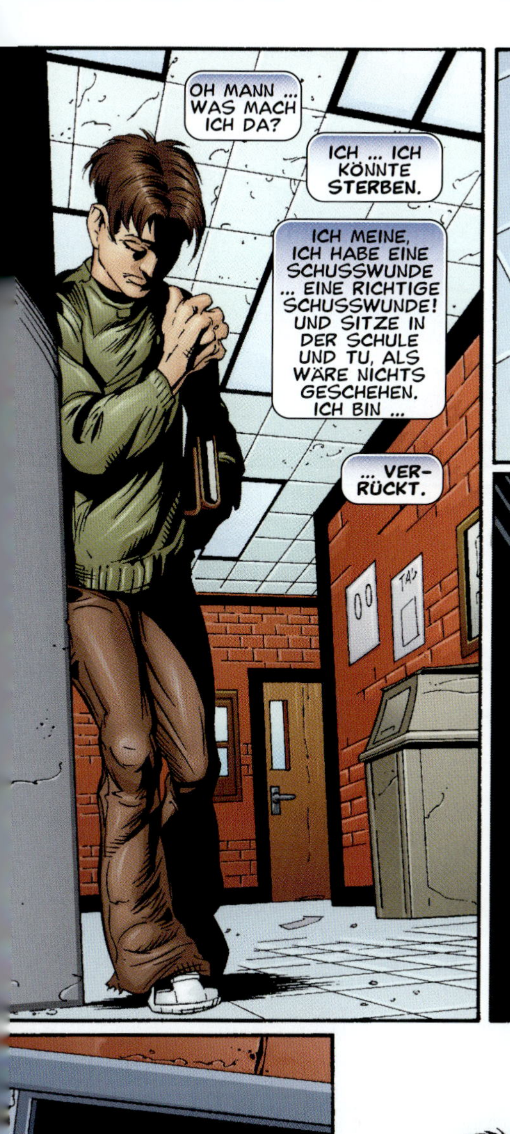

OH MANN ... WAS MACH ICH DA?
ICH ... ICH KÖNNTE STERBEN.
ICH MEINE, ICH HABE EINE SCHUSSWUNDE ... EINE RICHTIGE SCHUSSWUNDE! UND SITZE IN DER SCHULE UND TU, ALS WÄRE NICHTS GESCHEHEN. ICH BIN ...
... VERRÜCKT.

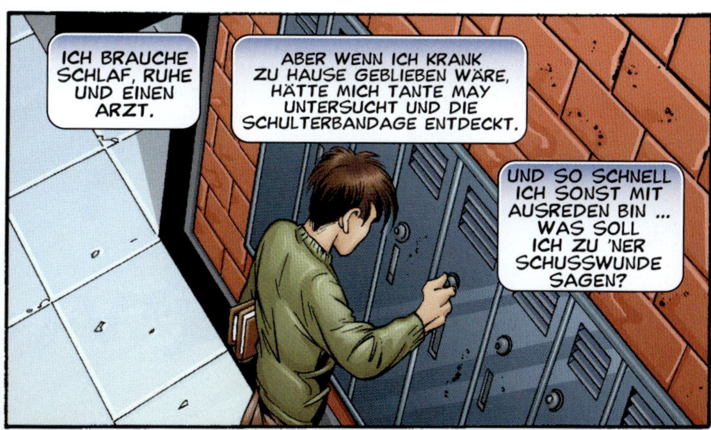

ICH BRAUCHE SCHLAF, RUHE UND EINEN ARZT.
ABER WENN ICH KRANK ZU HAUSE GEBLIEBEN WÄRE, HÄTTE MICH TANTE MAY UNTERSUCHT UND DIE SCHULTERBANDAGE ENTDECKT.
UND SO SCHNELL ICH SONST MIT AUSREDEN BIN ... WAS SOLL ICH ZU 'NER SCHUSSWUNDE SAGEN?

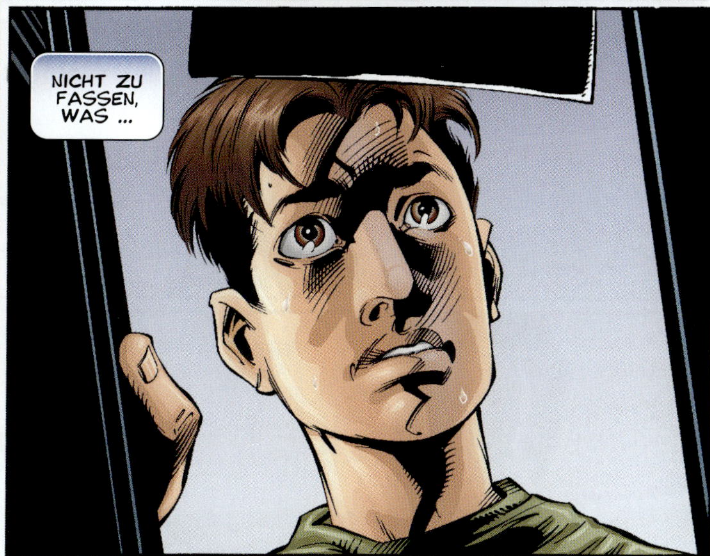

NICHT ZU FASSEN, WAS ...

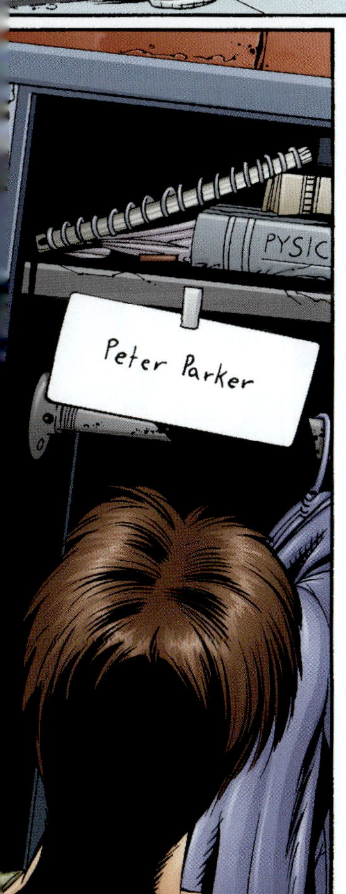

PYSIC
Peter Parker

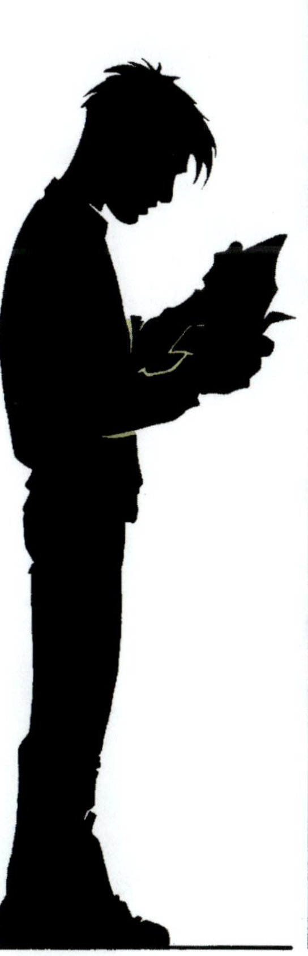

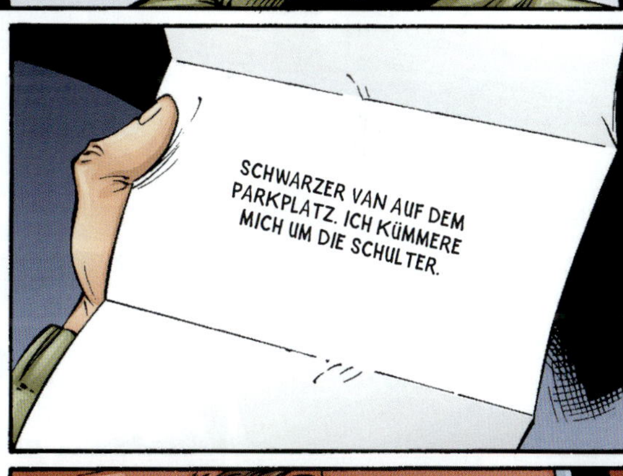

SCHWARZER VAN AUF DEM PARKPLATZ. ICH KÜMMERE MICH UM DIE SCHULTER.

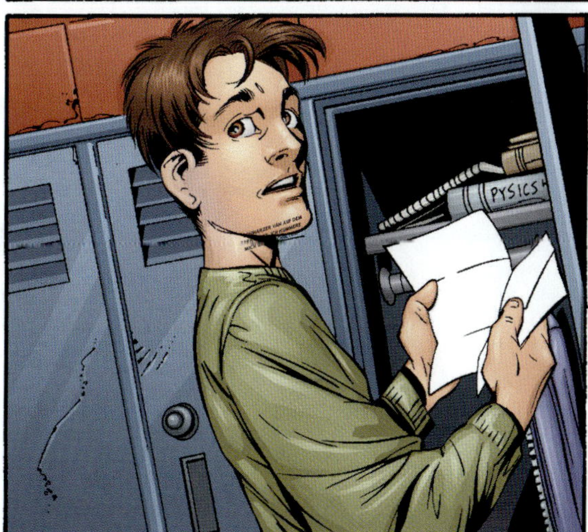

PHYSICS

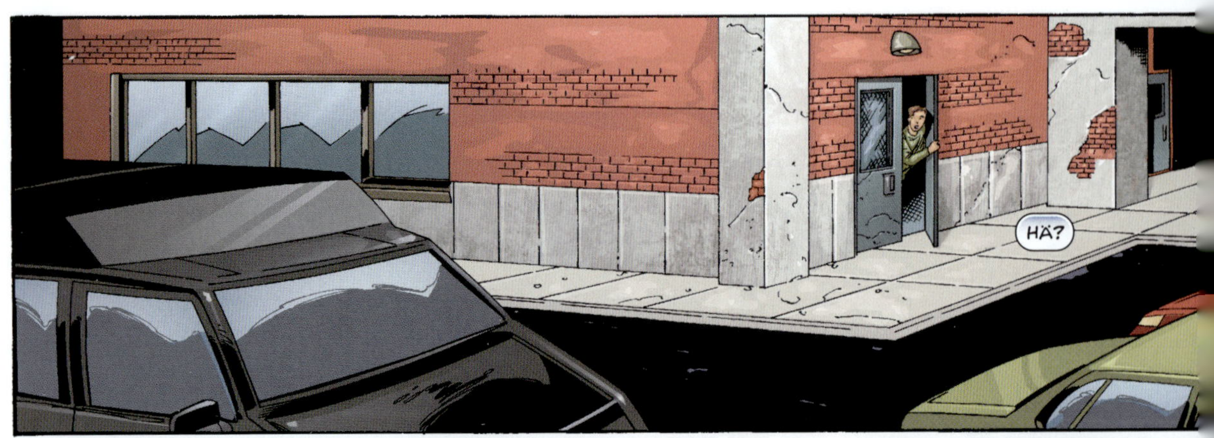
HÄ?

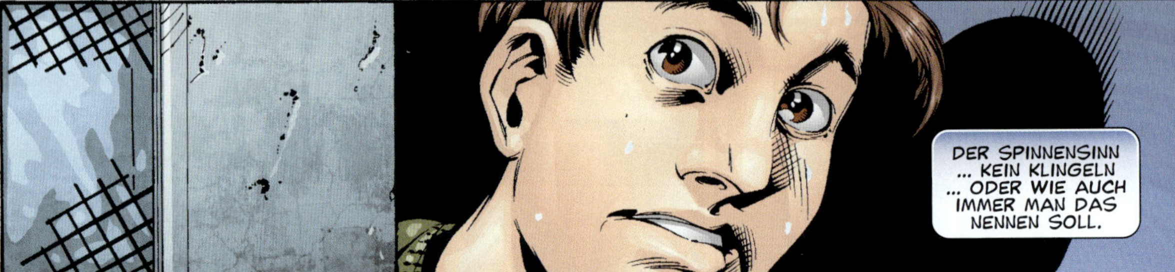
DER SPINNENSINN ... KEIN KLINGELN ... ODER WIE AUCH IMMER MAN DAS NENNEN SOLL.

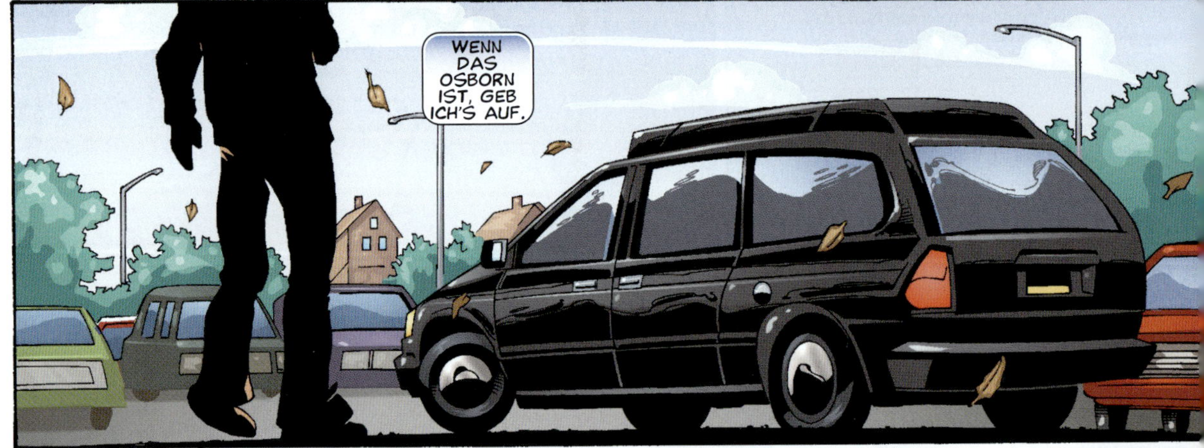
WENN DAS OSBORN IST, GEB ICH'S AUF.

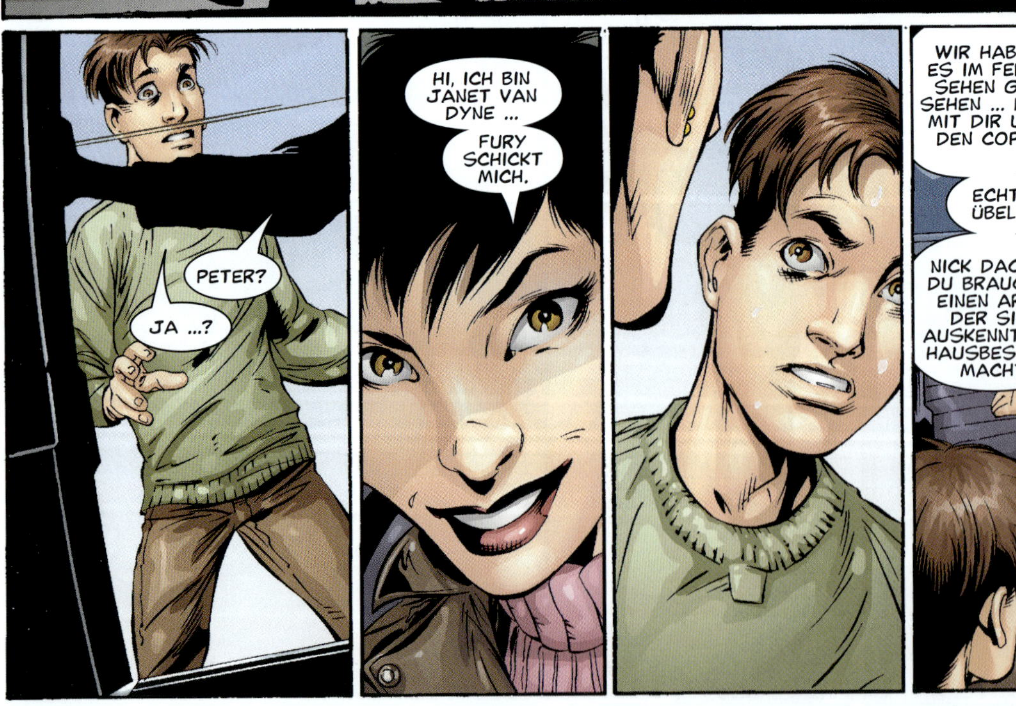
PETER?
JA ...?
HI, ICH BIN JANET VAN DYNE ...
FURY SCHICKT MICH.
WIR HABEN ES IM FERN-SEHEN GE-SEHEN ... DAS MIT DIR UND DEN COPS.
ECHT ÜBEL.
NICK DACHTE, DU BRAUCHST EINEN ARZT, DER SICH AUSKENNT UND HAUSBESUCHE MACHT.

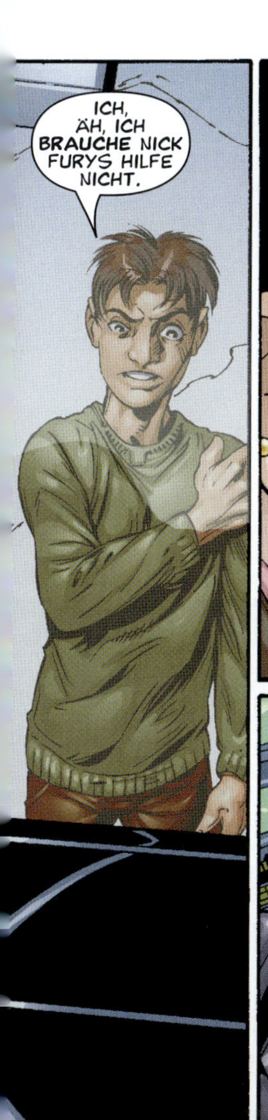
ICH, ÄH, ICH BRAUCHE NICK FURYS HILFE NICHT.

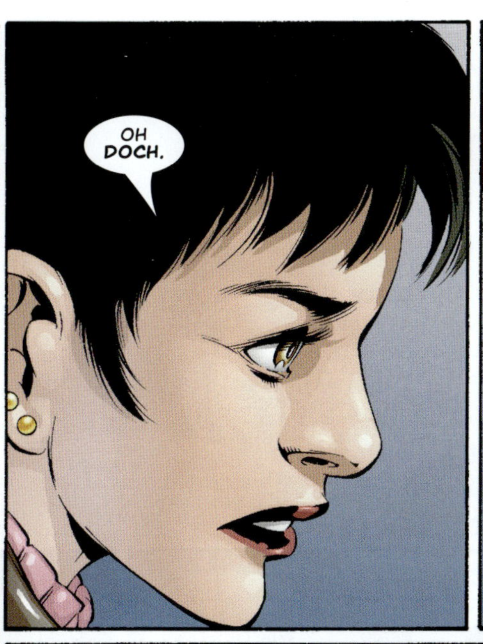
OH DOCH.

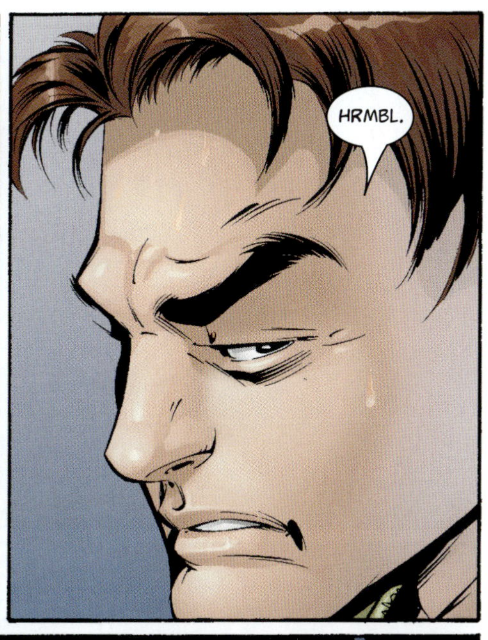
HRMBL.

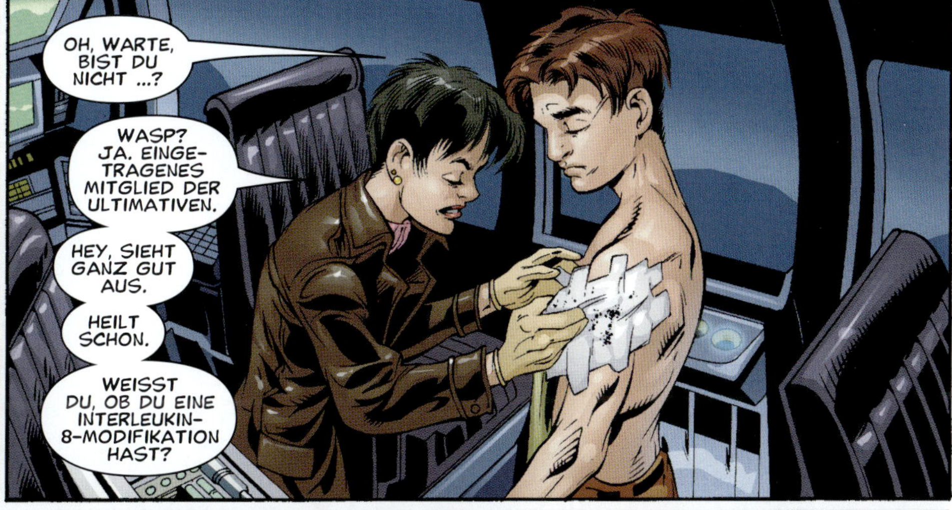
OH, WARTE, BIST DU NICHT ...?
WASP? JA. EINGE-TRAGENES MITGLIED DER ULTIMATIVEN.
HEY, SIEHT GANZ GUT AUS.
HEILT SCHON.
WEISST DU, OB DU EINE INTERLEUKIN-8-MODIFIKATION HAST?

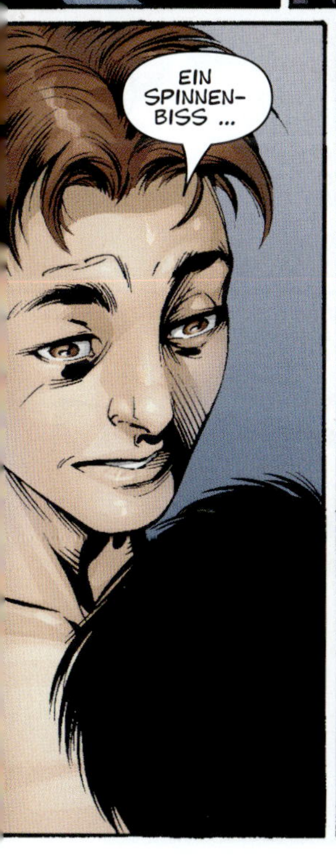
EIN SPINNEN-BISS ...

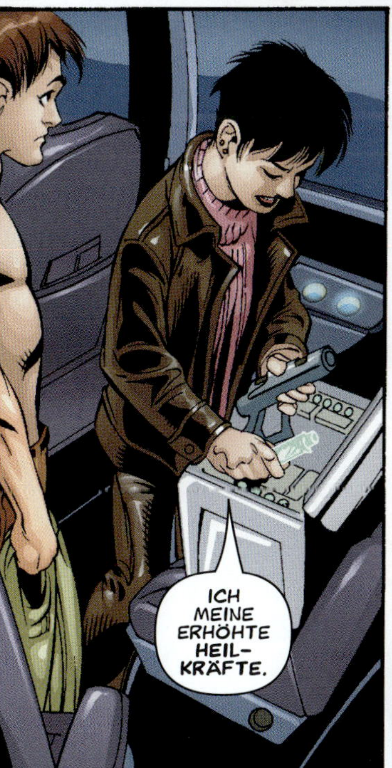
ICH MEINE ERHÖHTE HEIL-KRÄFTE.

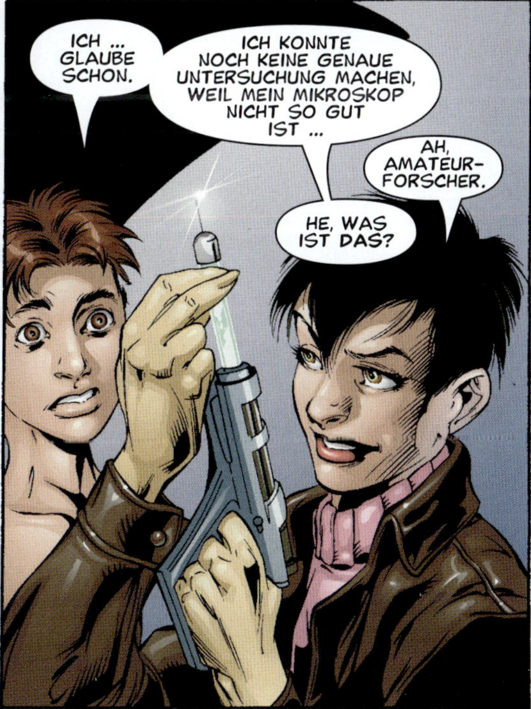
ICH ... GLAUBE SCHON.
ICH KONNTE NOCH KEINE GENAUE UNTERSUCHUNG MACHEN, WEIL MEIN MIKROSKOP NICHT SO GUT IST ...
AH, AMATEUR-FORSCHER.
HE, WAS IST DAS?

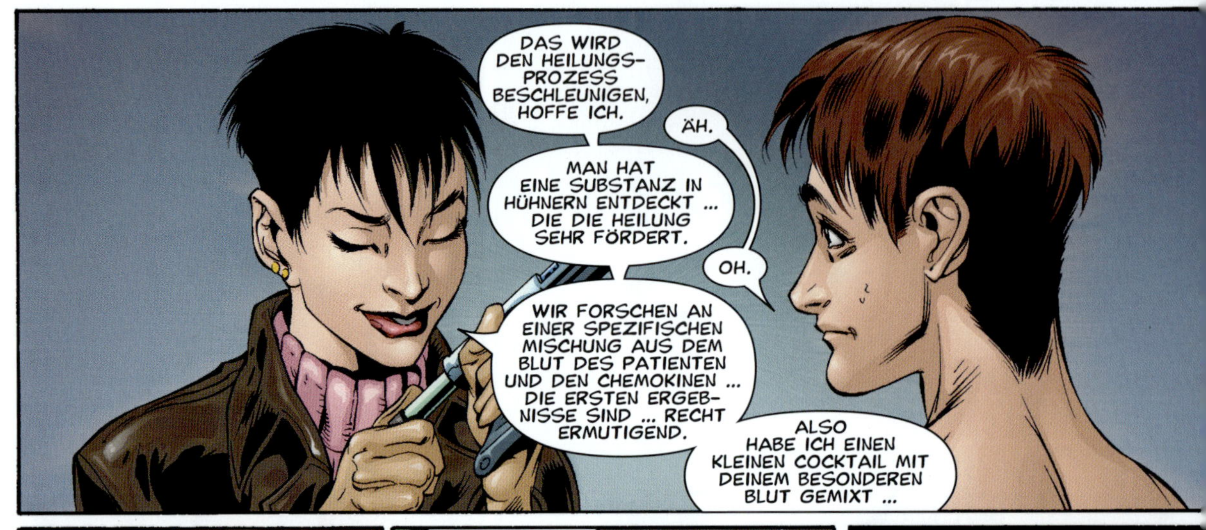
DAS WIRD DEN HEILUNGS-PROZESS BESCHLEUNIGEN, HOFFE ICH.
ÄH.
MAN HAT EINE SUBSTANZ IN HÜHNERN ENTDECKT ... DIE DIE HEILUNG SEHR FÖRDERT.
OH.
WIR FORSCHEN AN EINER SPEZIFISCHEN MISCHUNG AUS DEM BLUT DES PATIENTEN UND DEN CHEMOKINEN ... DIE ERSTEN ERGEB-NISSE SIND ... RECHT ERMUTIGEND.
ALSO HABE ICH EINEN KLEINEN COCKTAIL MIT DEINEM BESONDEREN BLUT GEMIXT ...

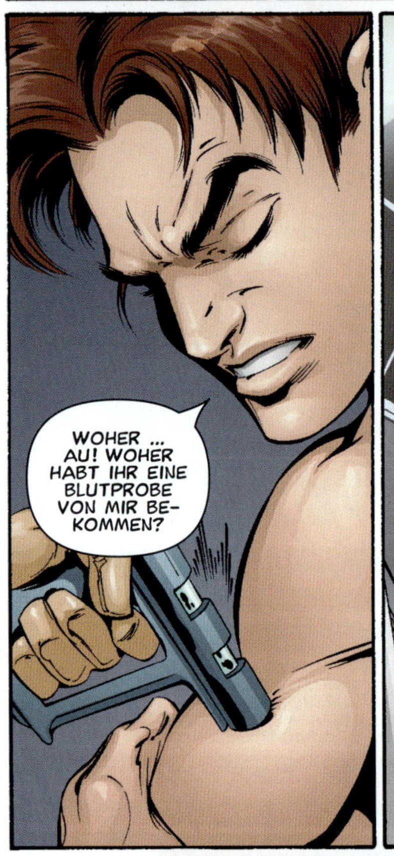
WOHER ... AU! WOHER HABT IHR EINE BLUTPROBE VON MIR BE-KOMMEN?

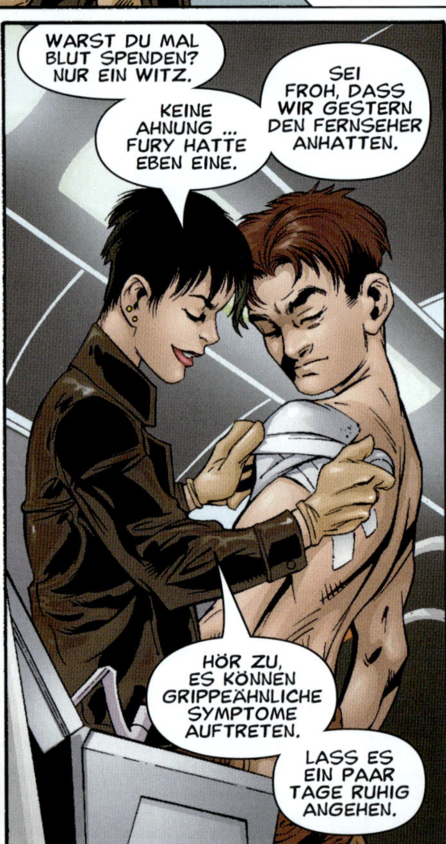
WARST DU MAL BLUT SPENDEN? NUR EIN WITZ.
KEINE AHNUNG ... FURY HATTE EBEN EINE.
SEI FROH, DASS WIR GESTERN DEN FERNSEHER ANHATTEN.
HÖR ZU, ES KÖNNEN GRIPPEÄHNLICHE SYMPTOME AUFTRETEN.
LASS ES EIN PAAR TAGE RUHIG ANGEHEN.

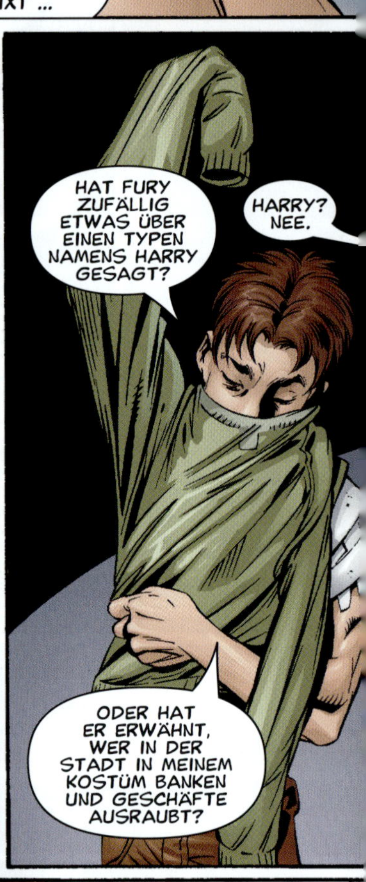
HAT FURY ZUFÄLLIG ETWAS ÜBER EINEN TYPEN NAMENS HARRY GESAGT?
HARRY? NEE.
ODER HAT ER ERWÄHNT, WER IN DER STADT IN MEINEM KOSTÜM BANKEN UND GESCHÄFTE AUSRAUBT?

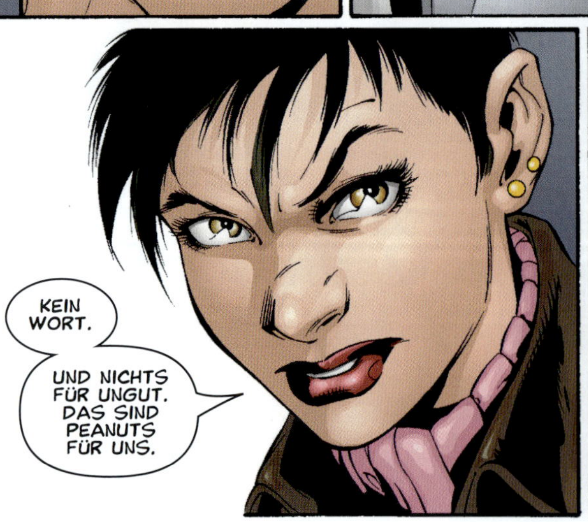
KEIN WORT.
UND NICHTS FÜR UNGUT. DAS SIND PEANUTS FÜR UNS.

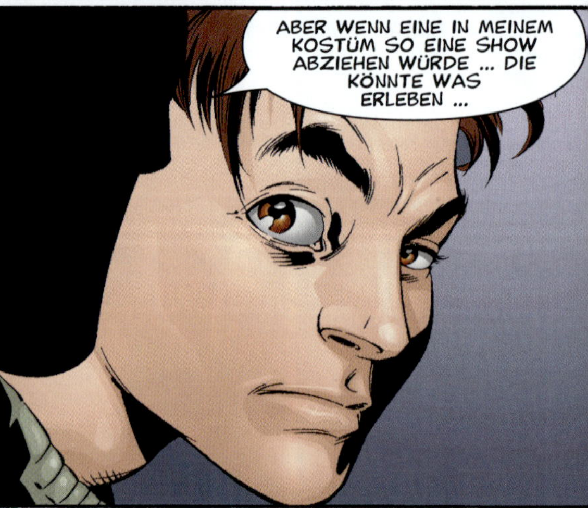
ABER WENN EINE IN MEINEM KOSTÜM SO EINE SHOW ABZIEHEN WÜRDE ... DIE KÖNNTE WAS ERLEBEN ...

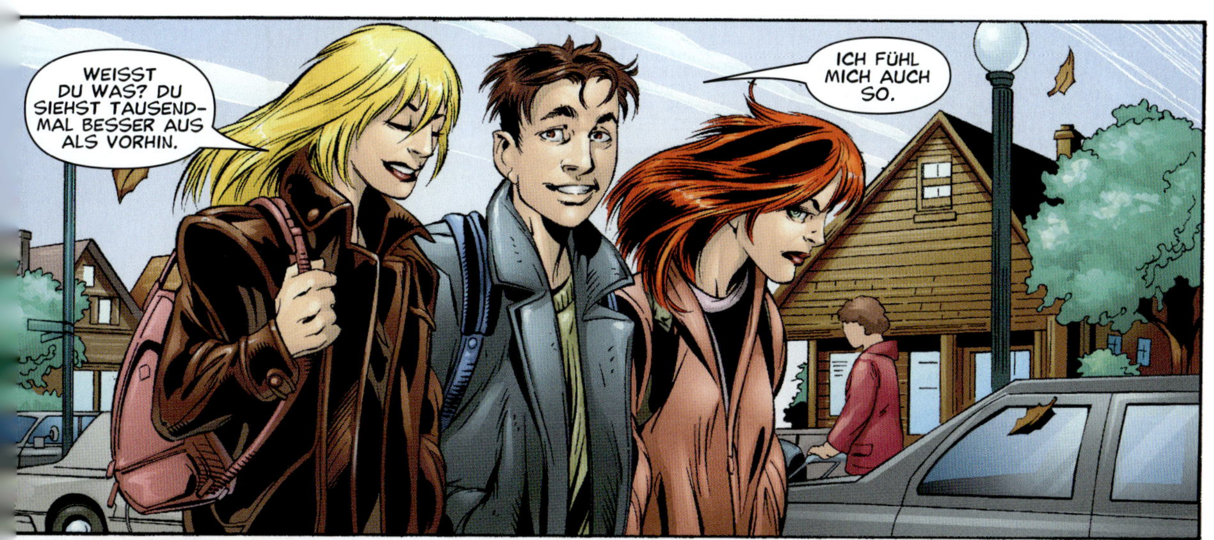
WEISST DU WAS? DU SIEHST TAUSEND-MAL BESSER AUS ALS VORHIN.
ICH FÜHL MICH AUCH SO.

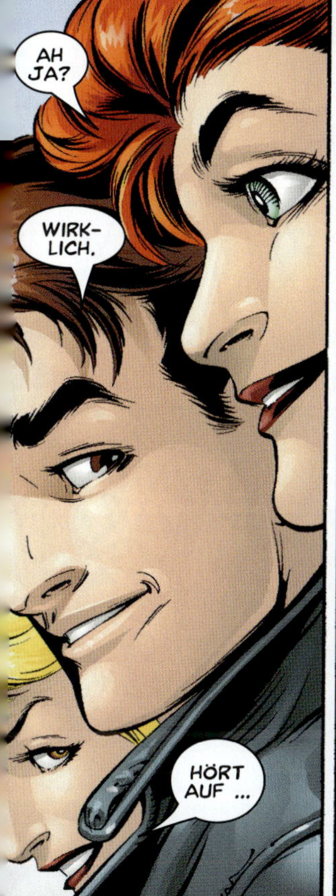
AH JA?
WIRK-LICH.
HÖRT AUF ...

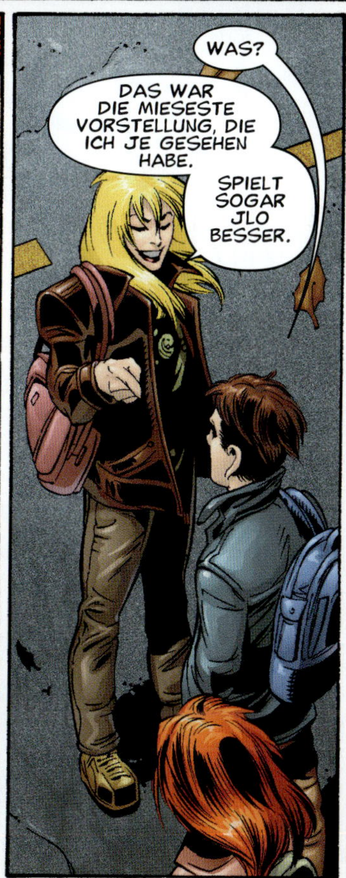
WAS?
DAS WAR DIE MIESESTE VORSTELLUNG, DIE ICH JE GESEHEN HABE.
SPIELT SOGAR JLO BESSER.

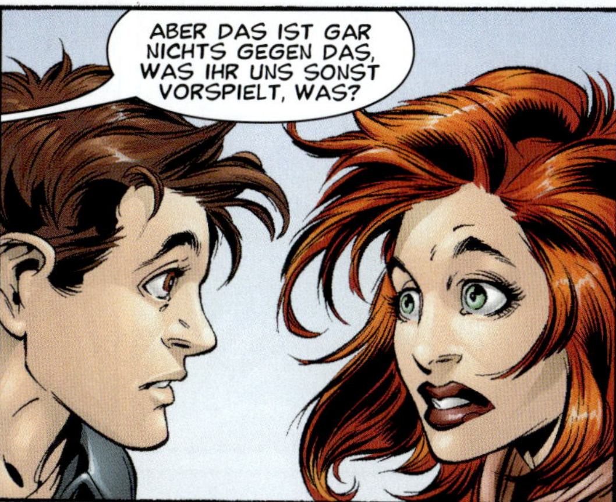
ABER DAS IST GAR NICHTS GEGEN DAS, WAS IHR UNS SONST VORSPIELT, WAS?

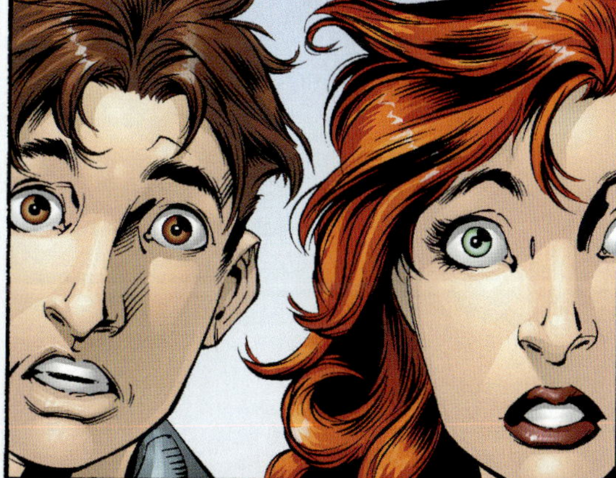

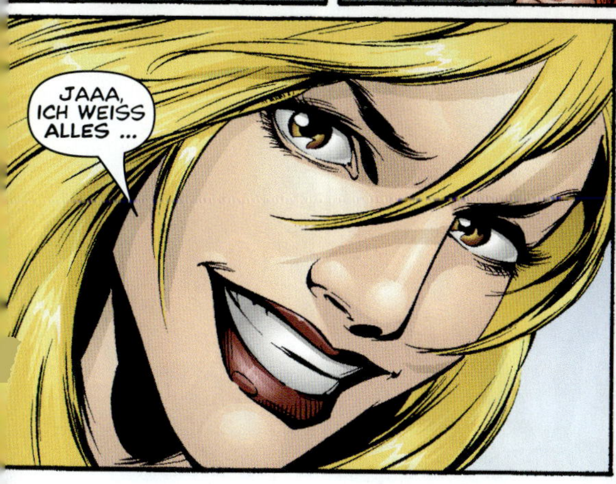
JAAA, ICH WEISS ALLES ...

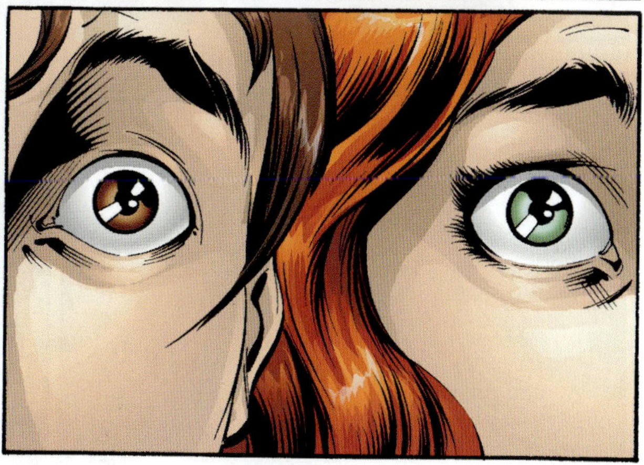

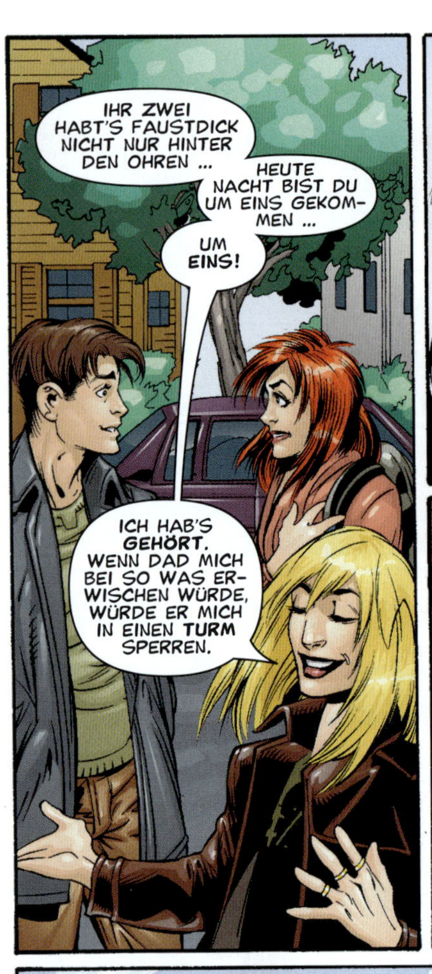
IHR ZWEI HABT'S FAUSTDICK NICHT NUR HINTER DEN OHREN ...
HEUTE NACHT BIST DU UM EINS GEKOM-MEN ...
UM **EINS**!
ICH HAB'S **GEHÖRT**. WENN DAD MICH BEI SO WAS ER-WISCHEN WÜRDE, WÜRDE ER MICH IN EINEN **TURM** SPERREN.

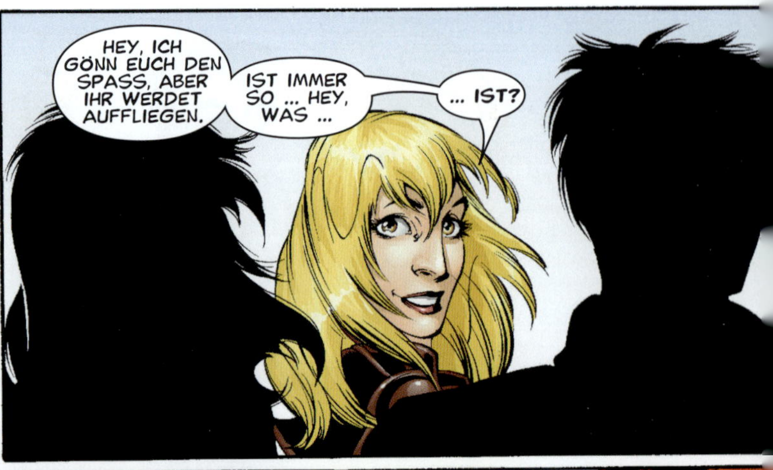
HEY, ICH GÖNN EUCH DEN SPASS, ABER IHR WERDET AUFFLIEGEN.
IST IMMER SO ... HEY, WAS ...
... IST?

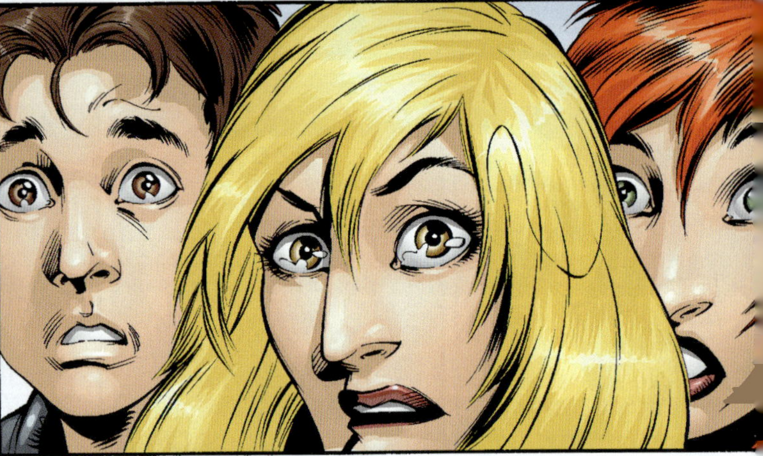

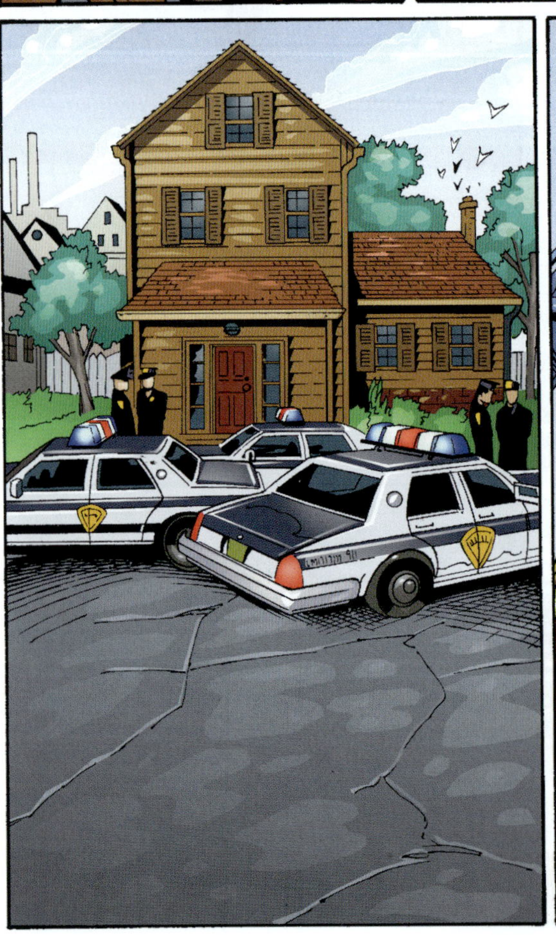

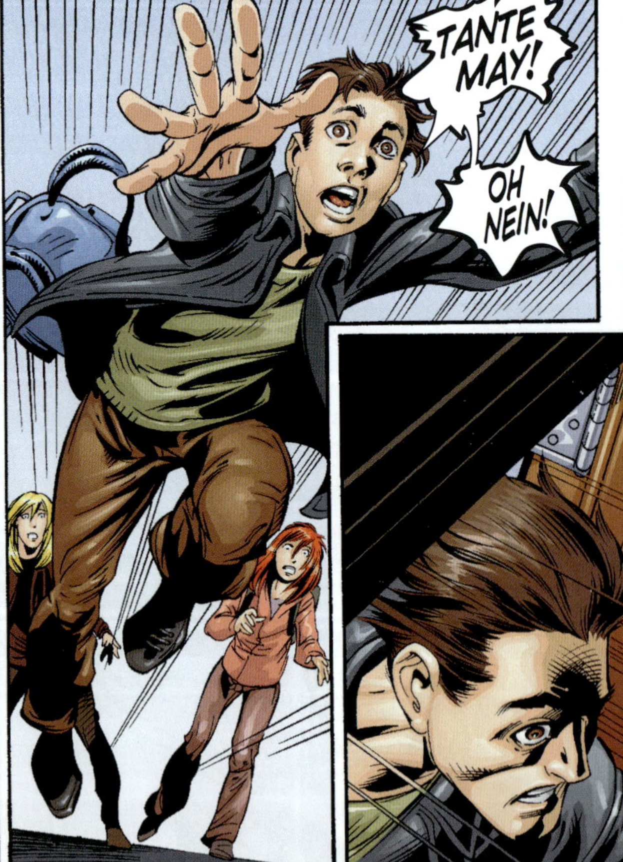
TANTE MAY!
OH NEIN!

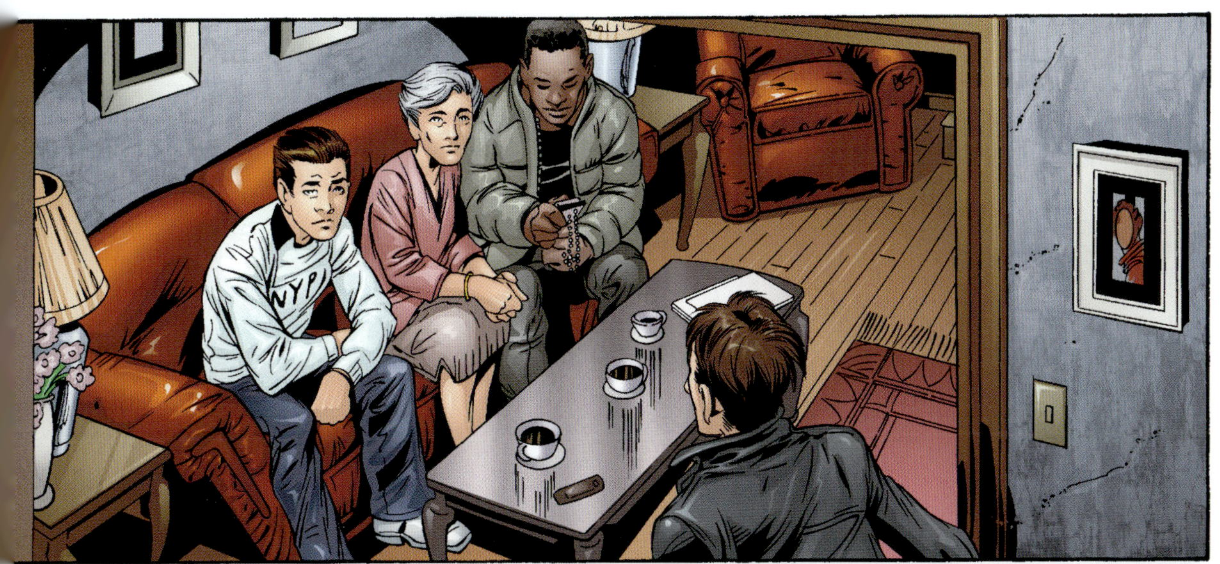
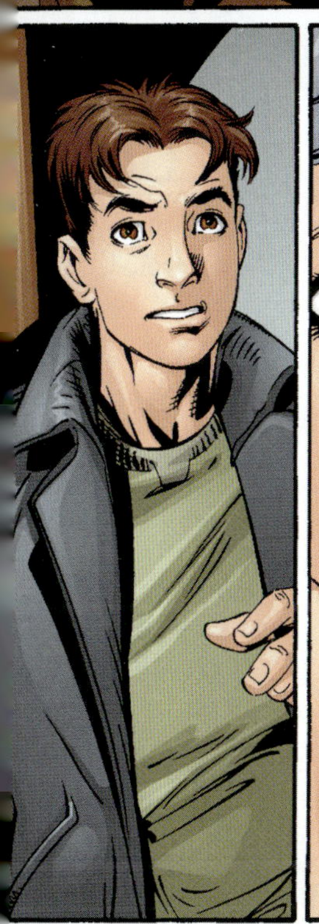
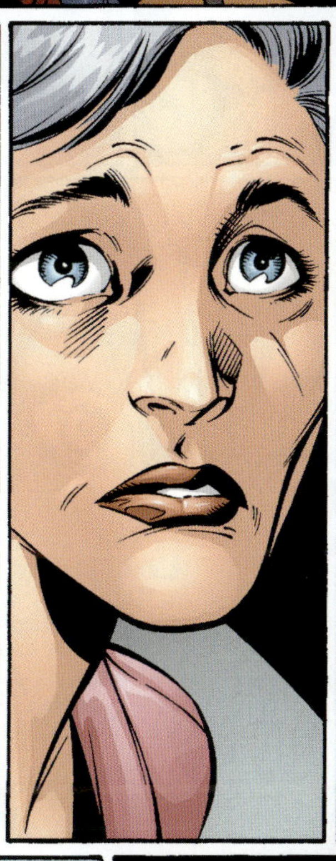
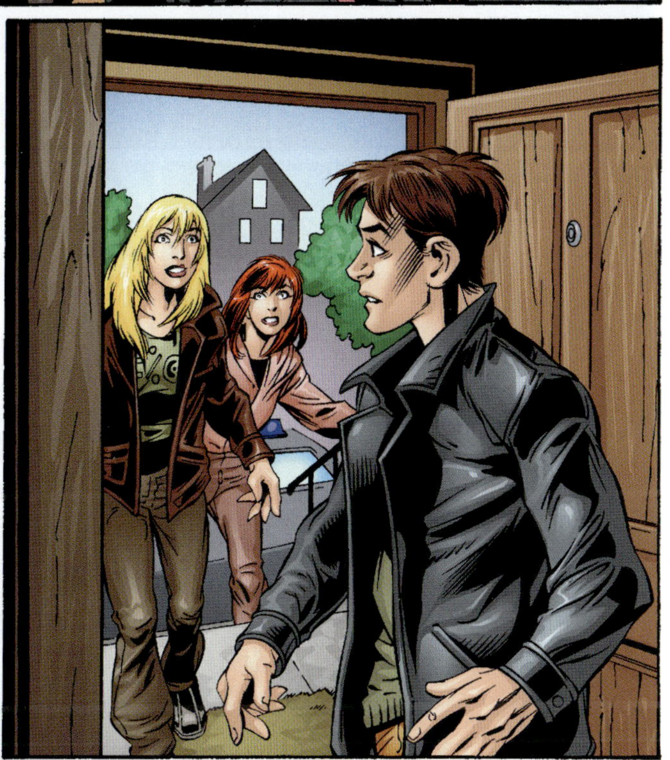
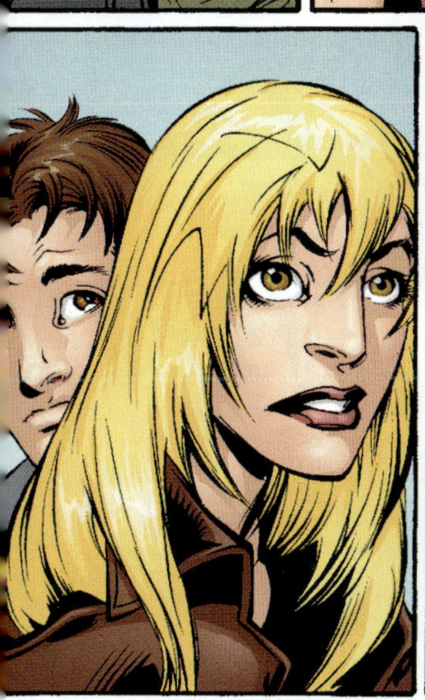
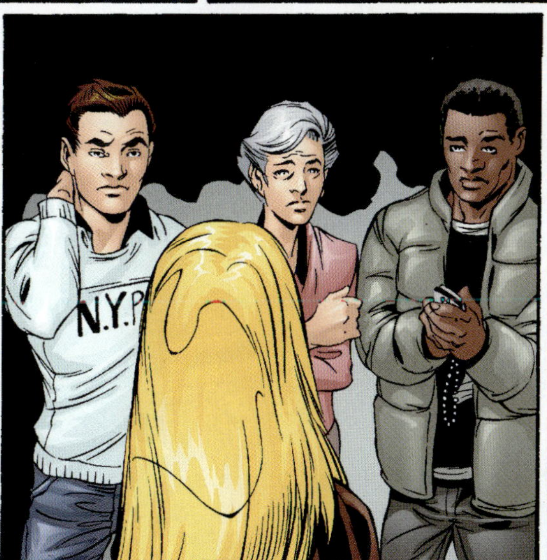
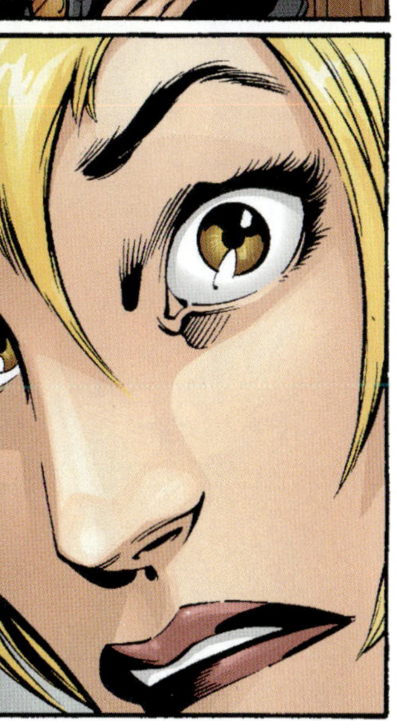

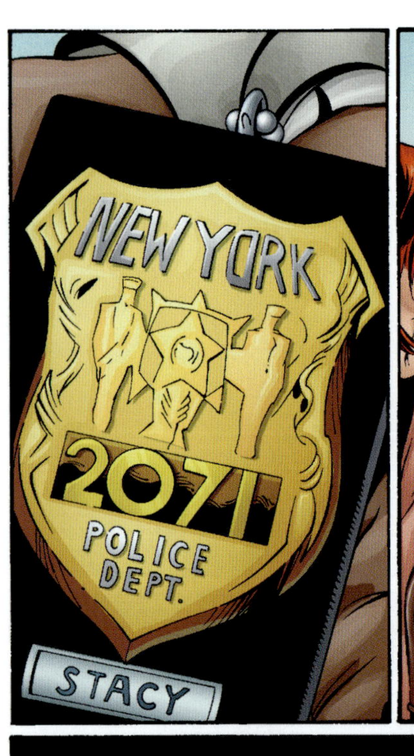
NEW YORK
2071
POLICE DEPT.
STACY

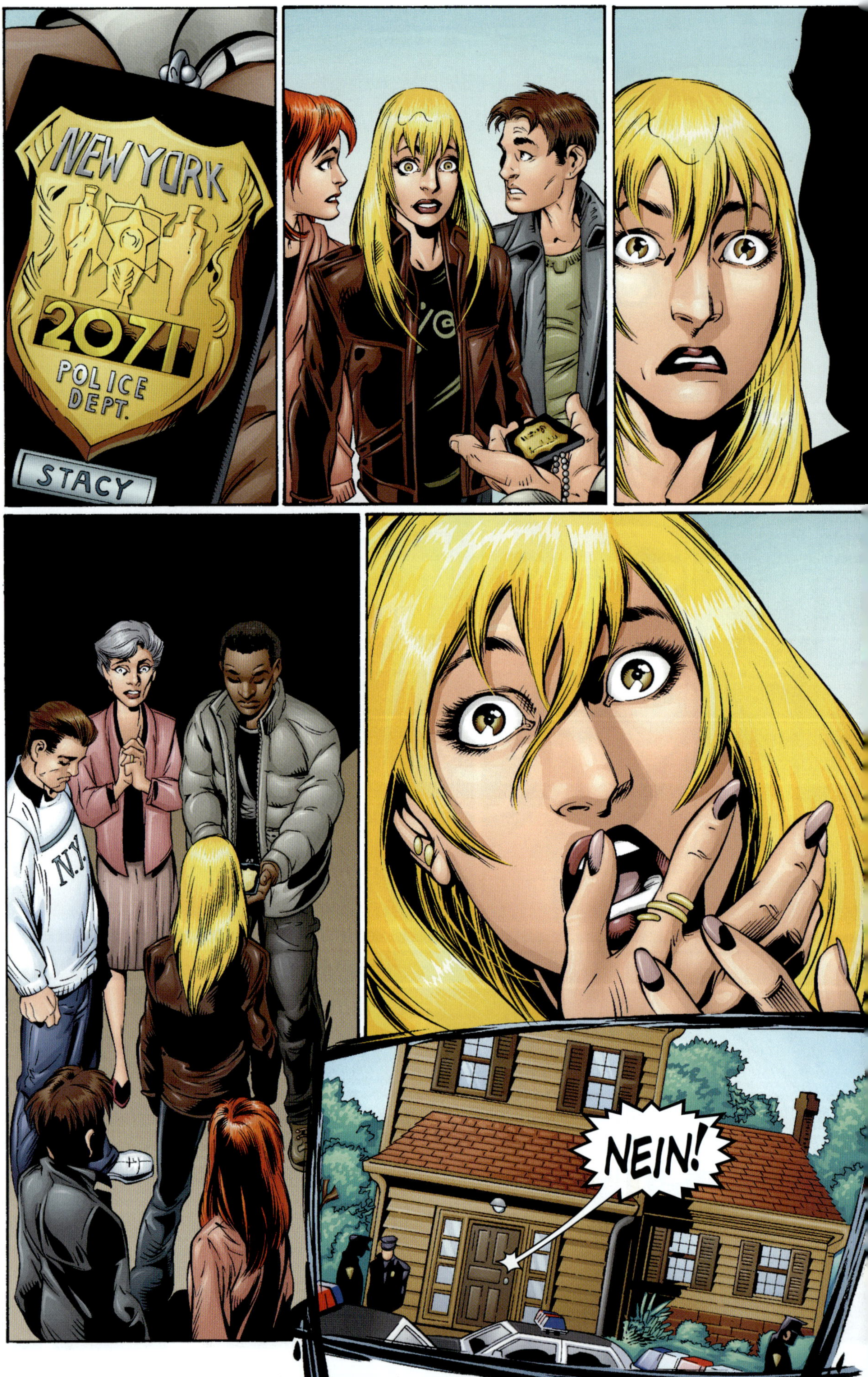

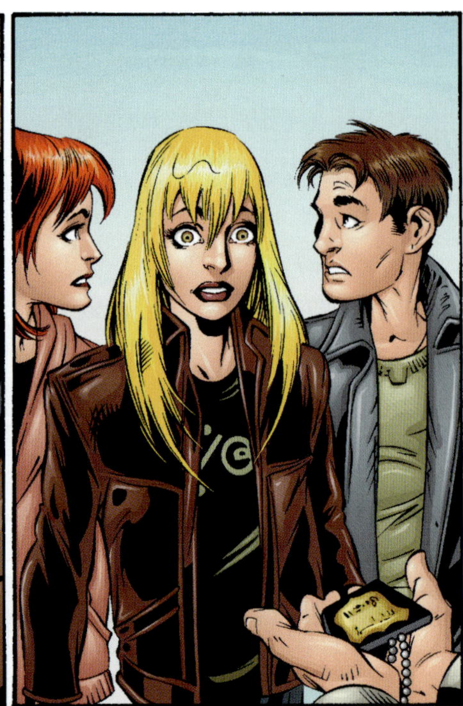

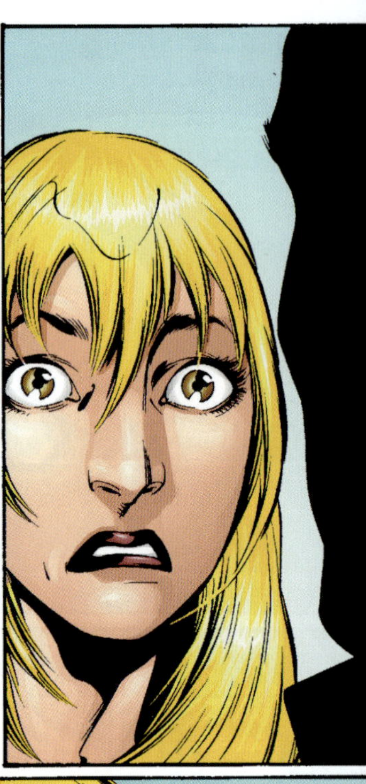

NEIN!

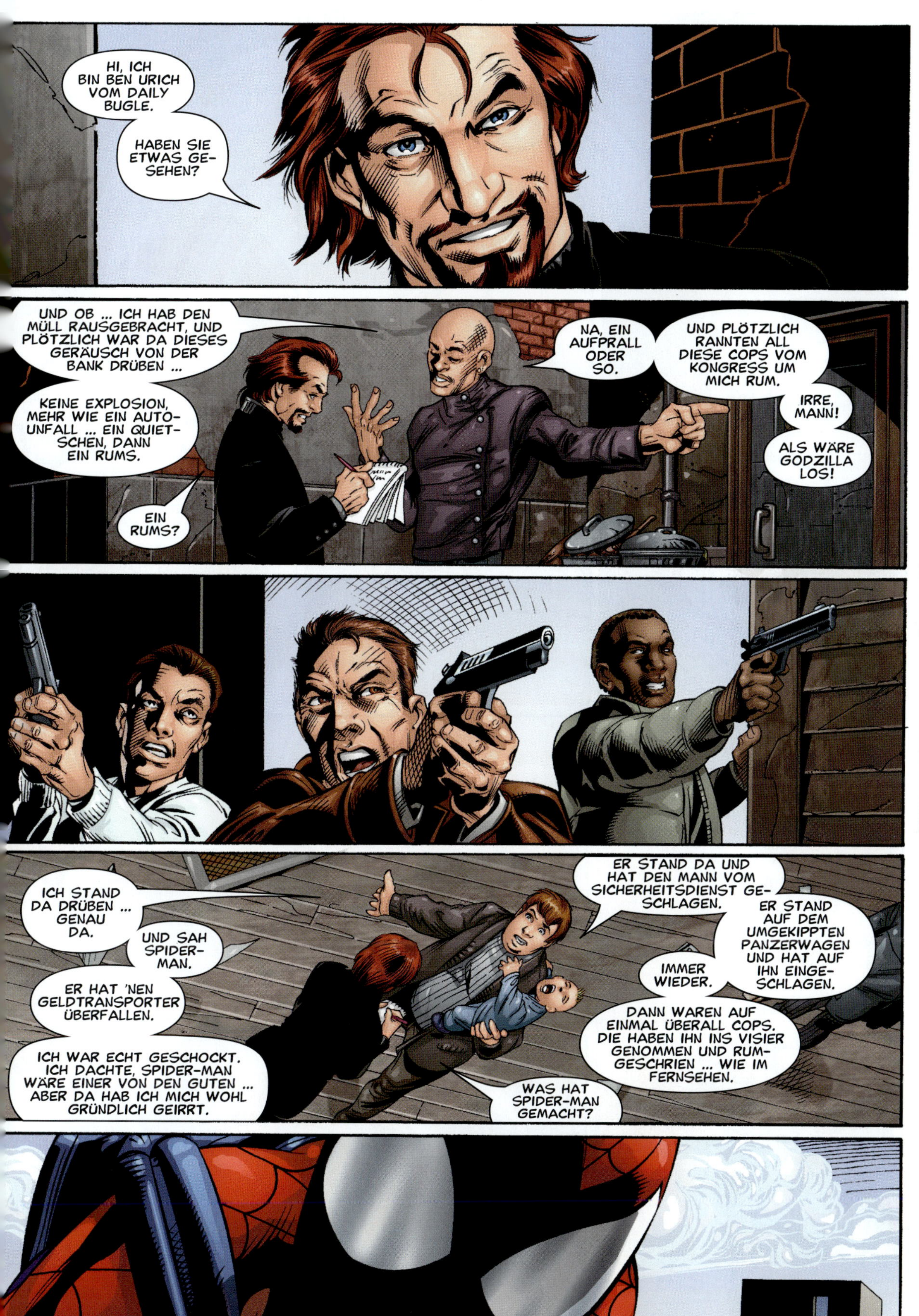
HI, ICH BIN BEN URICH VOM DAILY BUGLE.
HABEN SIE ETWAS GESEHEN?
UND OB ... ICH HAB DEN MÜLL RAUSGEBRACHT, UND PLÖTZLICH WAR DA DIESES GERÄUSCH VON DER BANK DRÜBEN ...
KEINE EXPLOSION, MEHR WIE EIN AUTOUNFALL ... EIN QUIETSCHEN, DANN EIN RUMS.
EIN RUMS?
NA, EIN AUFPRALL ODER SO.
UND PLÖTZLICH RANNTEN ALL DIESE COPS VOM KONGRESS UM MICH RUM.
IRRE, MANN!
ALS WÄRE GODZILLA LOS!
ICH STAND DA DRÜBEN ... GENAU DA.
UND SAH SPIDER-MAN.
ER HAT 'NEN GELDTRANSPORTER ÜBERFALLEN.
ICH WAR ECHT GESCHOCKT. ICH DACHTE, SPIDER-MAN WÄRE EINER VON DEN GUTEN ... ABER DA HAB ICH MICH WOHL GRÜNDLICH GEIRRT.
ER STAND DA UND HAT DEN MANN VOM SICHERHEITSDIENST GESCHLAGEN.
ER STAND AUF DEM UMGEKIPPTEN PANZERWAGEN UND HAT AUF IHN EINGESCHLAGEN.
IMMER WIEDER.
DANN WAREN AUF EINMAL ÜBERALL COPS. DIE HABEN IHN INS VISIER GENOMMEN UND RUMGESCHRIEN ... WIE IM FERNSEHEN.
WAS HAT SPIDER-MAN GEMACHT?

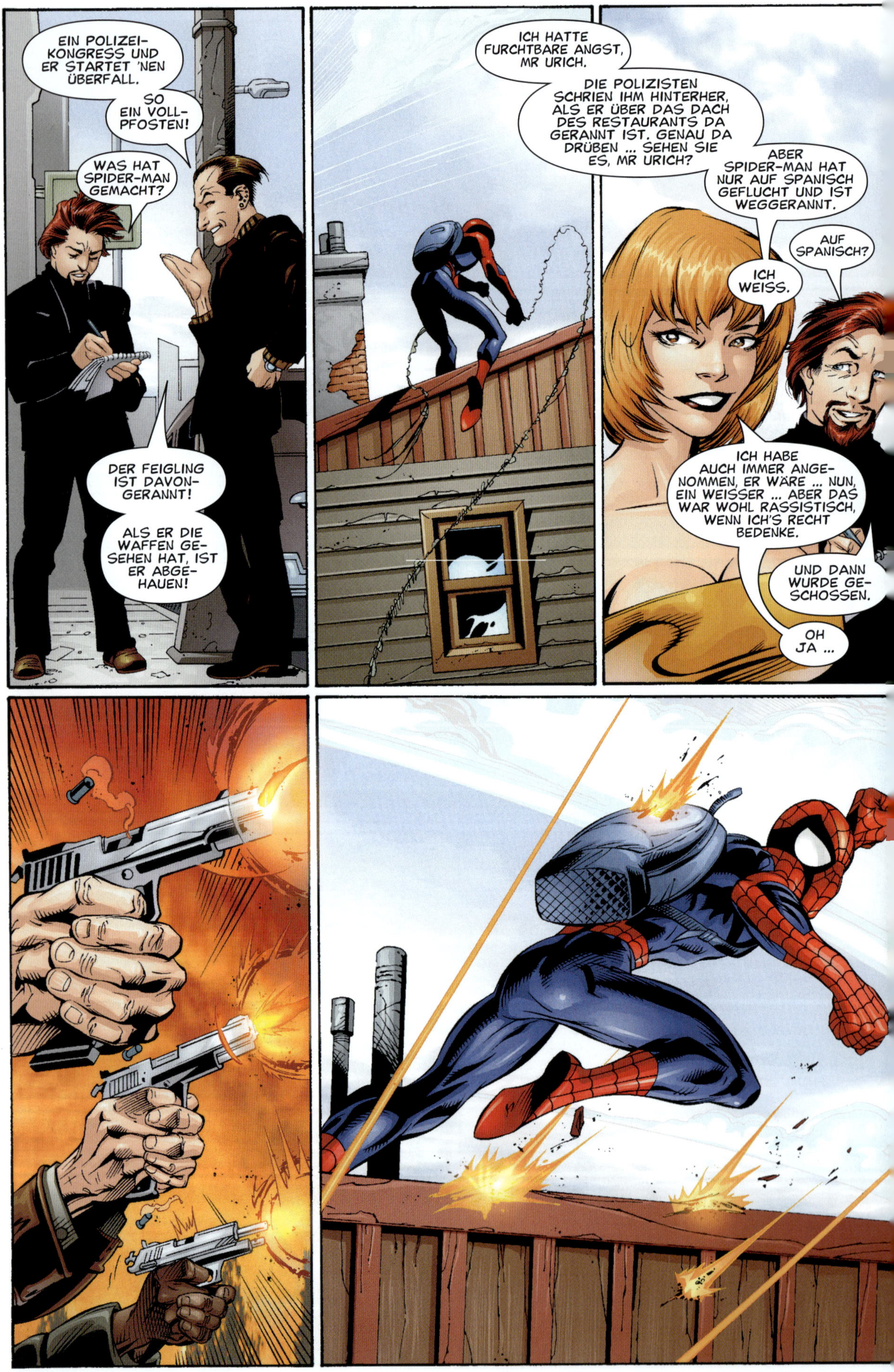

EIN POLIZEI-KONGRESS UND ER STARTET 'NEN ÜBERFALL.
SO EIN VOLL-PFOSTEN!
WAS HAT SPIDER-MAN GEMACHT?
DER FEIGLING IST DAVON-GERANNT!
ALS ER DIE WAFFEN GE-SEHEN HAT, IST ER ABGE-HAUEN!

ICH HATTE FURCHTBARE ANGST, MR URICH.
DIE POLIZISTEN SCHRIEN IHM HINTERHER, ALS ER ÜBER DAS DACH DES RESTAURANTS DA GERANNT IST. GENAU DA DRÜBEN ... SEHEN SIE ES, MR URICH?

ABER SPIDER-MAN HAT NUR AUF SPANISCH GEFLUCHT UND IST WEGGERANNT.
AUF SPANISCH?
ICH WEISS.
ICH HABE AUCH IMMER ANGE-NOMMEN, ER WÄRE ... NUN, EIN WEISSER ... ABER DAS WAR WOHL RASSISTISCH, WENN ICH'S RECHT BEDENKE.
UND DANN WURDE GE-SCHOSSEN.
OH JA ...

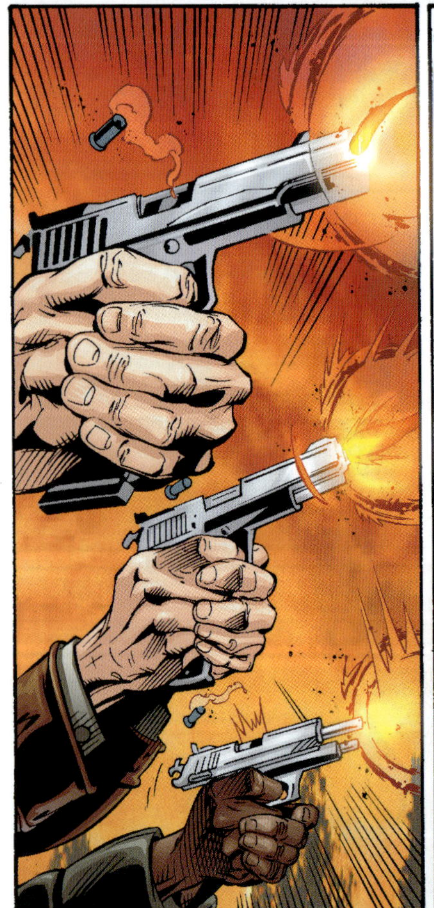

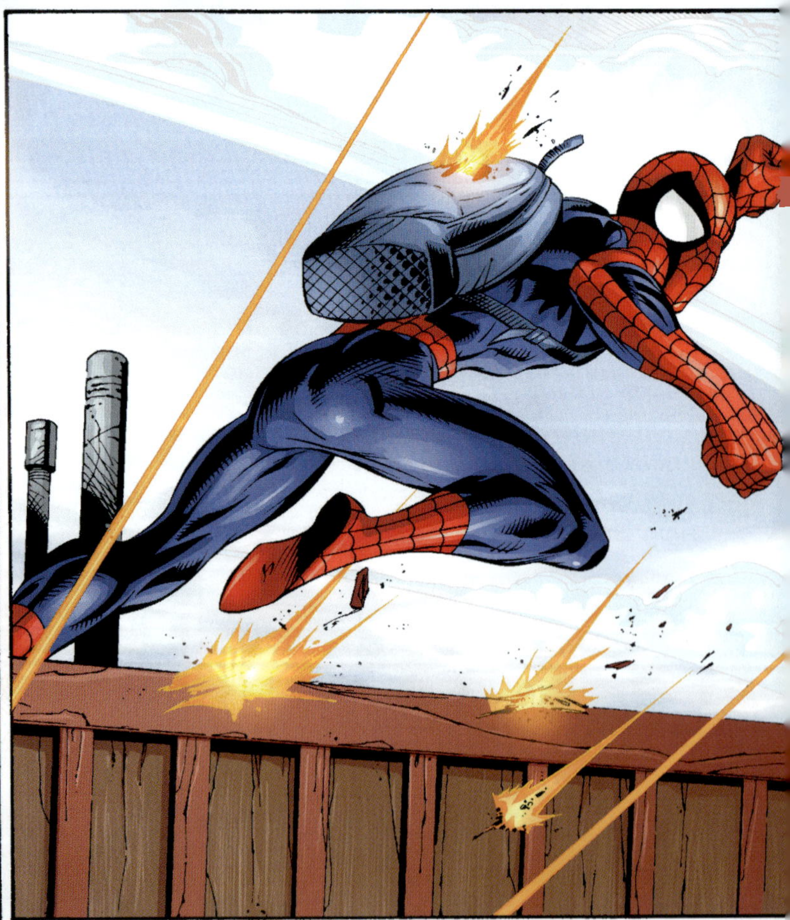

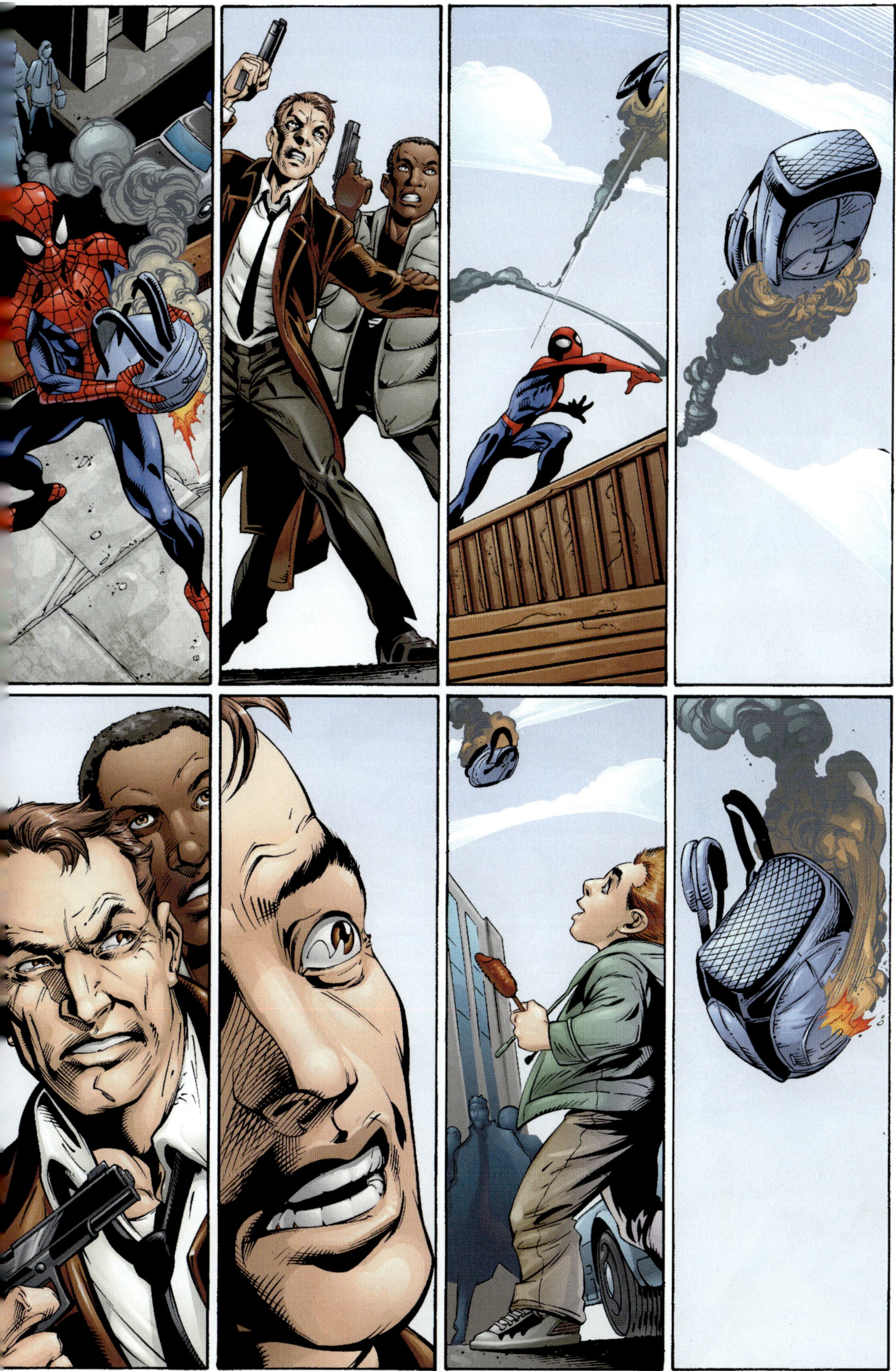

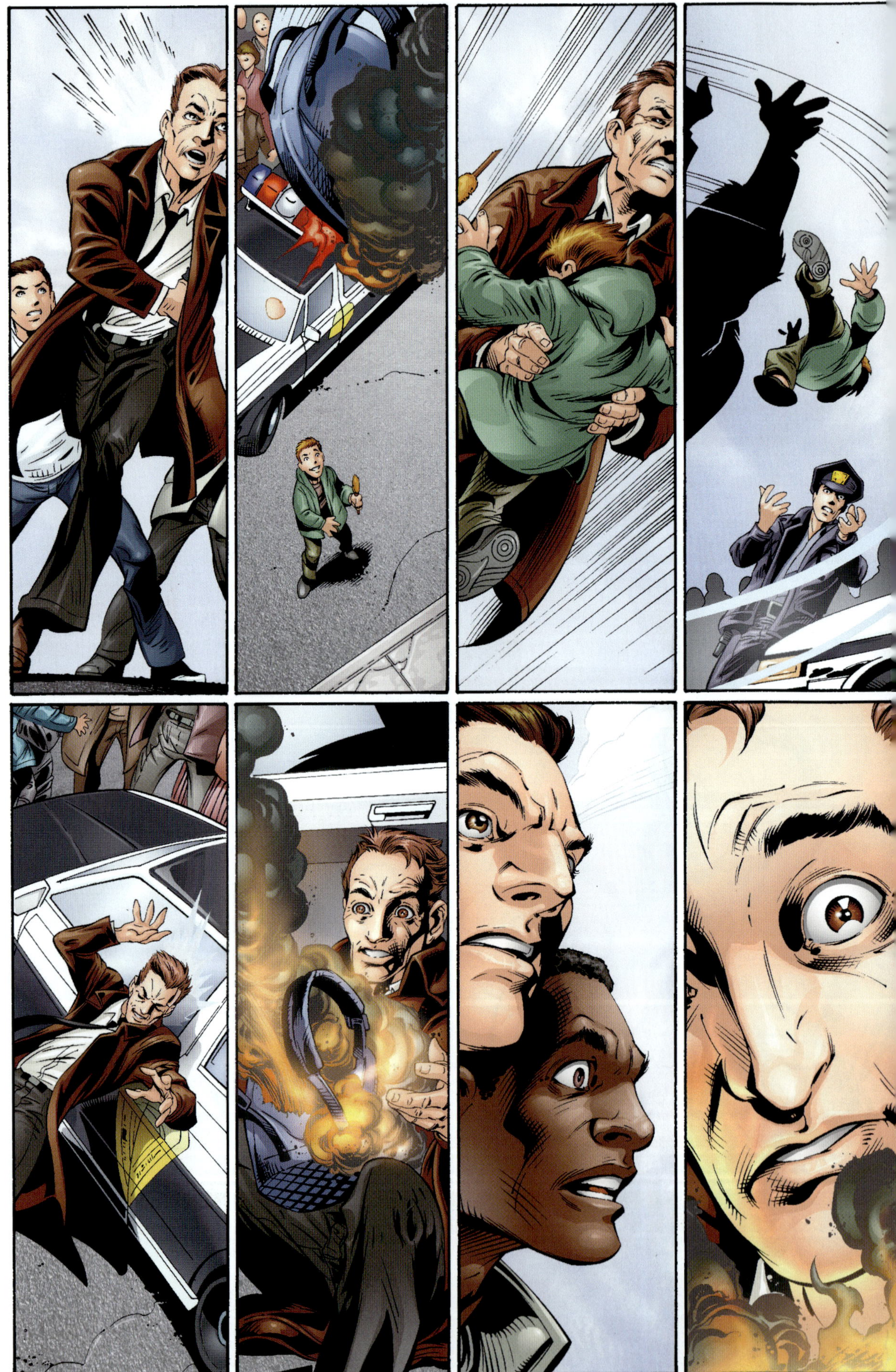

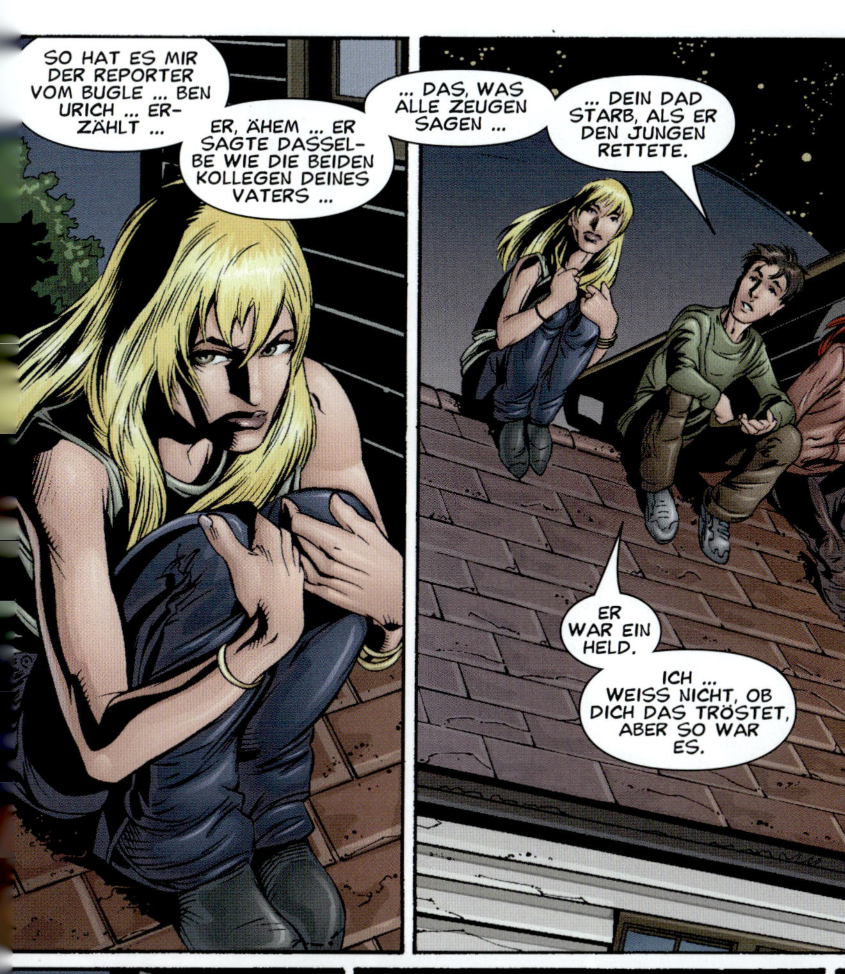
SO HAT ES MIR DER REPORTER VOM BUGLE ... BEN URICH ... ERZÄHLT ...
ER, ÄHEM ... ER SAGTE DASSELBE WIE DIE BEIDEN KOLLEGEN DEINES VATERS ...
... DAS, WAS ALLE ZEUGEN SAGEN ...
... DEIN DAD STARB, ALS ER DEN JUNGEN RETTETE.
ER WAR EIN HELD.
ICH ... WEISS NICHT, OB DICH DAS TRÖSTET, ABER SO WAR ES.

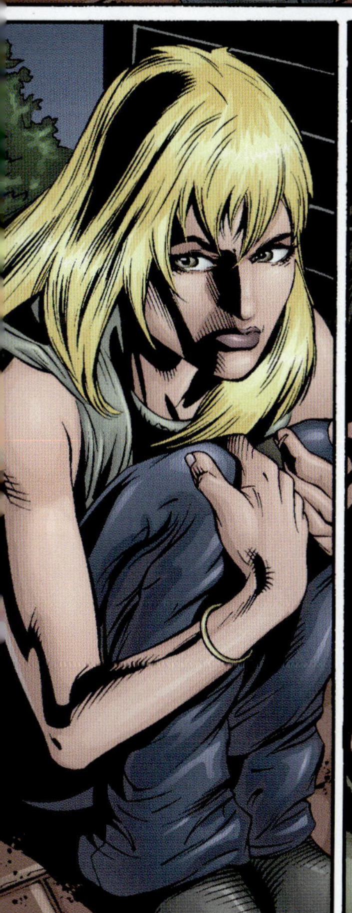

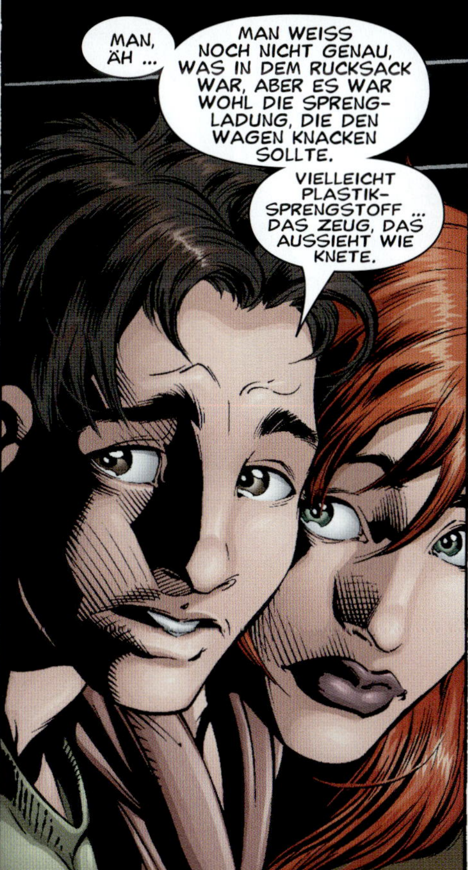
MAN, ÄH ...
MAN WEISS NOCH NICHT GENAU, WAS IN DEM RUCKSACK WAR, ABER ES WAR WOHL DIE SPRENGLADUNG, DIE DEN WAGEN KNACKEN SOLLTE.
VIELLEICHT PLASTIKSPRENGSTOFF ... DAS ZEUG, DAS AUSSIEHT WIE KNETE.

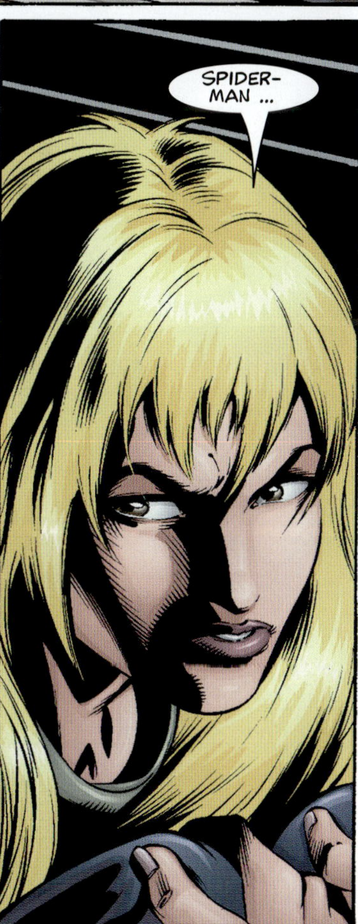
SPIDER-MAN ...

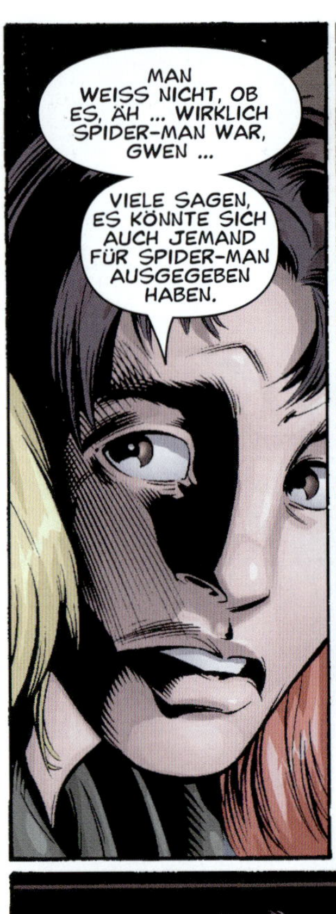
MAN WEISS NICHT, OB ES, ÄH ... WIRKLICH SPIDER-MAN WAR, GWEN ...
VIELE SAGEN, ES KÖNNTE SICH AUCH JEMAND FÜR SPIDER-MAN AUSGEGEBEN HABEN.
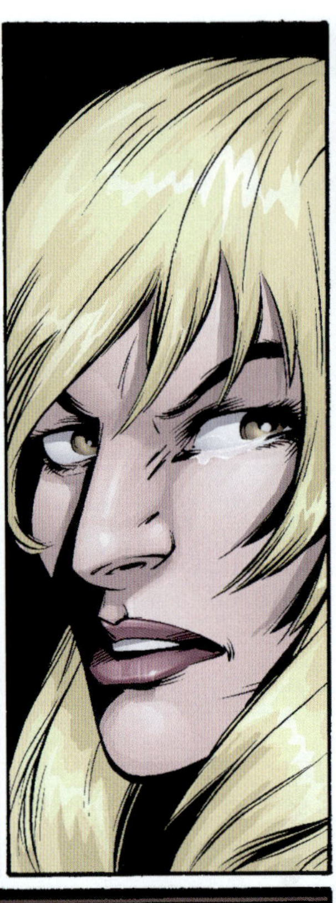
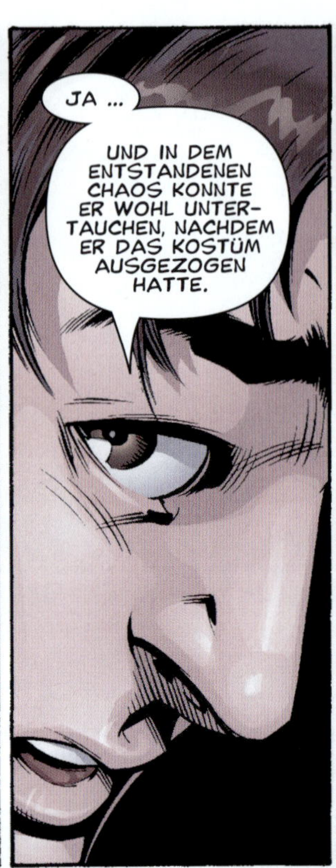
JA ...
UND IN DEM ENTSTANDENEN CHAOS KONNTE ER WOHL UNTER-TAUCHEN, NACHDEM ER DAS KOSTÜM AUSGEZOGEN HATTE.
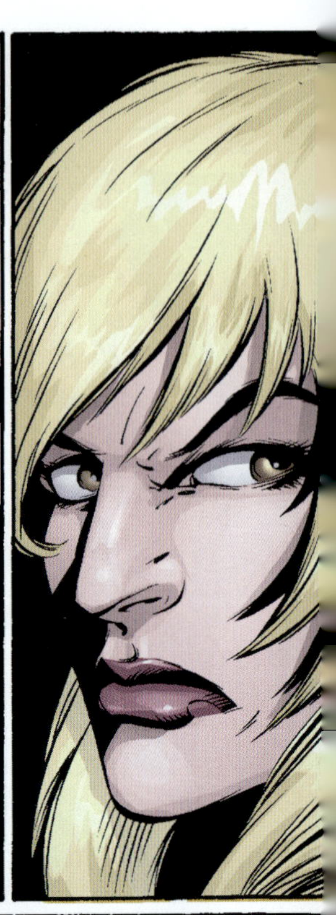
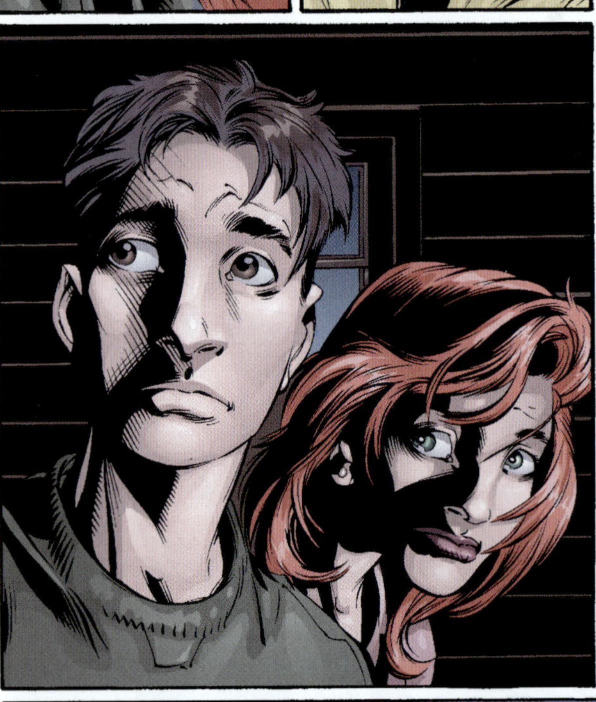
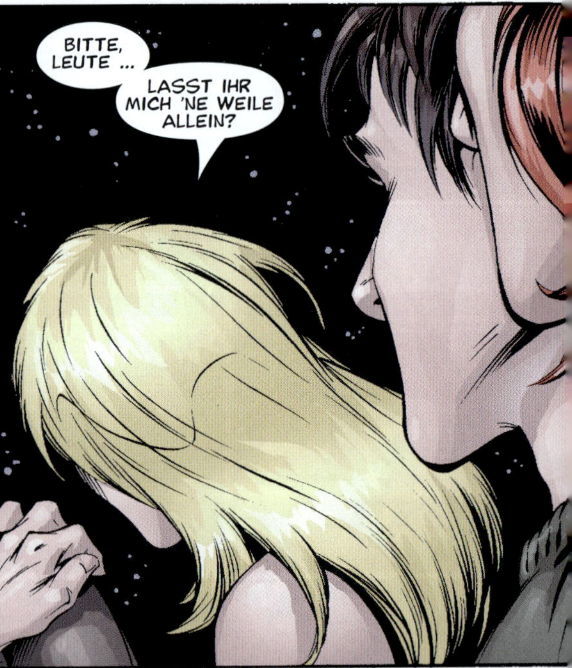
BITTE, LEUTE ...
LASST IHR MICH 'NE WEILE ALLEIN?
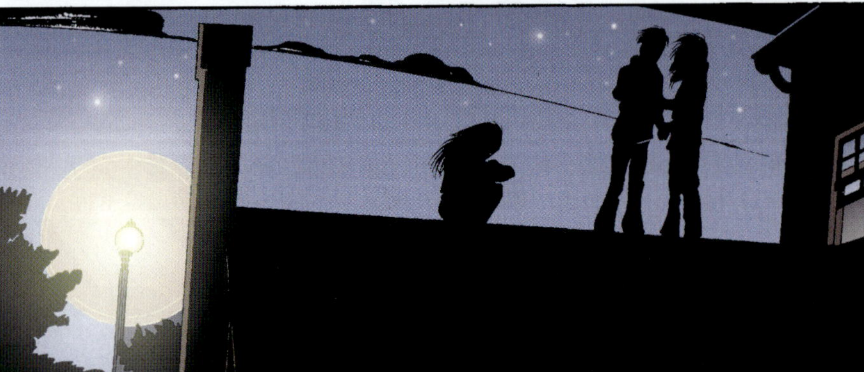

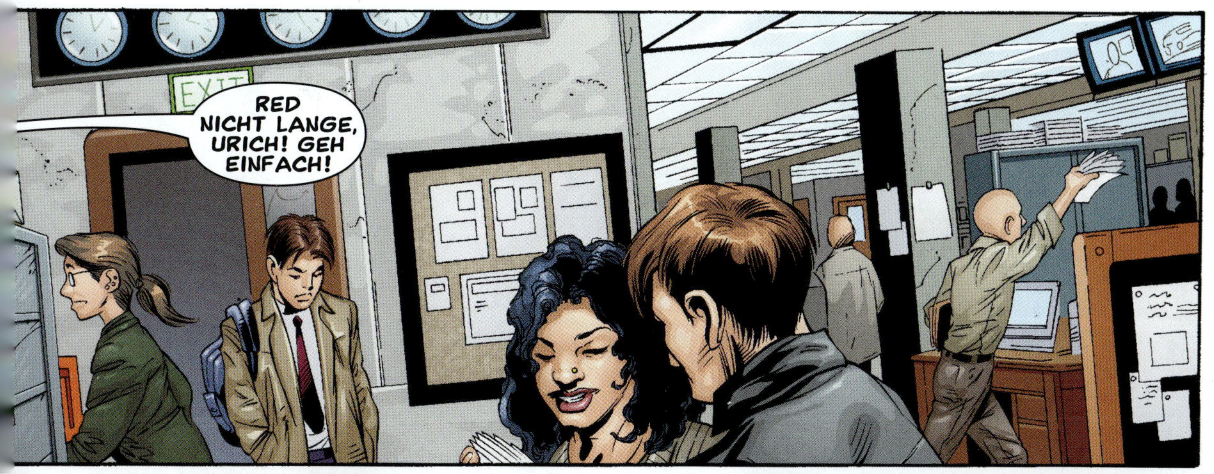
EXIT
RED NICHT LANGE, URICH! GEH EINFACH!

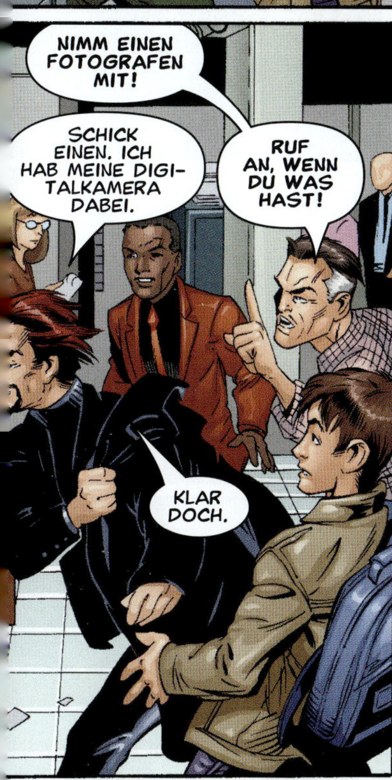
NIMM EINEN FOTOGRAFEN MIT!
SCHICK EINEN. ICH HAB MEINE DIGI-TALKAMERA DABEI.
RUF AN, WENN DU WAS HAST!
KLAR DOCH.

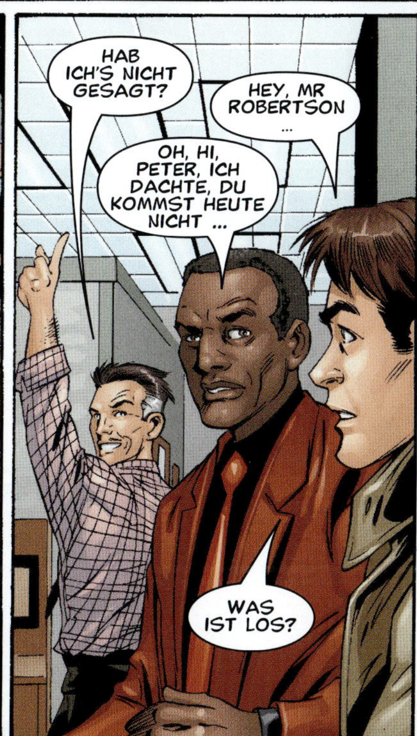
HAB ICH'S NICHT GESAGT?
HEY, MR ROBERTSON ...
OH, HI, PETER, ICH DACHTE, DU KOMMST HEUTE NICHT ...
WAS IST LOS?

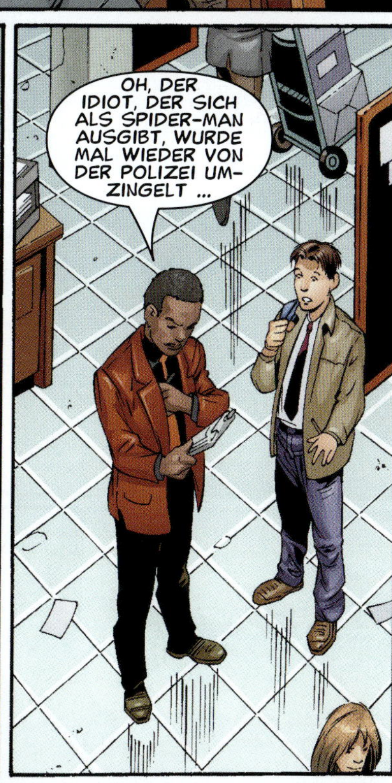
OH, DER IDIOT, DER SICH ALS SPIDER-MAN AUSGIBT, WURDE MAL WIEDER VON DER POLIZEI UM-ZINGELT ...

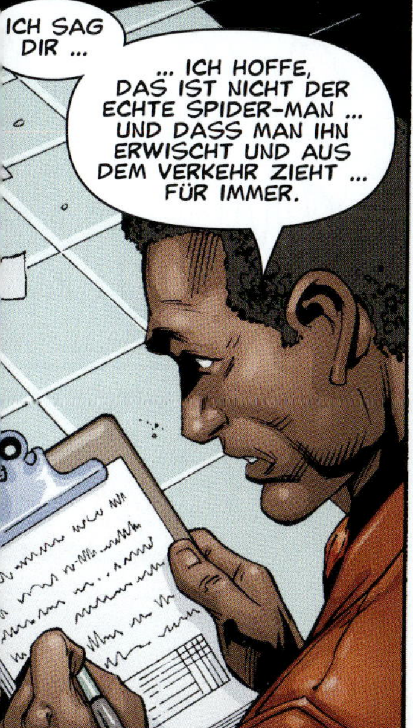
ICH SAG DIR ...
... ICH HOFFE, DAS IST NICHT DER ECHTE SPIDER-MAN ... UND DASS MAN IHN ERWISCHT UND AUS DEM VERKEHR ZIEHT ... FÜR IMMER.

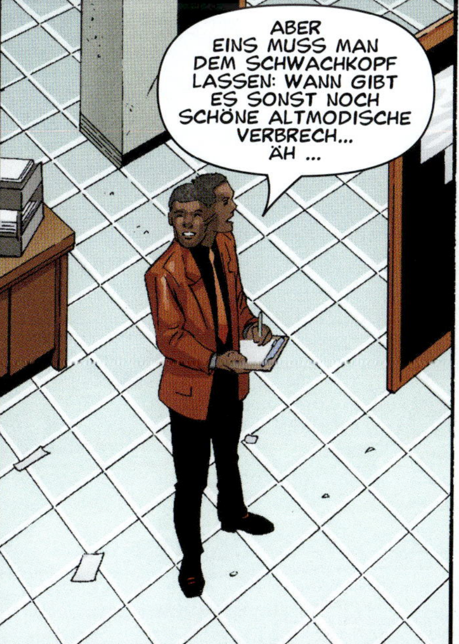
ABER EINS MUSS MAN DEM SCHWACHKOPF LASSEN: WANN GIBT ES SONST NOCH SCHÖNE ALTMODISCHE VERBRECH... ÄH ...

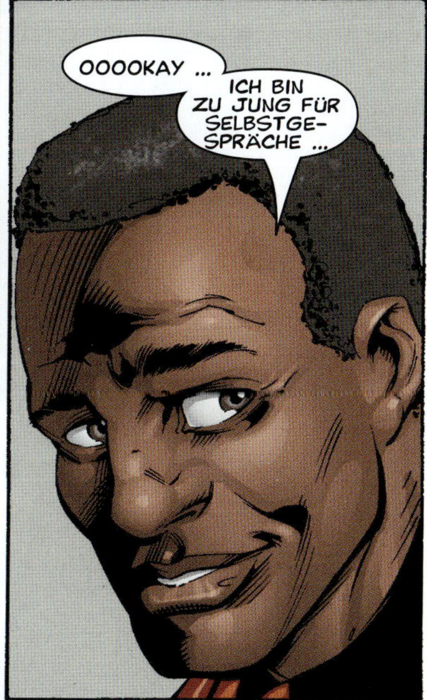
OOOOKAY ...
ICH BIN ZU JUNG FÜR SELBSTGE-SPRÄCHE ...

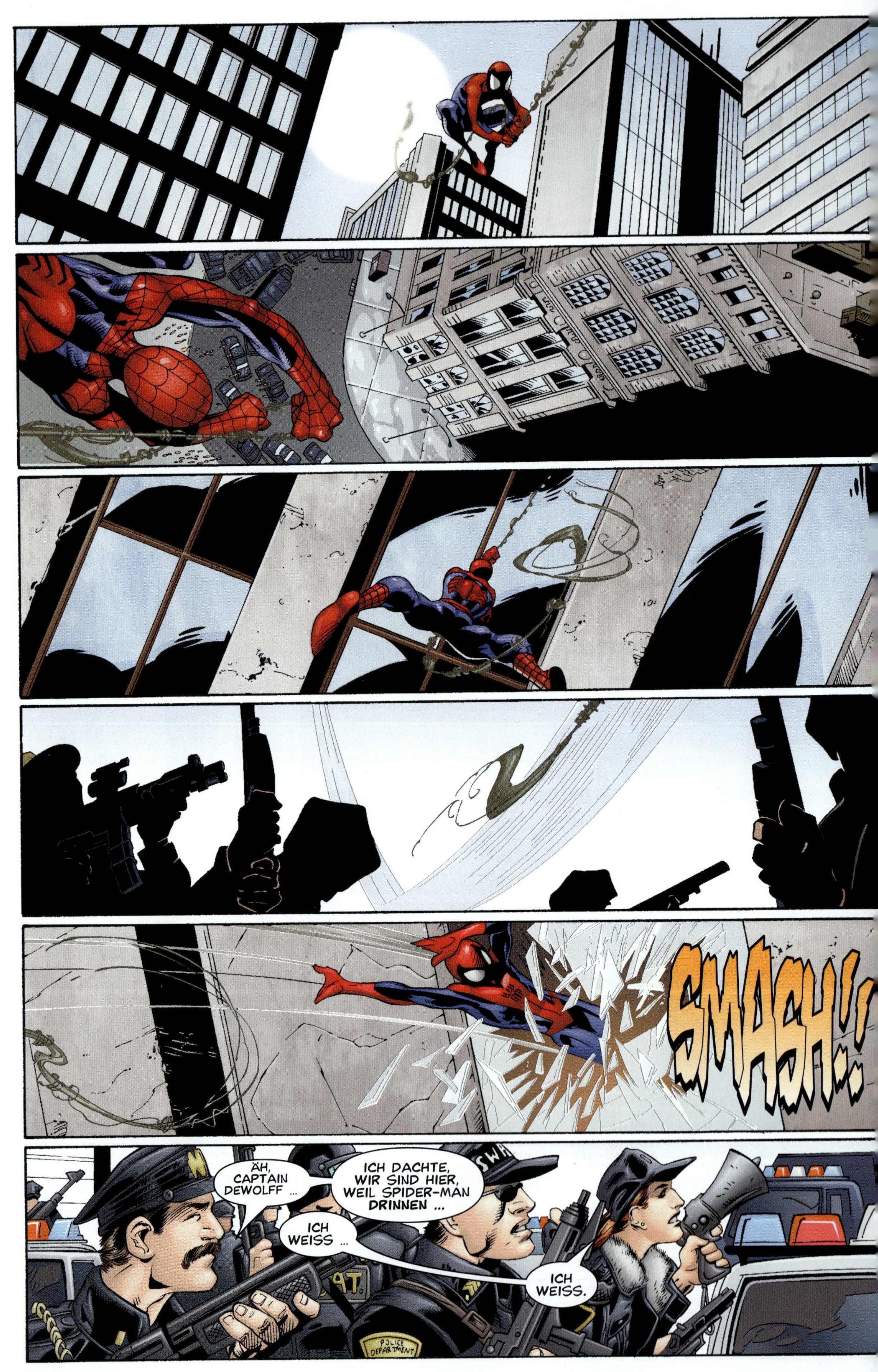
SMASH!!
ÄH, CAPTAIN DEWOLFF ...
ICH DACHTE, WIR SIND HIER, WEIL SPIDER-MAN DRINNEN ...
ICH WEISS ...
ICH WEISS.
POLICE DEPARTMENT

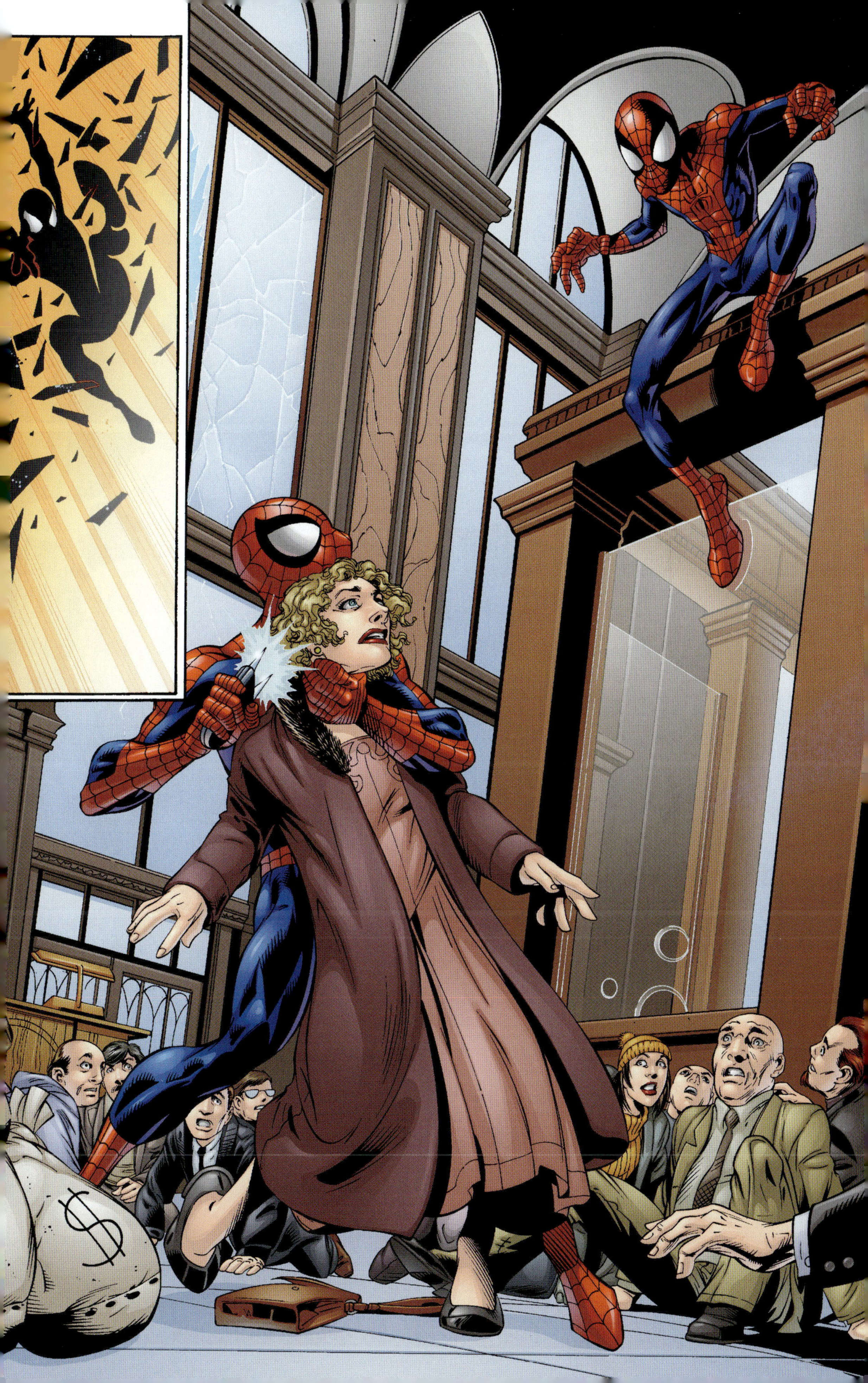

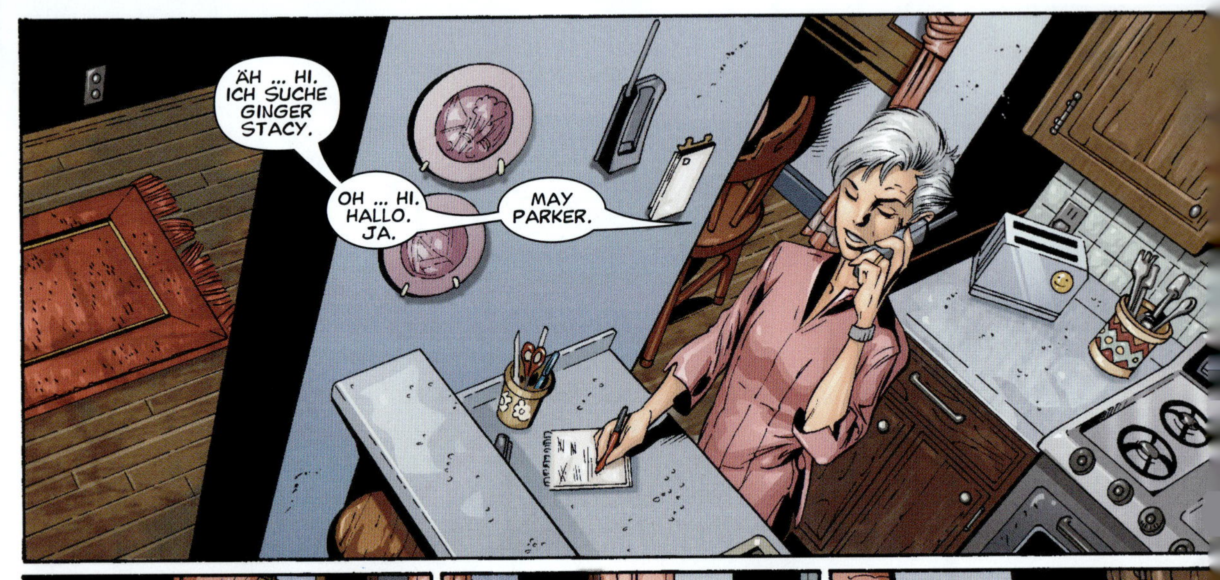
ÄH ... HI. ICH SUCHE GINGER STACY.
OH ... HI. HALLO. JA.
MAY PARKER.

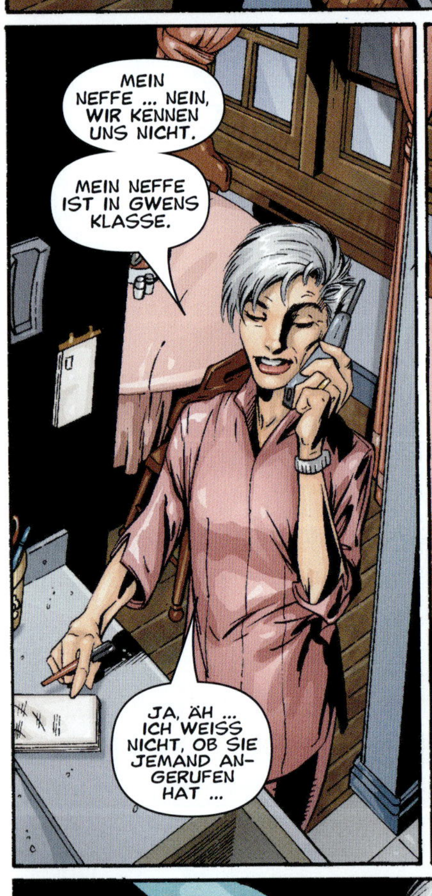
MEIN NEFFE ... NEIN, WIR KENNEN UNS NICHT.
MEIN NEFFE IST IN GWENS KLASSE.
JA, ÄH ... ICH WEISS NICHT, OB SIE JEMAND ANGERUFEN HAT ...

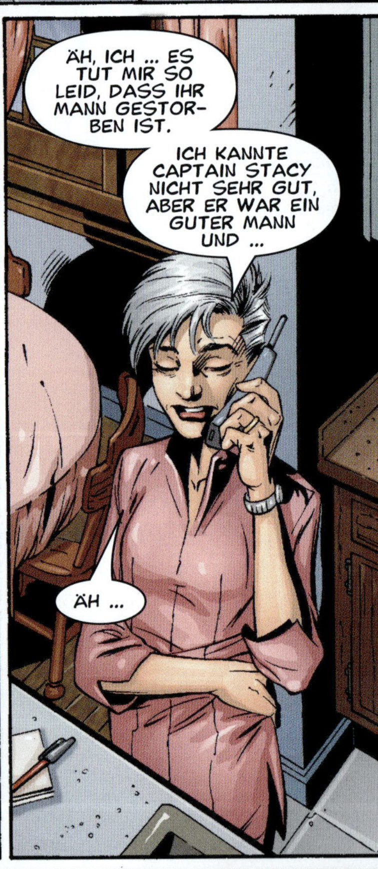
ÄH, ICH ... ES TUT MIR SO LEID, DASS IHR MANN GESTORBEN IST.
ICH KANNTE CAPTAIN STACY NICHT SEHR GUT, ABER ER WAR EIN GUTER MANN UND ...
ÄH ...

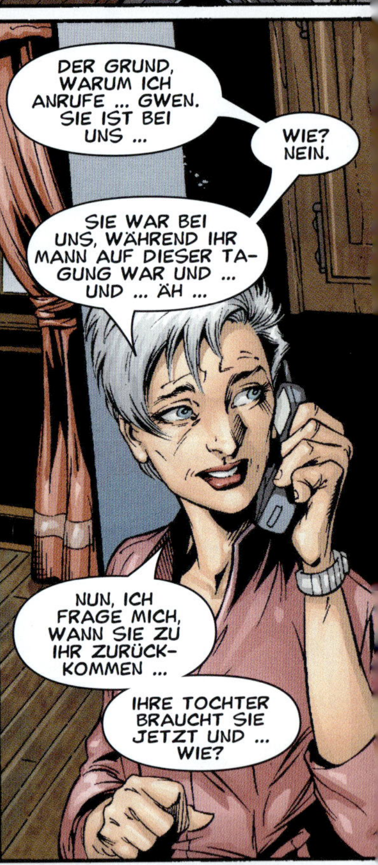
DER GRUND, WARUM ICH ANRUFE ... GWEN. SIE IST BEI UNS ...
WIE? NEIN.
SIE WAR BEI UNS, WÄHREND IHR MANN AUF DIESER TAGUNG WAR UND ... UND ... ÄH ...
NUN, ICH FRAGE MICH, WANN SIE ZU IHR ZURÜCKKOMMEN ...
IHRE TOCHTER BRAUCHT SIE JETZT UND ... WIE?

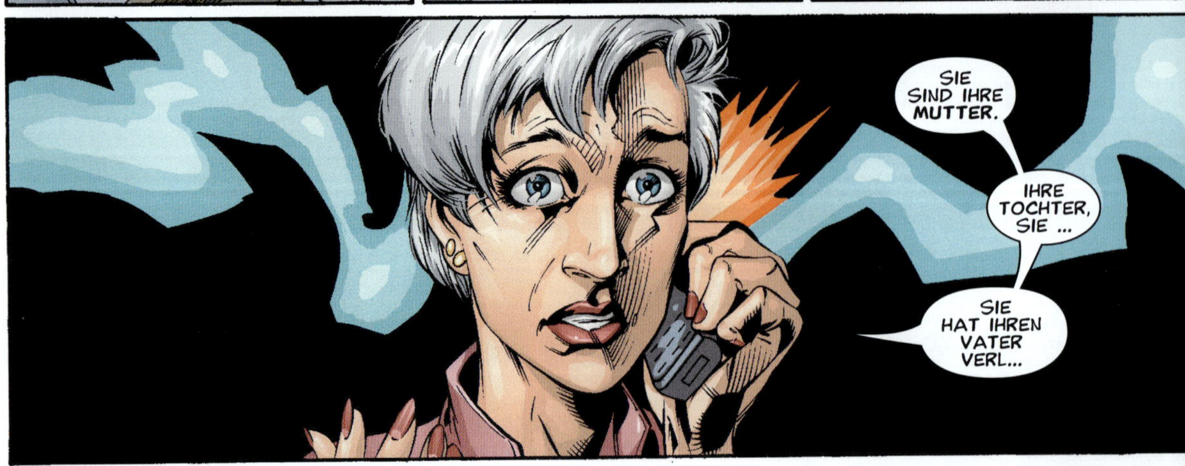
SIE SIND IHRE MUTTER.
IHRE TOCHTER, SIE ...
SIE HAT IHREN VATER VERL...

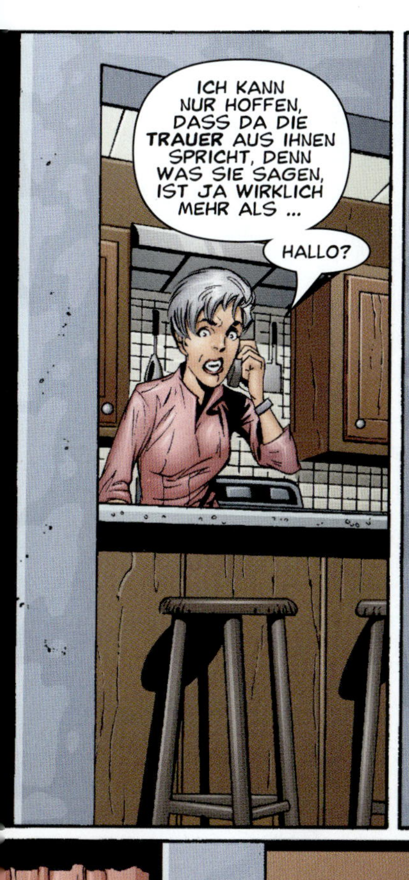
ICH KANN NUR HOFFEN, DASS DA DIE **TRAUER** AUS IHNEN SPRICHT, DENN WAS SIE SAGEN, IST JA WIRKLICH MEHR ALS ...
HALLO?

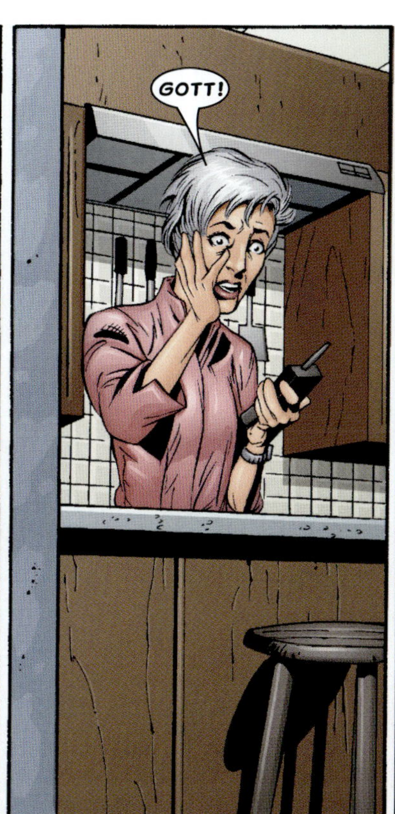
GOTT!

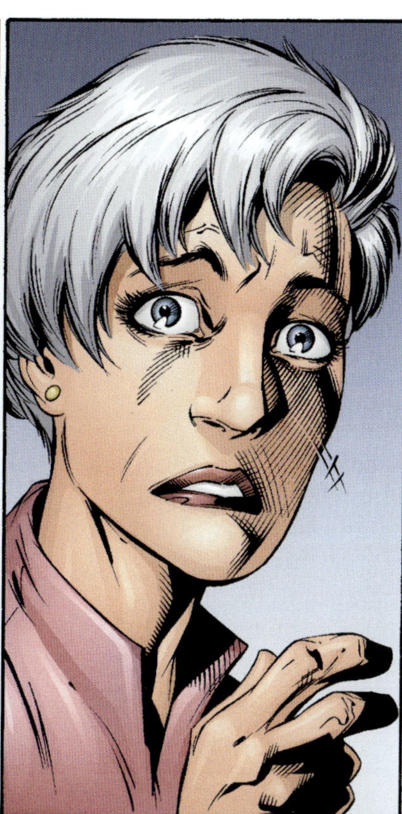

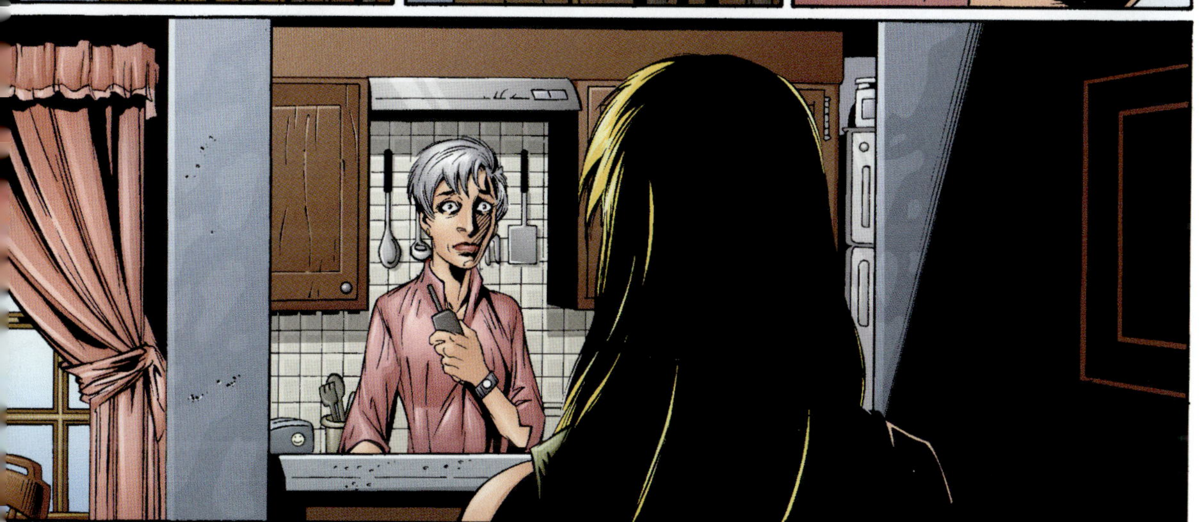

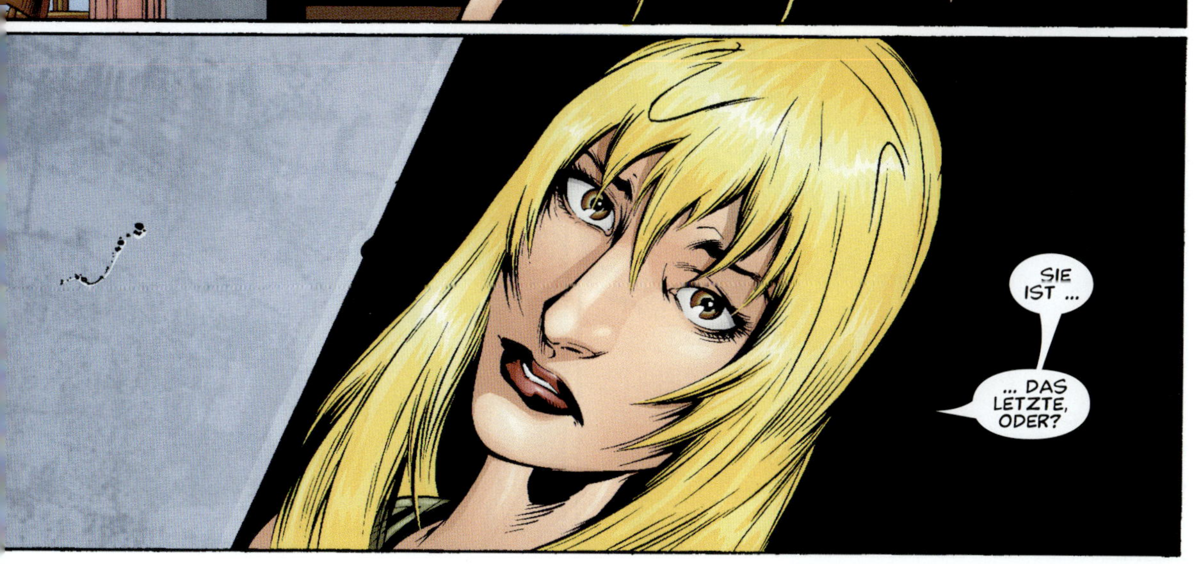
SIE IST ...
... DAS LETZTE, ODER?

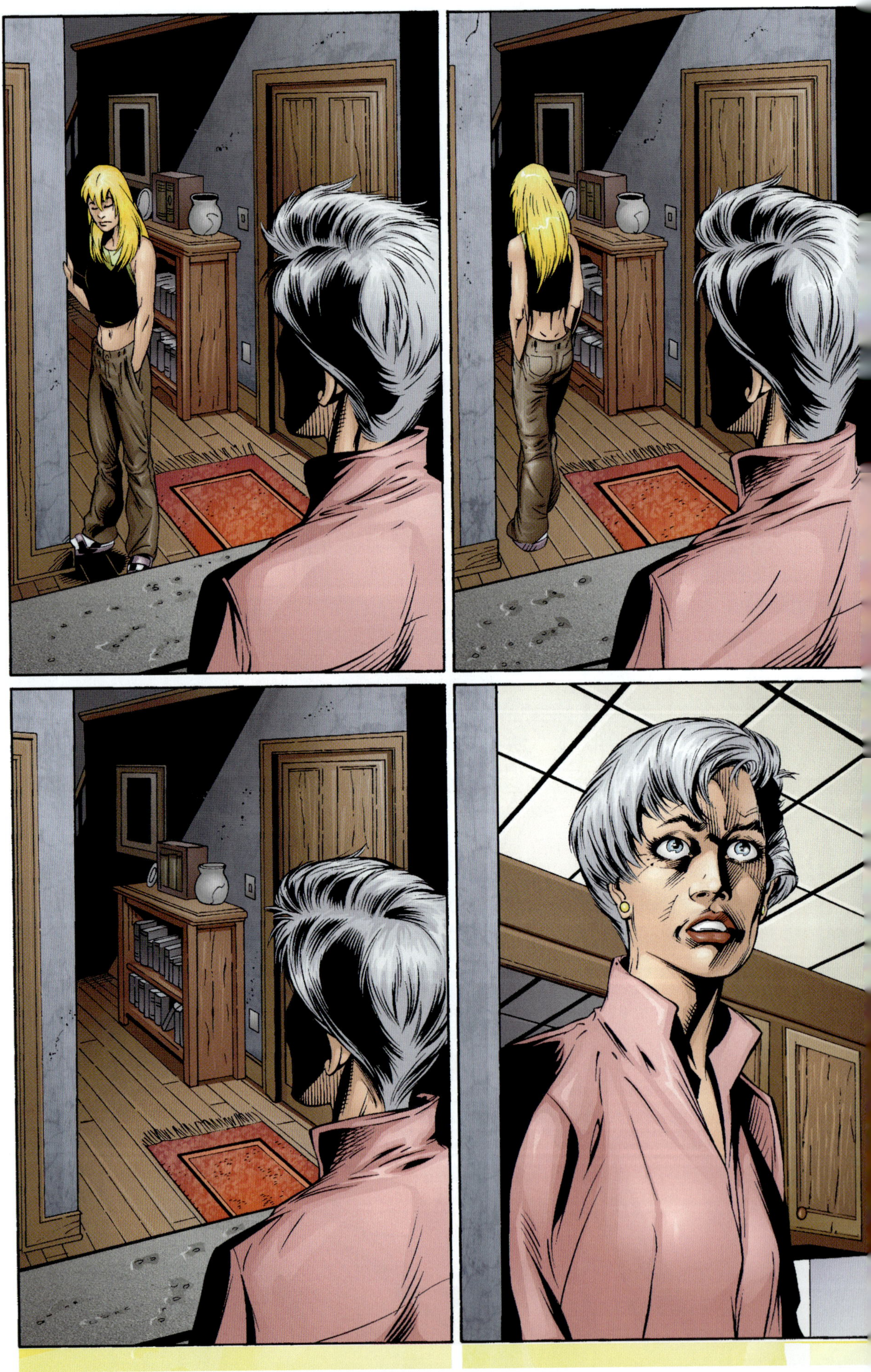

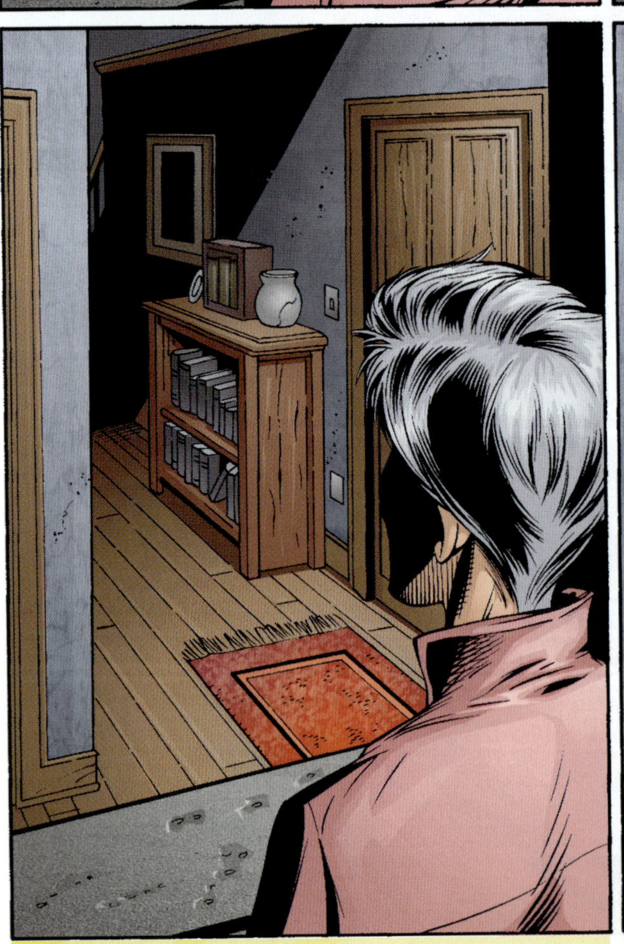

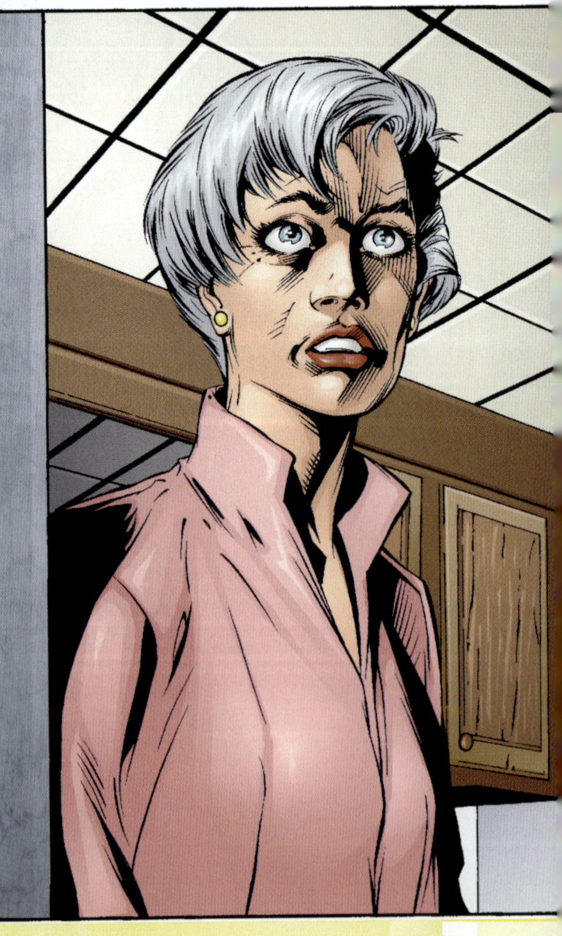

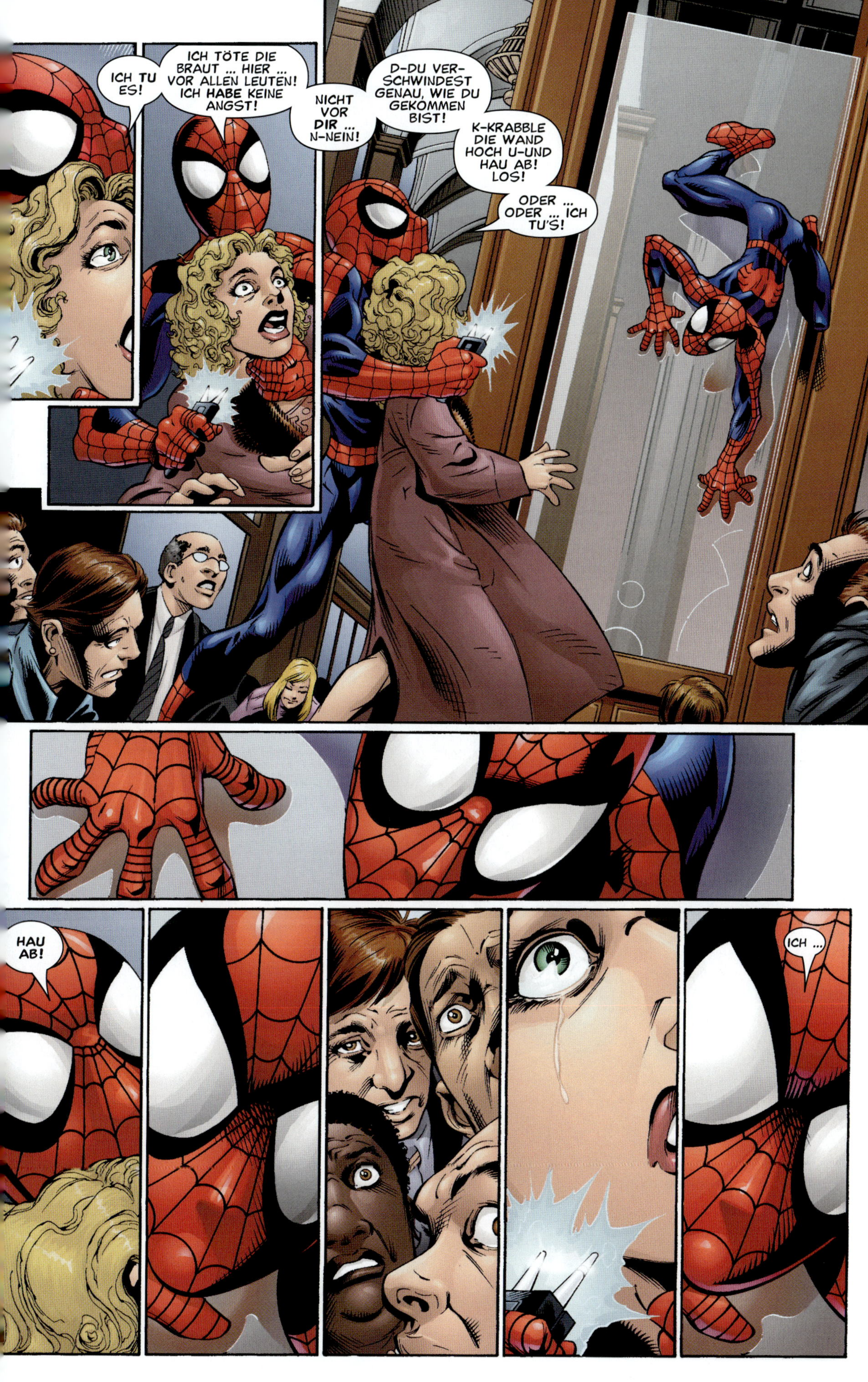
ICH TU ES!
ICH TÖTE DIE BRAUT ... HIER ... VOR ALLEN LEUTEN! ICH HABE KEINE ANGST!
NICHT VOR DIR ... N-NEIN!
D-DU VERSCHWINDEST GENAU, WIE DU GEKOMMEN BIST!
K-KRABBLE DIE WAND HOCH U-UND HAU AB! LOS!
ODER ... ODER ... ICH TU'S!
HAU AB!
ICH ...

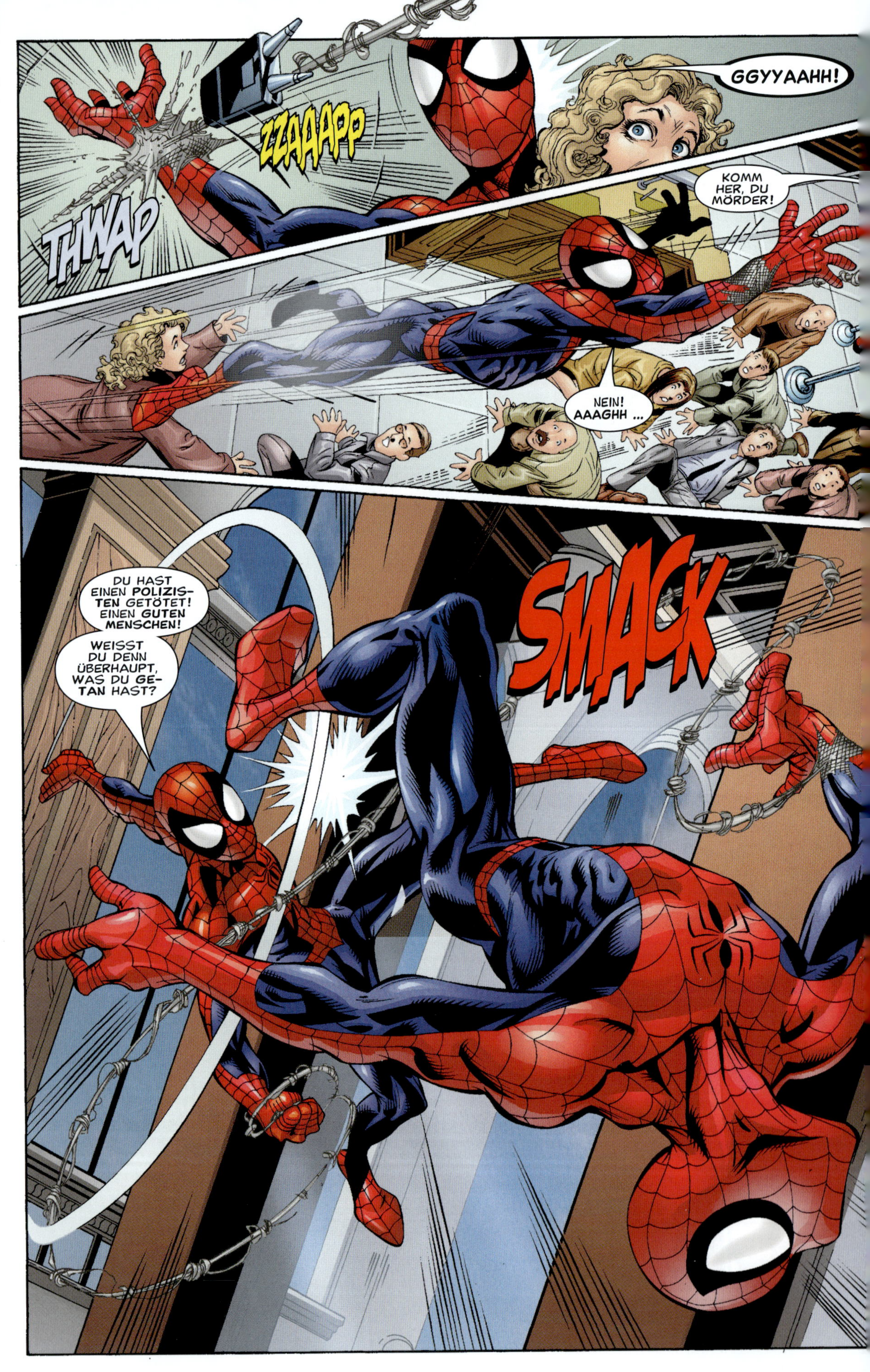
GGYYAAHH!
ZZAAAPP
THWAP
KOMM HER, DU MÖRDER!
NEIN! AAAGHH ...
SMACK
DU HAST EINEN POLIZISTEN GETÖTET! EINEN GUTEN MENSCHEN!
WEISST DU DENN ÜBERHAUPT, WAS DU GETAN HAST?

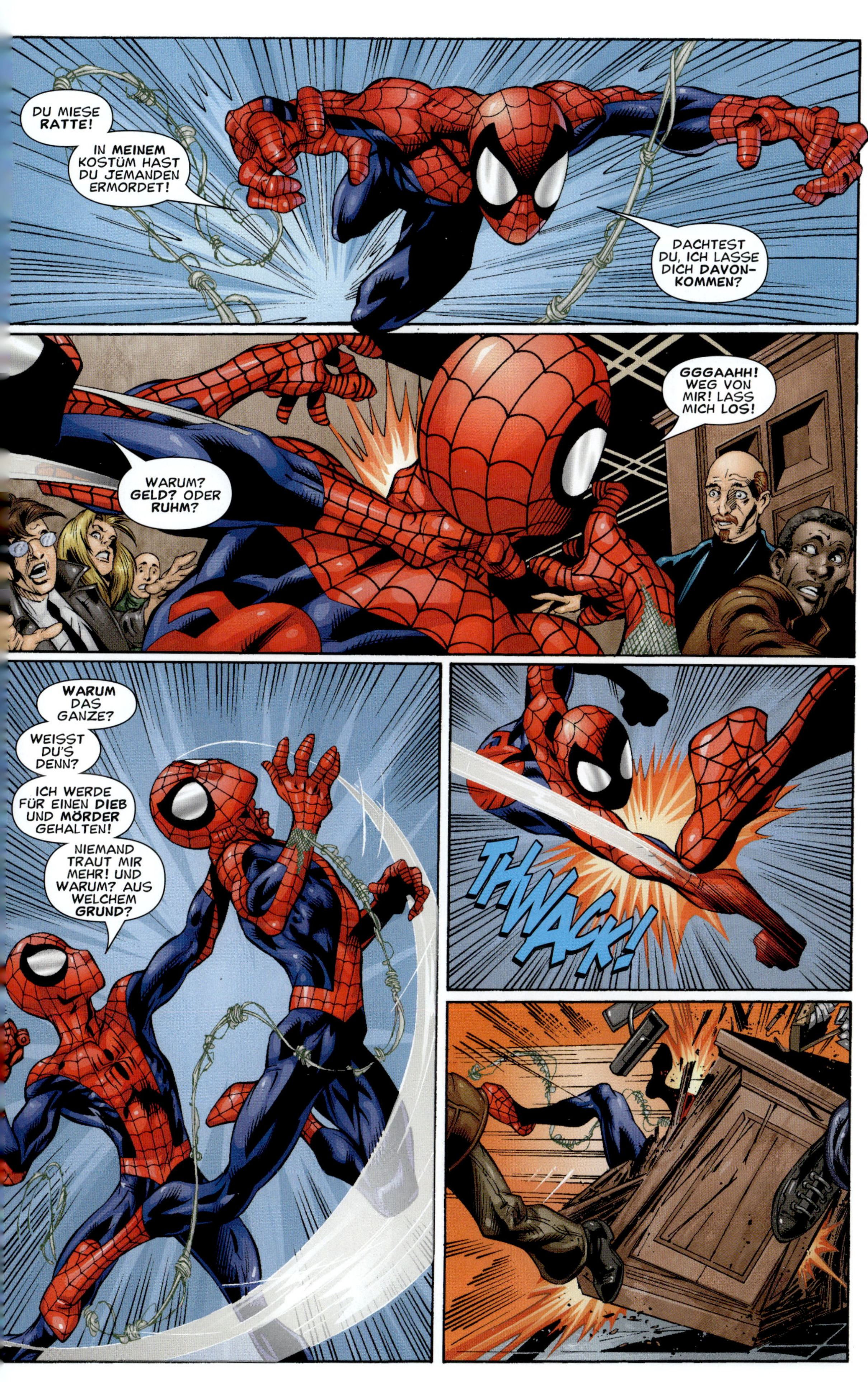
DU MIESE RATTE!
IN MEINEM KOSTÜM HAST DU JEMANDEN ERMORDET!
DACHTEST DU, ICH LASSE DICH DAVONKOMMEN?
GGGAAHH! WEG VON MIR! LASS MICH LOS!
WARUM? GELD? ODER RUHM?
WARUM DAS GANZE?
WEISST DU'S DENN?
ICH WERDE FÜR EINEN DIEB UND MÖRDER GEHALTEN!
NIEMAND TRAUT MIR MEHR! UND WARUM? AUS WELCHEM GRUND?
THWACK!

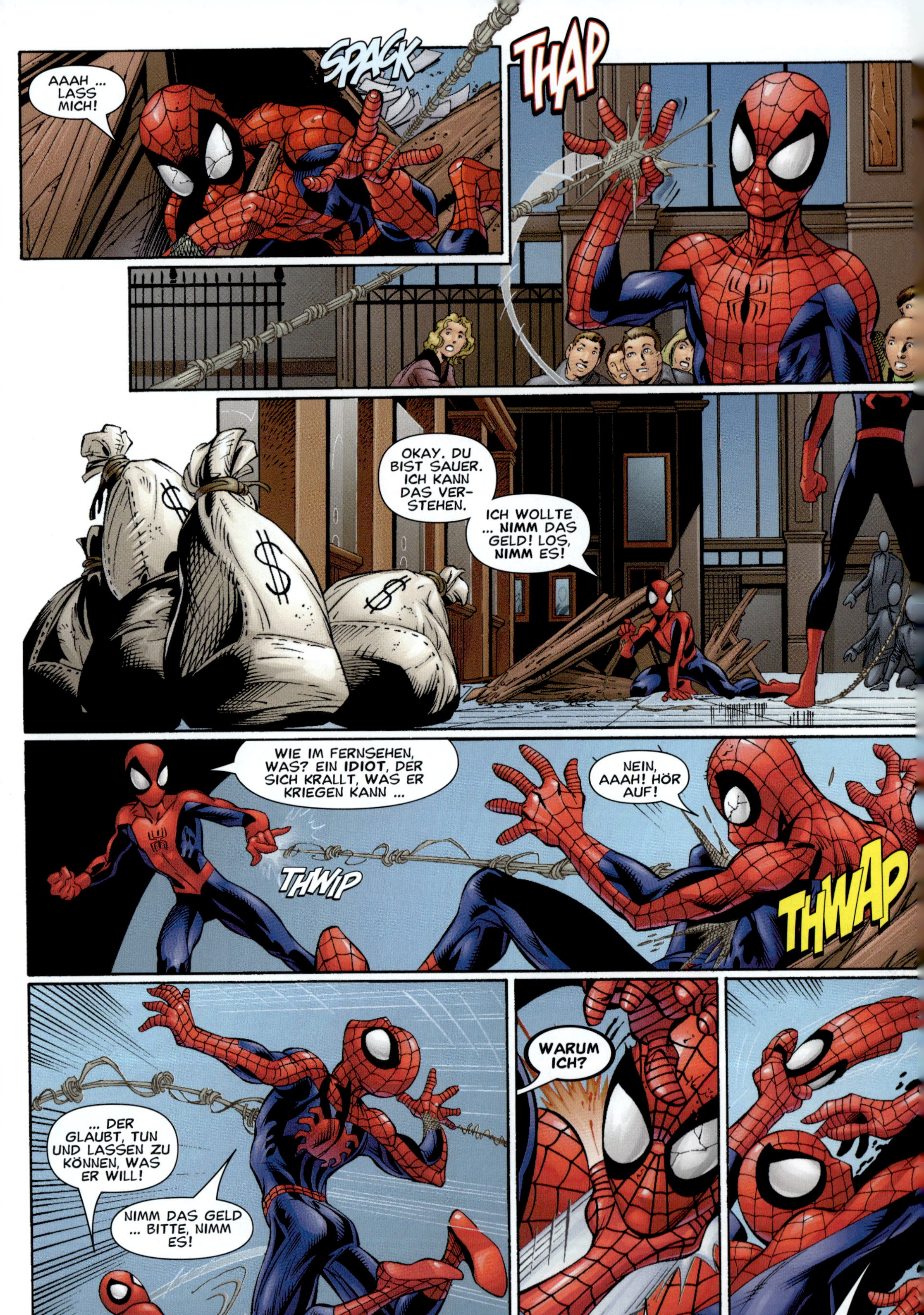
AAAH ... LASS MICH!
SPACK
THAP
OKAY. DU BIST SAUER. ICH KANN DAS VER-STEHEN.
ICH WOLLTE ... NIMM DAS GELD! LOS, NIMM ES!
WIE IM FERNSEHEN, WAS? EIN IDIOT, DER SICH KRALLT, WAS ER KRIEGEN KANN ...
THWIP
NEIN, AAAH! HÖR AUF!
THWAP
... DER GLAUBT, TUN UND LASSEN ZU KÖNNEN, WAS ER WILL!
NIMM DAS GELD ... BITTE, NIMM ES!
WARUM MEIN KOSTÜM? WARUM?
JETZT HÖR DOCH BITTE ...
WARUM ICH?
I-ICH DACHTE NUR, ES IST C-COOL ...
NICHTS PERSÖN-LICHES ... ICH SCHWÖR'S! ICH ... AIIIII!

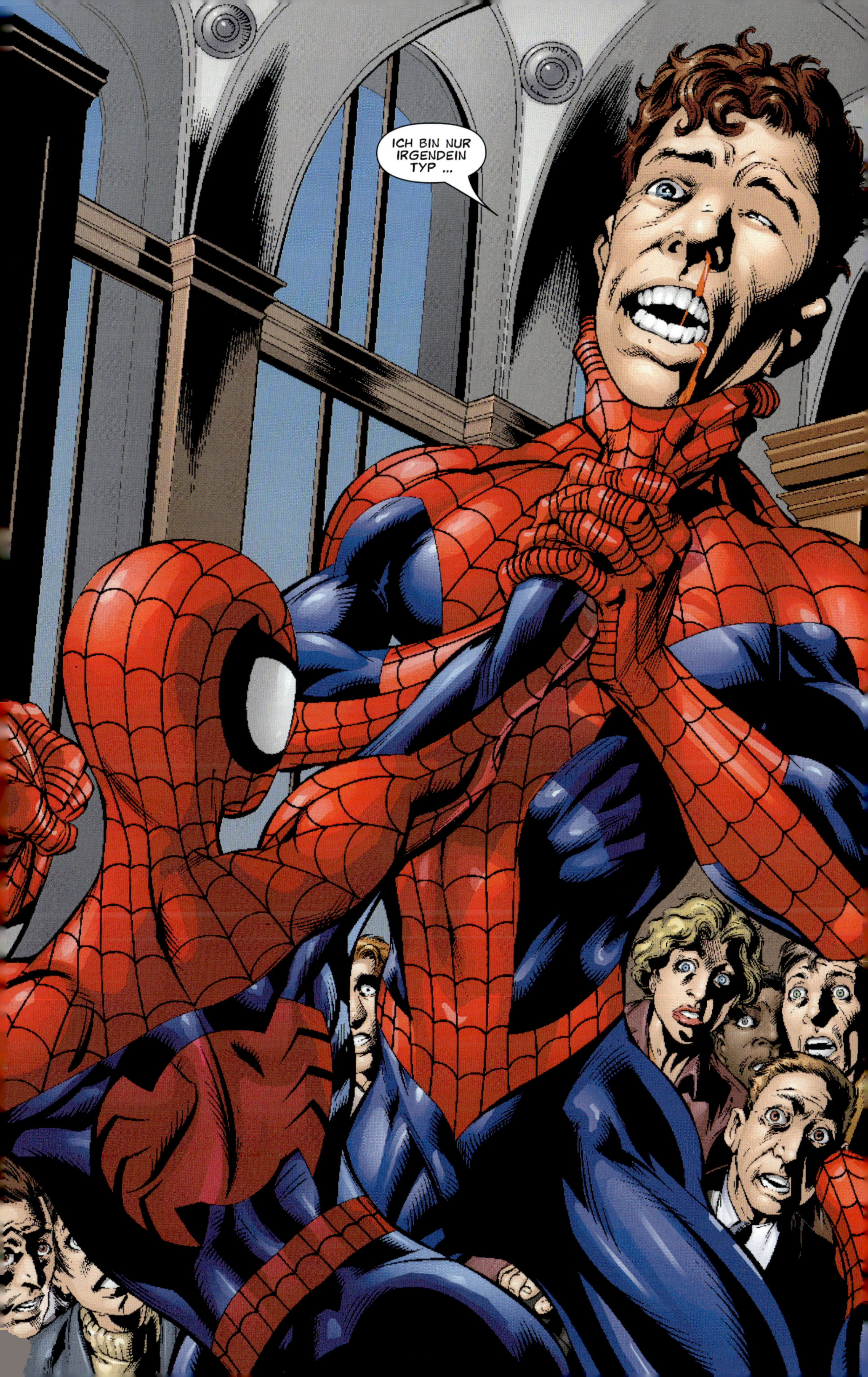
ICH BIN NUR IRGENDEIN TYP ...

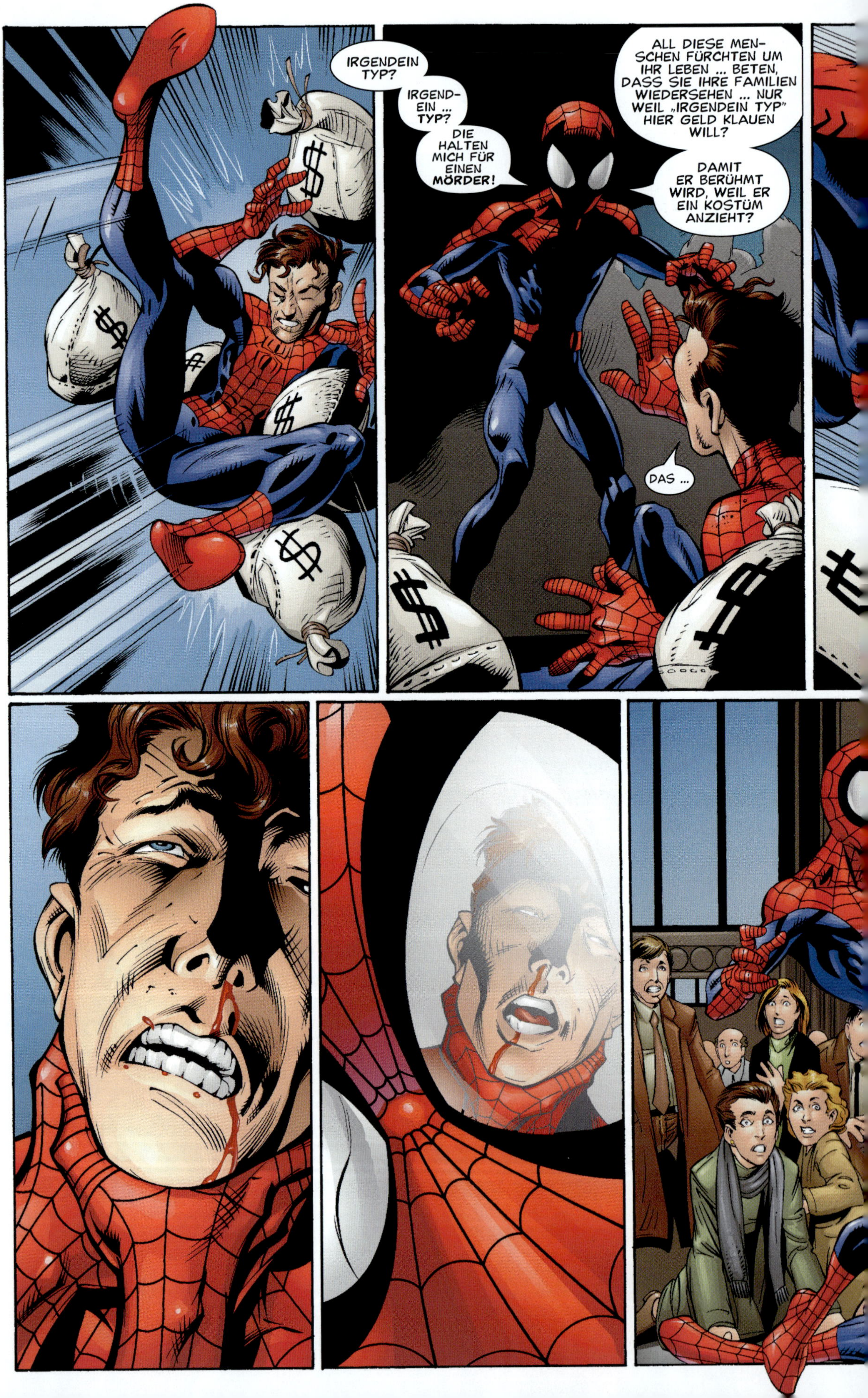

IRGENDEIN TYP?
IRGEND-EIN ... TYP?
DIE HALTEN MICH FÜR EINEN MÖRDER!
ALL DIESE MENSCHEN FÜRCHTEN UM IHR LEBEN ... BETEN, DASS SIE IHRE FAMILIEN WIEDERSEHEN ... NUR WEIL „IRGENDEIN TYP" HIER GELD KLAUEN WILL?
DAMIT ER BERÜHMT WIRD, WEIL ER EIN KOSTÜM ANZIEHT?
DAS ...

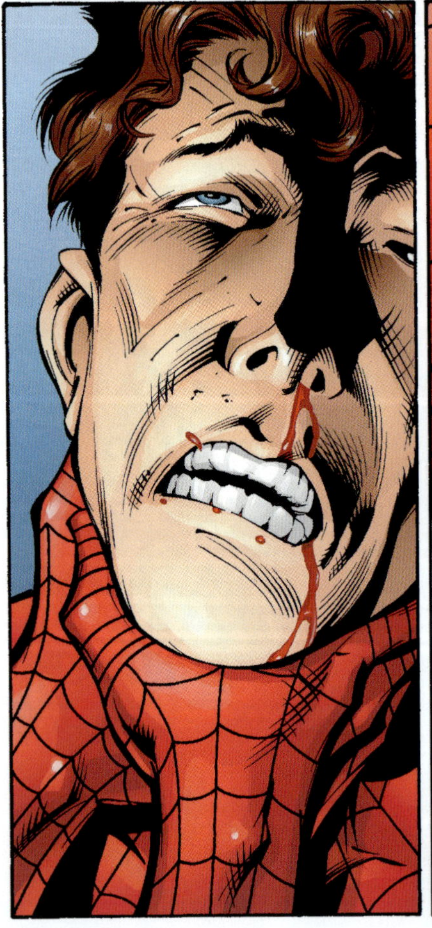

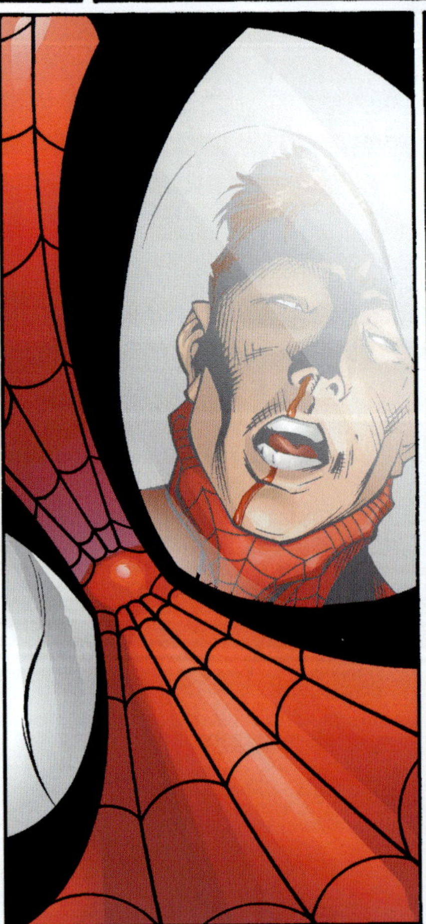

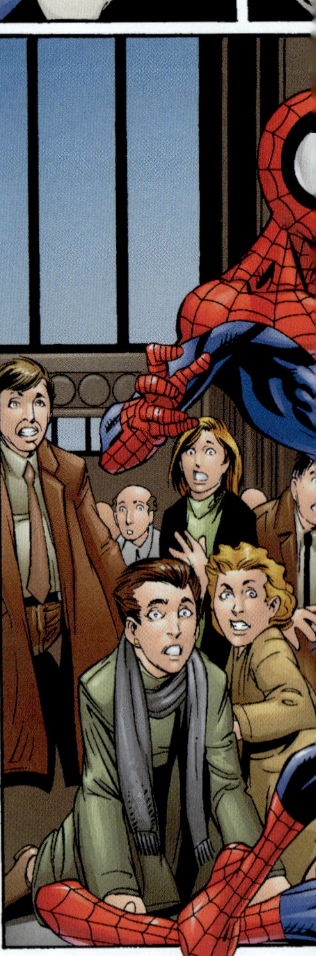

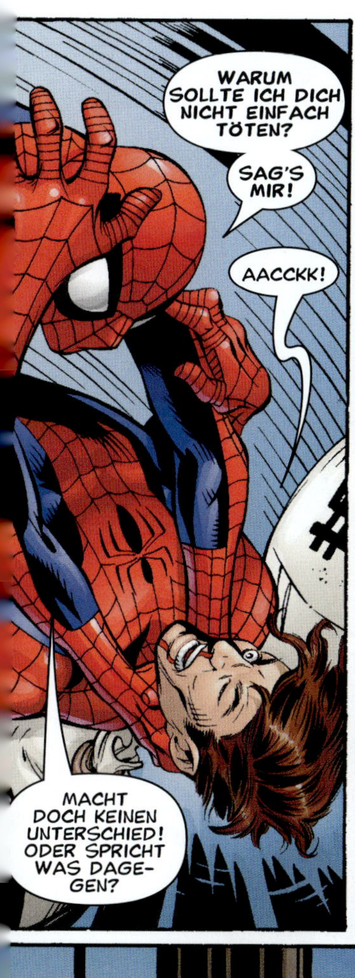
WARUM SOLLTE ICH DICH NICHT EINFACH TÖTEN?
SAG'S MIR!
AACCKK!
MACHT DOCH KEINEN UNTERSCHIED! ODER SPRICHT WAS DAGEGEN?

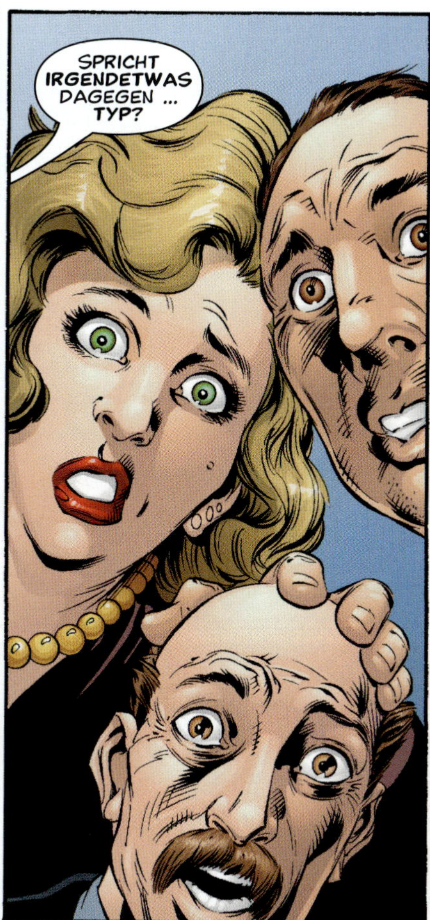
SPRICHT IRGENDETWAS DAGEGEN ... TYP?

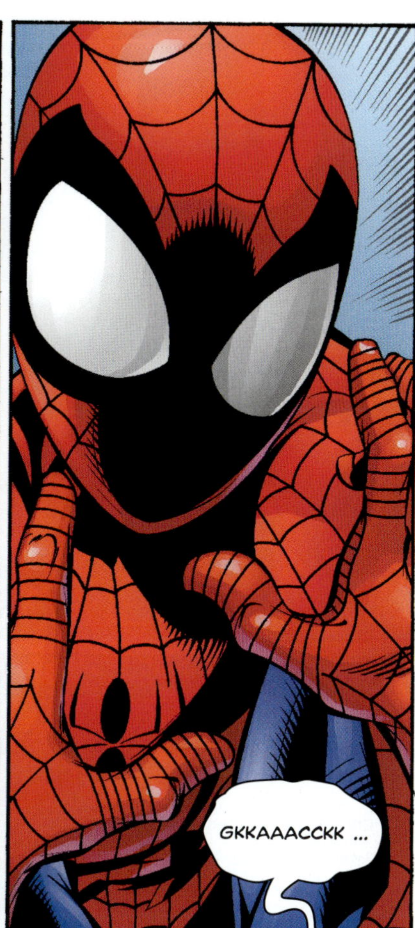
GKKAAACCKK ...

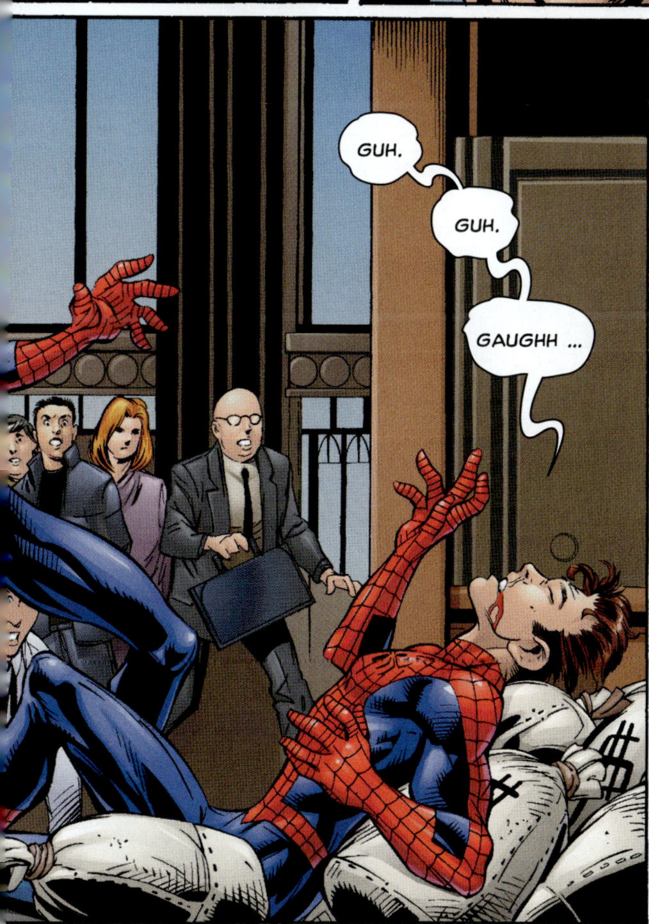
GUH.
GUH.
GAUGHH ...

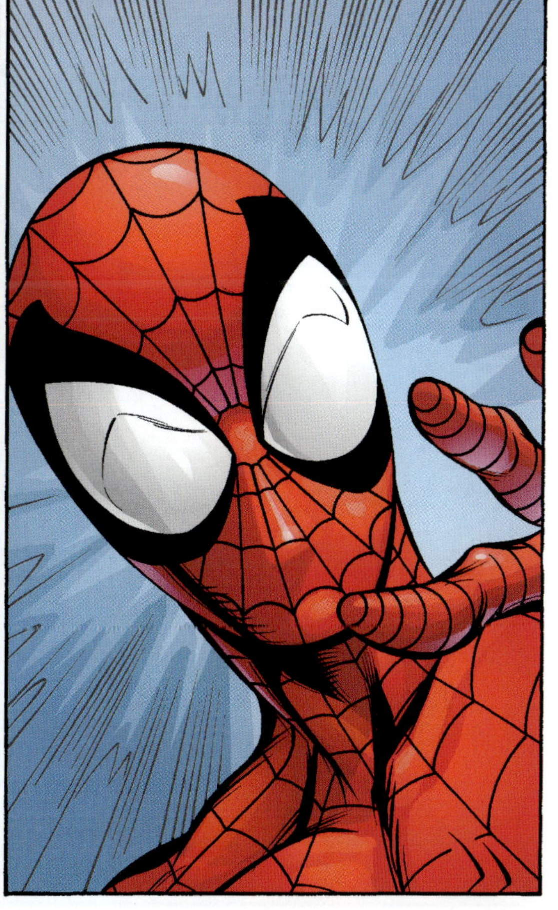

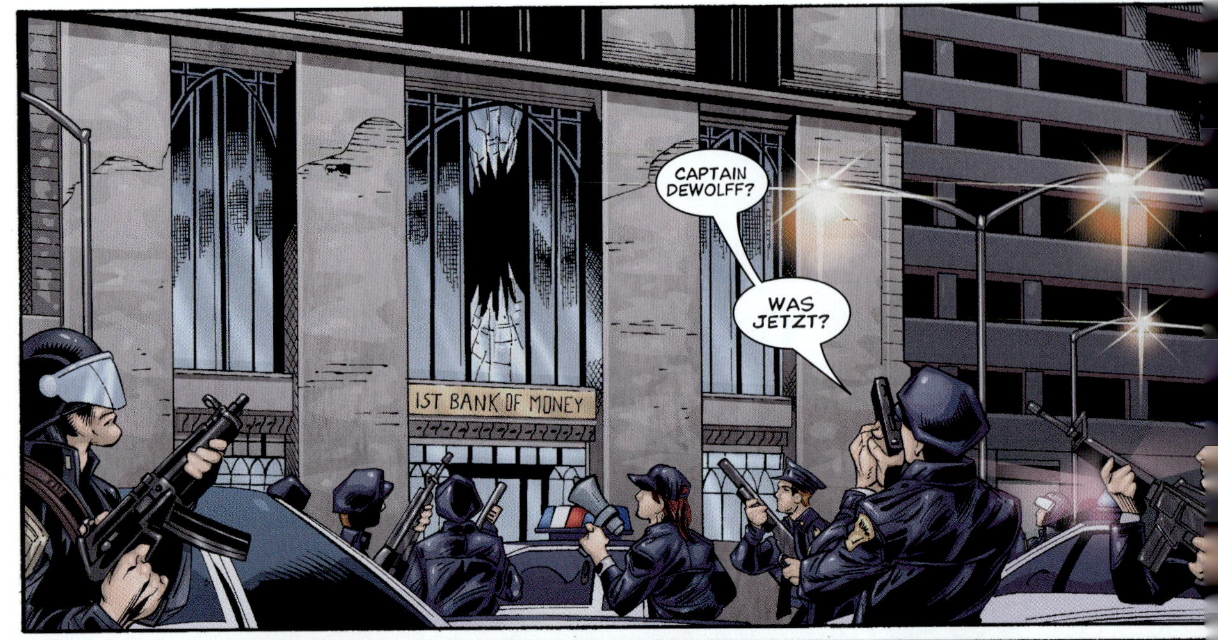

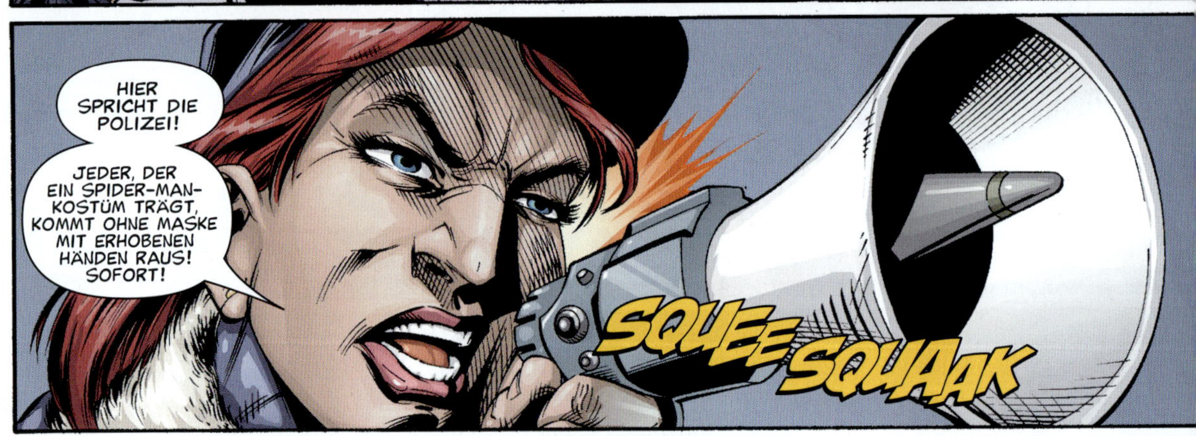

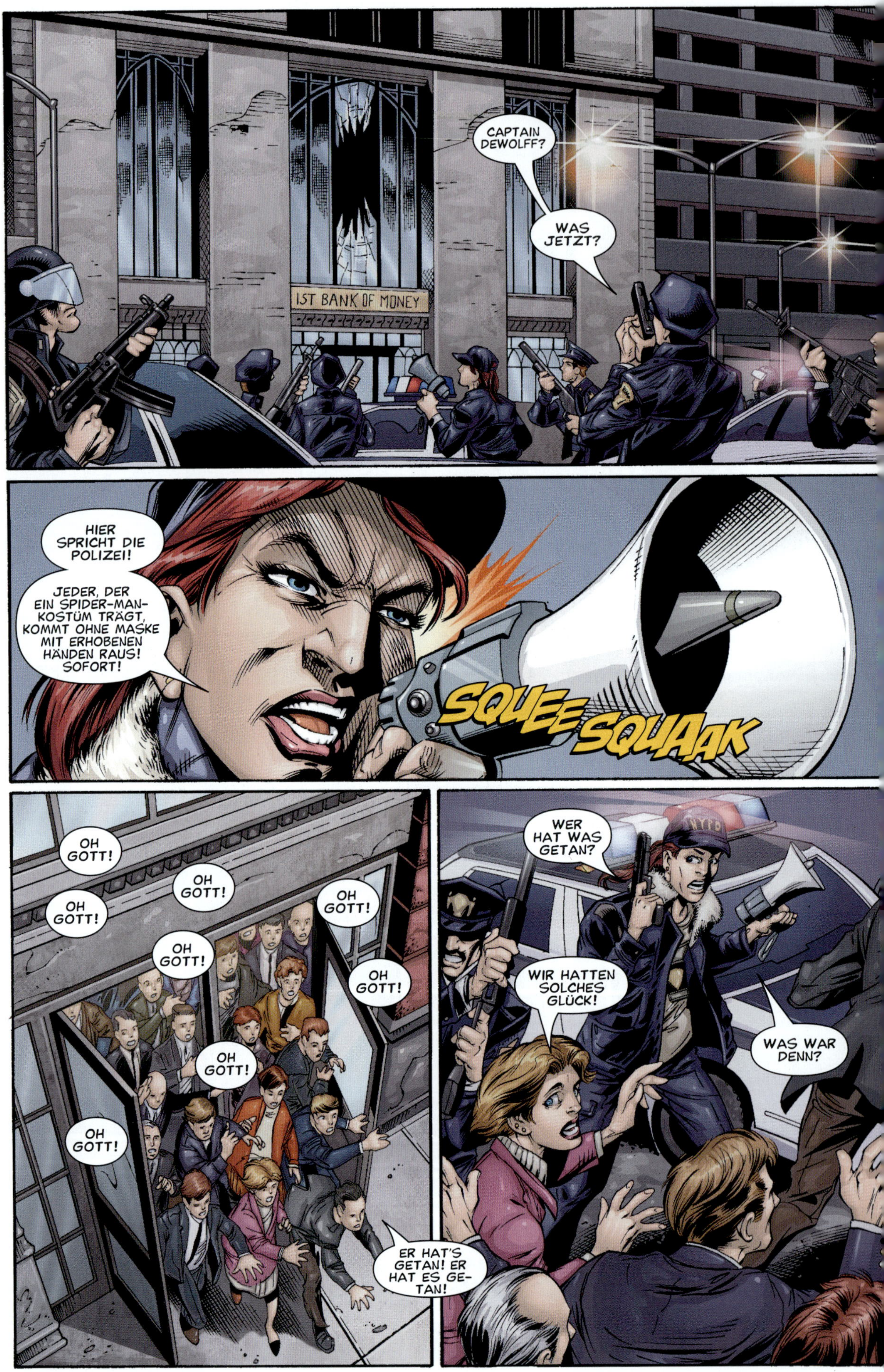

OH GOTT!
OH GOTT!
OH GOTT!
OH GOTT!
OH GOTT!
OH GOTT!
OH GOTT!
OH GOTT!
ER HAT'S GETAN! ER HAT ES GETAN!

NYPD
WER HAT WAS GETAN?
WIR HATTEN SOLCHES GLÜCK!
WAS WAR DENN?

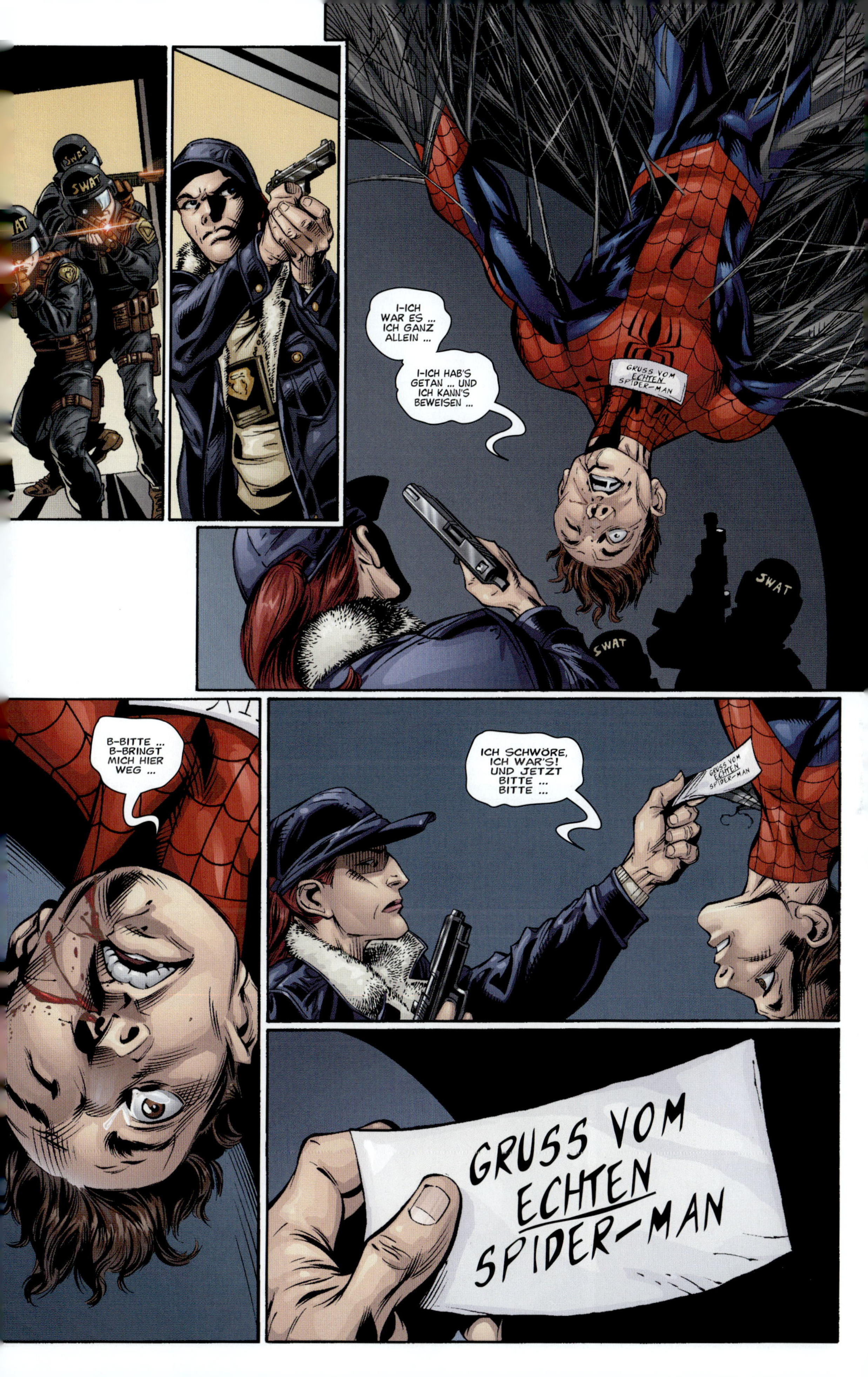

SWAT
SWAT
I-ICH WAR ES ... ICH GANZ ALLEIN ...
I-ICH HAB'S GETAN ... UND ICH KANN'S BEWEISEN ...
GRUSS VOM ECHTEN SPIDER-MAN
SWAT
SWAT

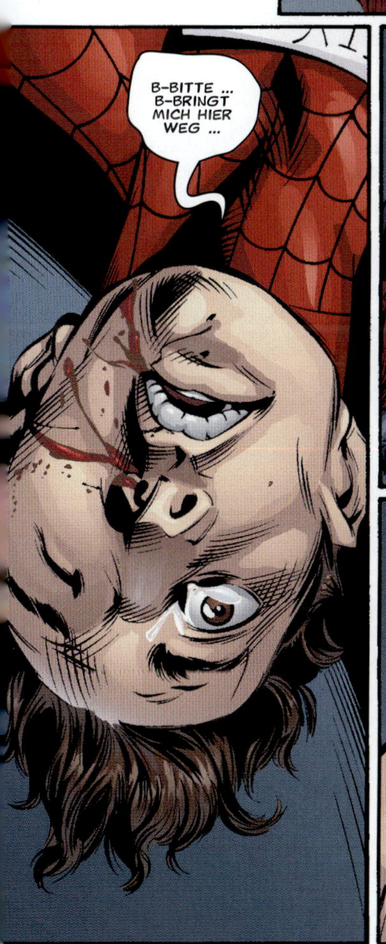

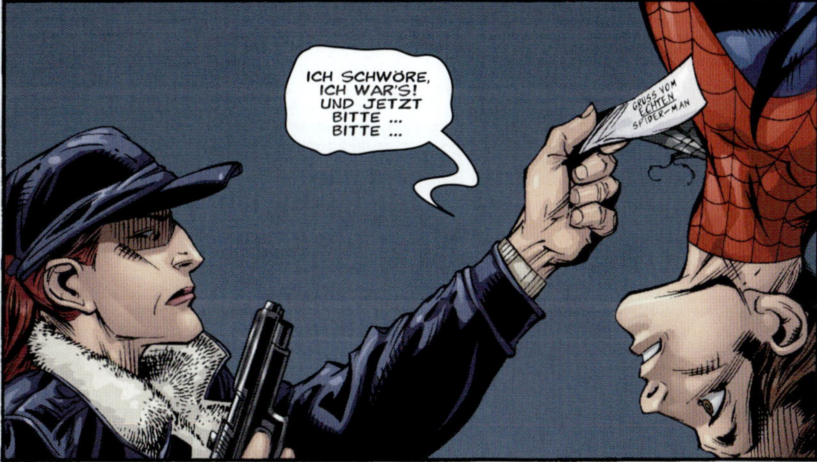

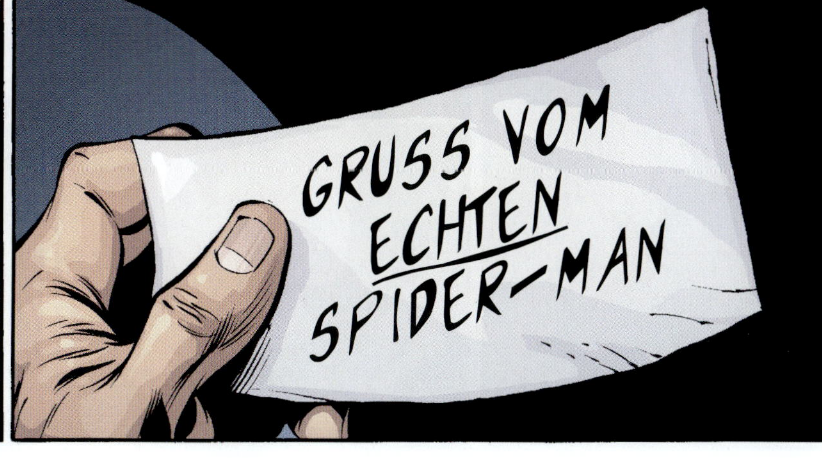

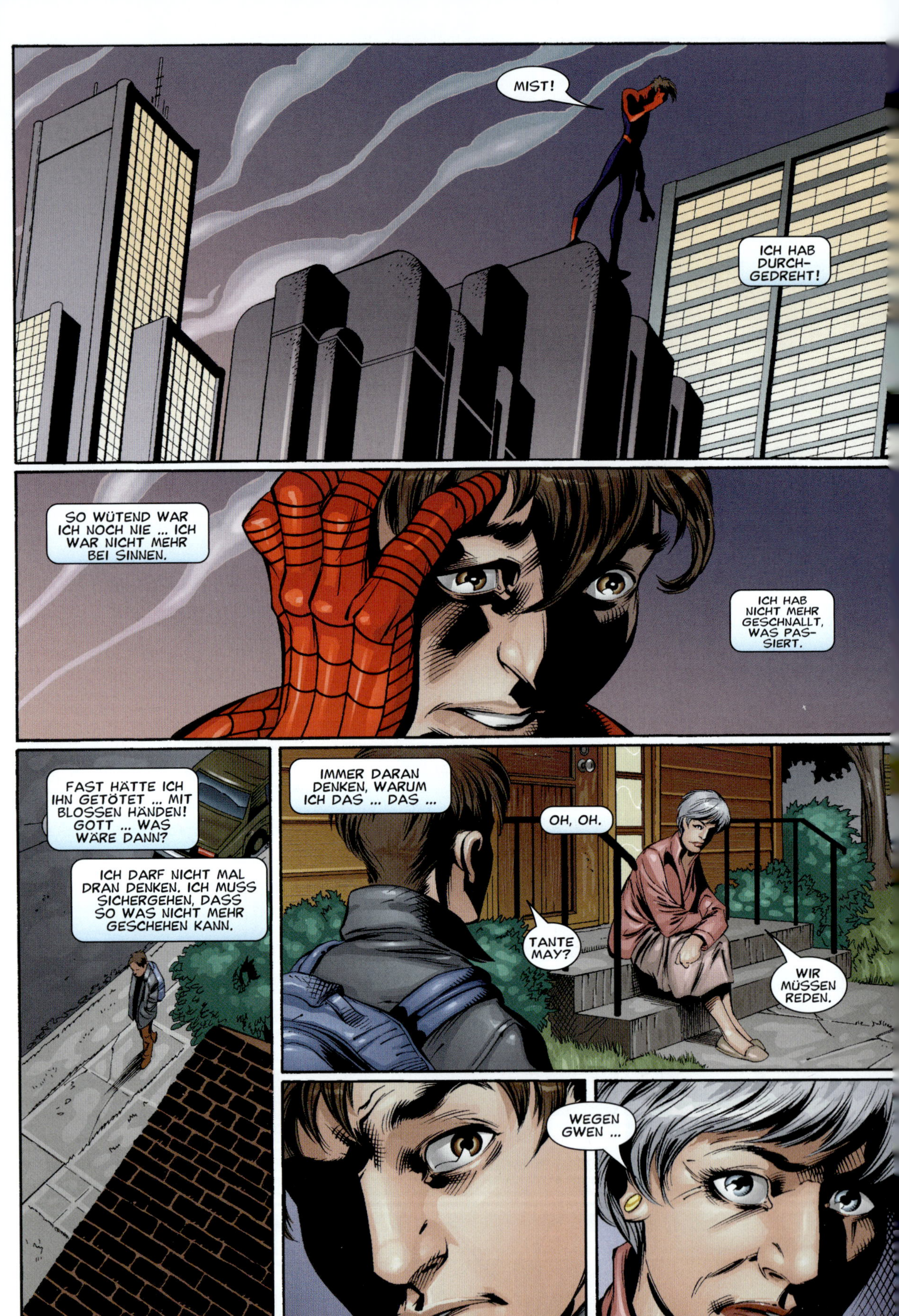
MIST!
ICH HAB DURCH-GEDREHT!
SO WÜTEND WAR ICH NOCH NIE ... ICH WAR NICHT MEHR BEI SINNEN.
ICH HAB NICHT MEHR GESCHNALLT, WAS PAS-SIERT.
FAST HÄTTE ICH IHN GETÖTET ... MIT BLOSSEN HÄNDEN! GOTT ... WAS WÄRE DANN?
ICH DARF NICHT MAL DRAN DENKEN. ICH MUSS SICHERGEHEN, DASS SO WAS NICHT MEHR GESCHEHEN KANN.
IMMER DARAN DENKEN, WARUM ICH DAS ... DAS ...
OH, OH.
TANTE MAY?
WIR MÜSSEN REDEN.
WEGEN GWEN ...

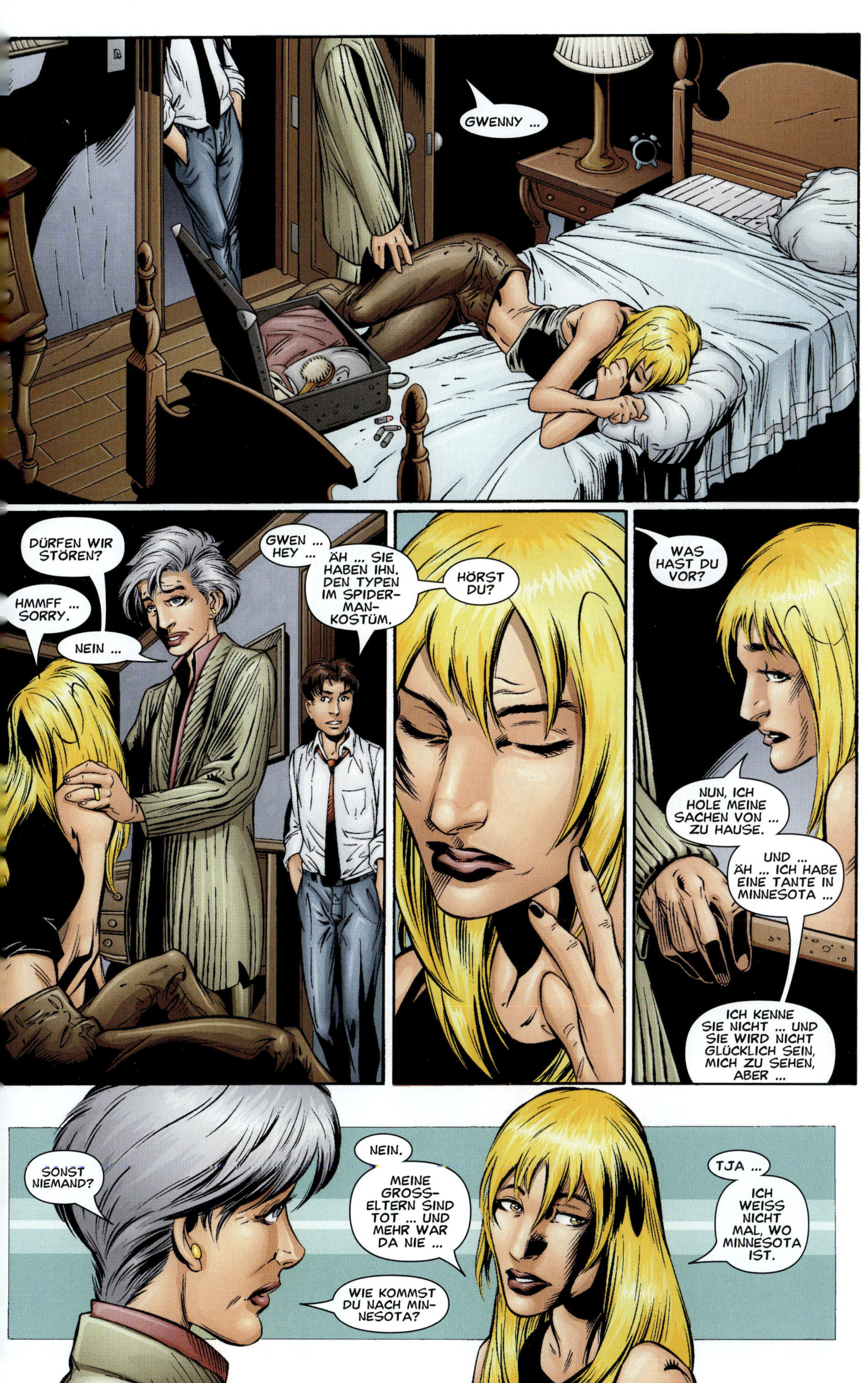
GWENNY ...
DÜRFEN WIR STÖREN?
HMMFF ... SORRY.
NEIN ...
GWEN ... HEY ...
ÄH ... SIE HABEN IHN. DEN TYPEN IM SPIDER-MAN-KOSTÜM.
HÖRST DU?
WAS HAST DU VOR?
NUN, ICH HOLE MEINE SACHEN VON ... ZU HAUSE.
UND ... ÄH ... ICH HABE EINE TANTE IN MINNESOTA ...
ICH KENNE SIE NICHT ... UND SIE WIRD NICHT GLÜCKLICH SEIN, MICH ZU SEHEN, ABER ...
SONST NIEMAND?
NEIN.
MEINE GROSS-ELTERN SIND TOT ... UND MEHR WAR DA NIE ...
WIE KOMMST DU NACH MIN-NESOTA?
TJA ...
ICH WEISS NICHT MAL, WO MINNESOTA IST.

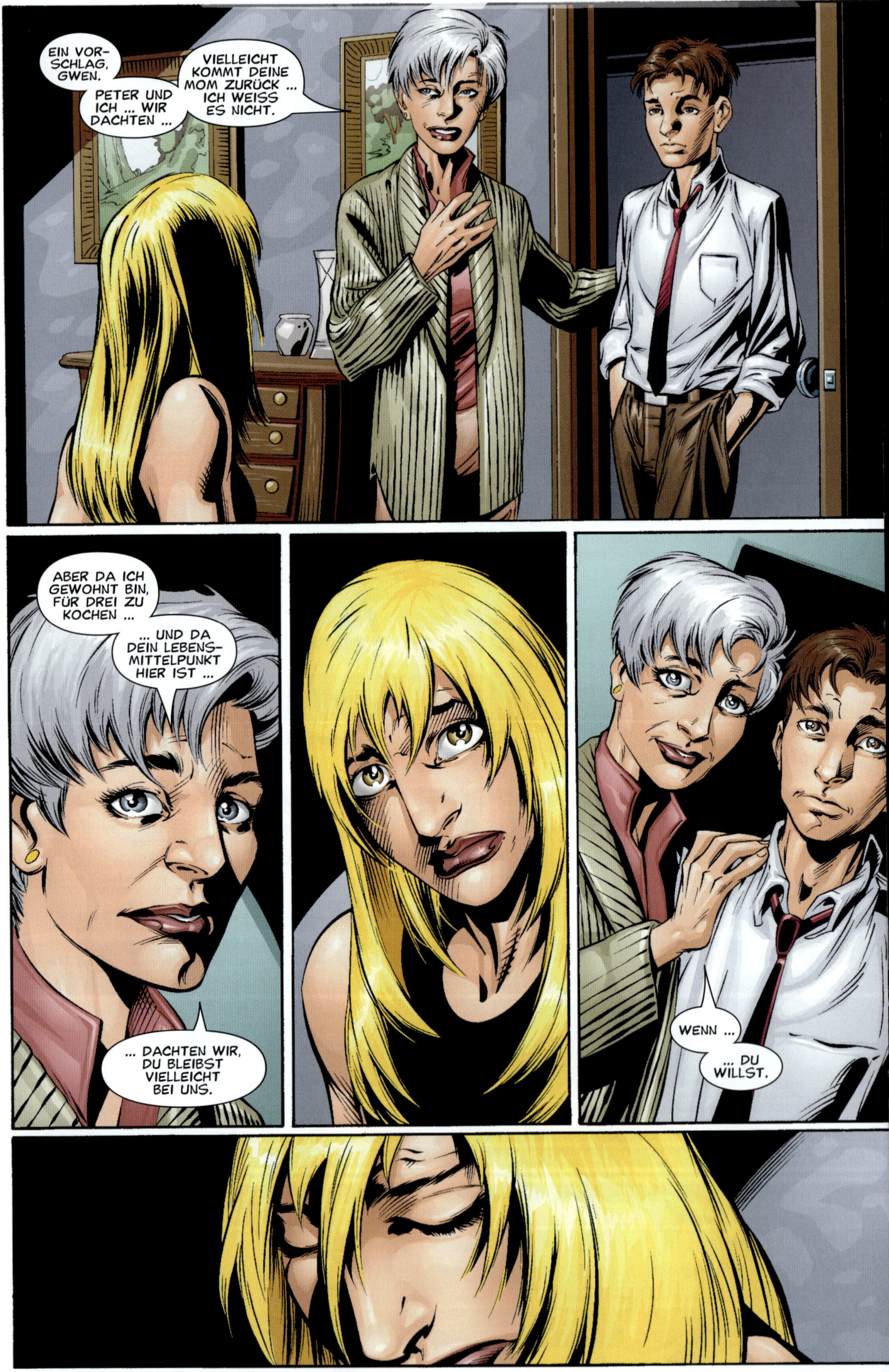

EIN VORSCHLAG, GWEN.
PETER UND ICH ... WIR DACHTEN ...
VIELLEICHT KOMMT DEINE MOM ZURÜCK ... ICH WEISS ES NICHT.

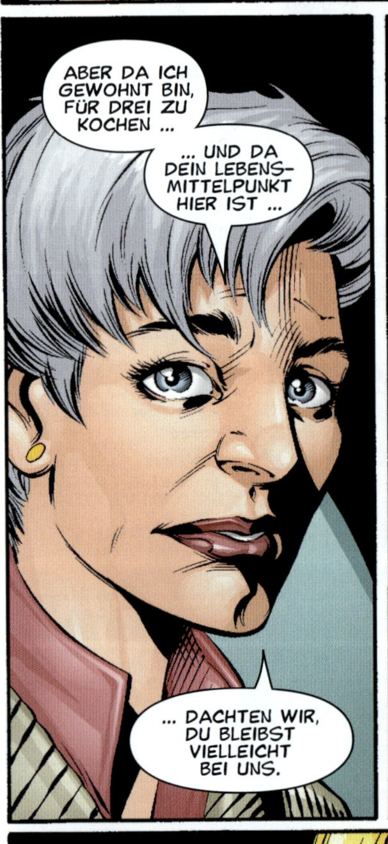

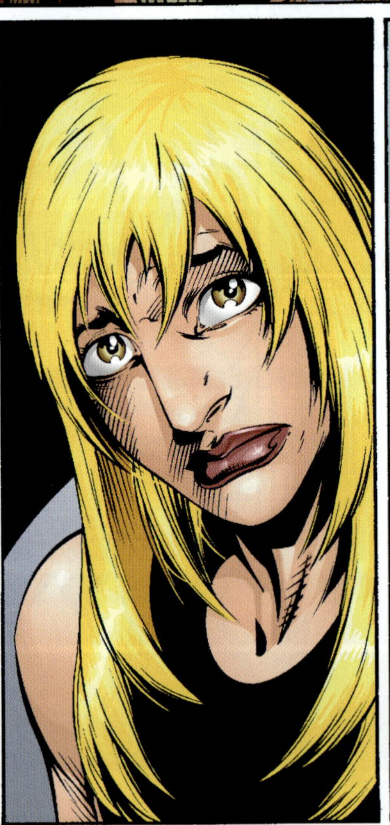

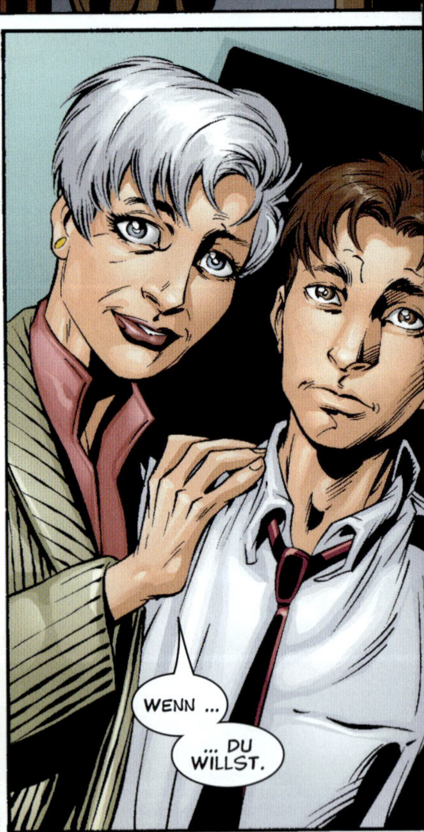

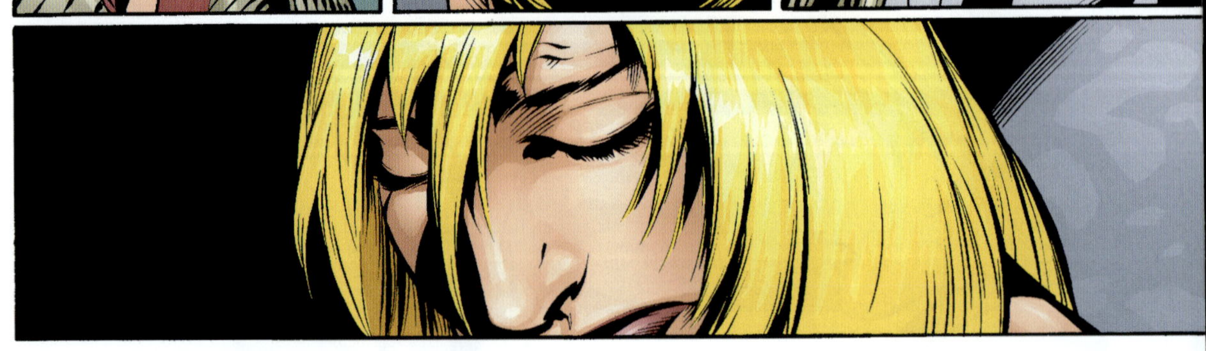

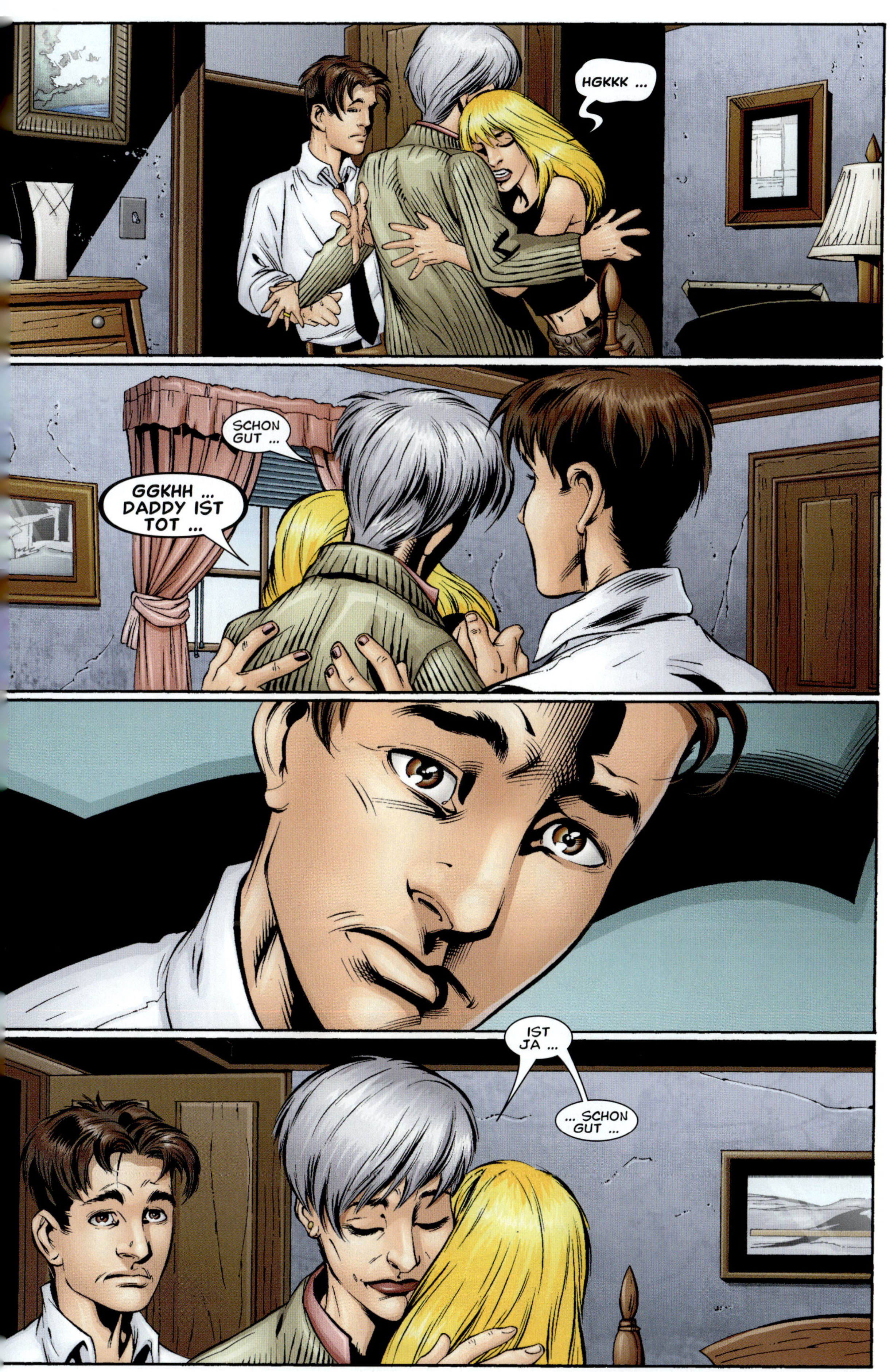
HGKKK ...
SCHON GUT ...
GGKHH ... DADDY IST TOT ...
IST JA ...
... SCHON GUT ...

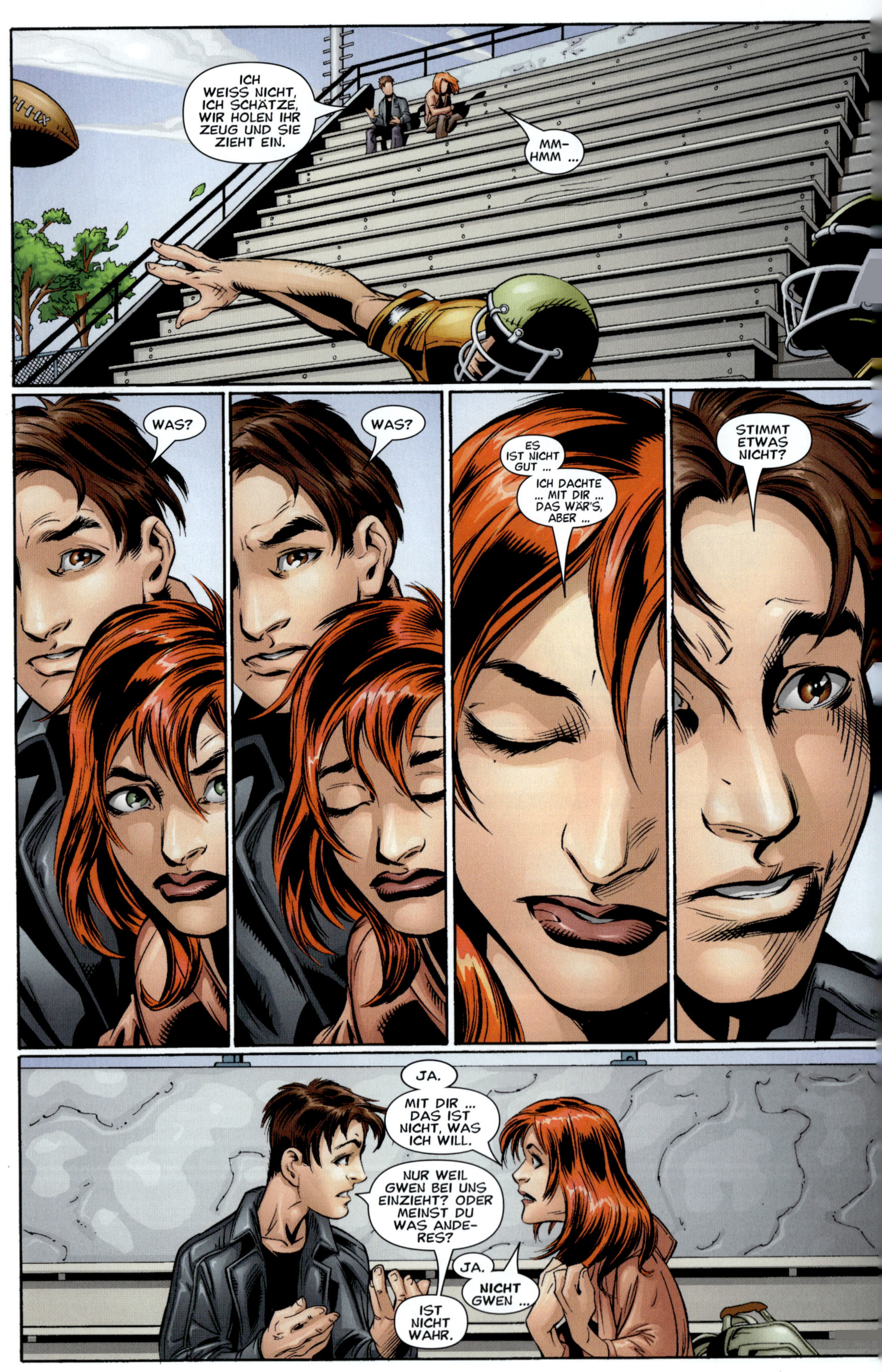
ICH WEISS NICHT, ICH SCHÄTZE, WIR HOLEN IHR ZEUG UND SIE ZIEHT EIN.
MM-HMM ...
WAS?
WAS?
ES IST NICHT GUT ...
ICH DACHTE ... MIT DIR ... DAS WÄR'S, ABER ...
STIMMT ETWAS NICHT?
JA.
MIT DIR ... DAS IST NICHT, WAS ICH WILL.
NUR WEIL GWEN BEI UNS EINZIEHT? ODER MEINST DU WAS ANDE-RES?
JA.
NICHT GWEN ...
IST NICHT WAHR.

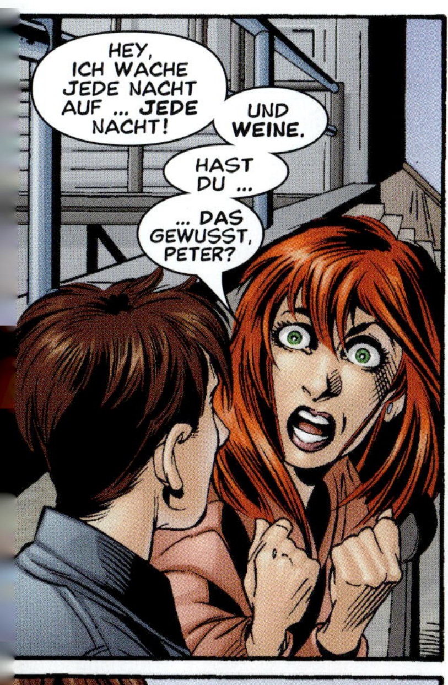
HEY, ICH WACHE JEDE NACHT AUF ... JEDE NACHT!
UND WEINE.
HAST DU ...
... DAS GEWUSST, PETER?

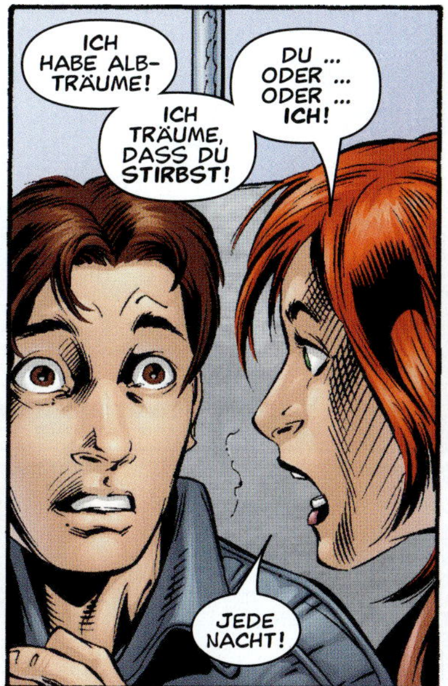
ICH HABE ALB-TRÄUME!
ICH TRÄUME, DASS DU STIRBST!
DU ... ODER ... ODER ... ICH!
JEDE NACHT!

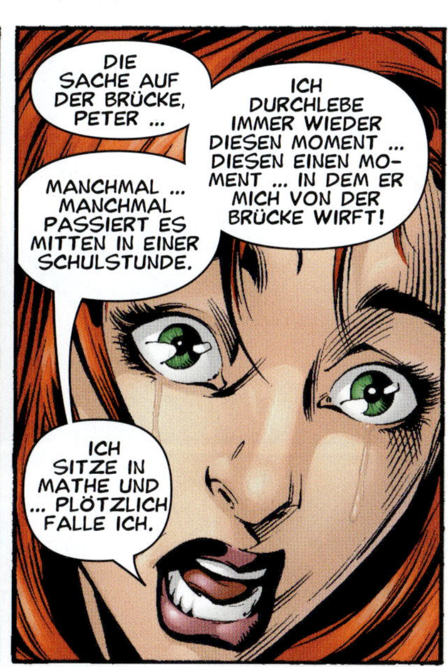
DIE SACHE AUF DER BRÜCKE, PETER ...
ICH DURCHLEBE IMMER WIEDER DIESEN MOMENT ... DIESEN EINEN MO-MENT ... IN DEM ER MICH VON DER BRÜCKE WIRFT!
MANCHMAL ... MANCHMAL PASSIERT ES MITTEN IN EINER SCHULSTUNDE.
ICH SITZE IN MATHE UND ... PLÖTZLICH FALLE ICH.

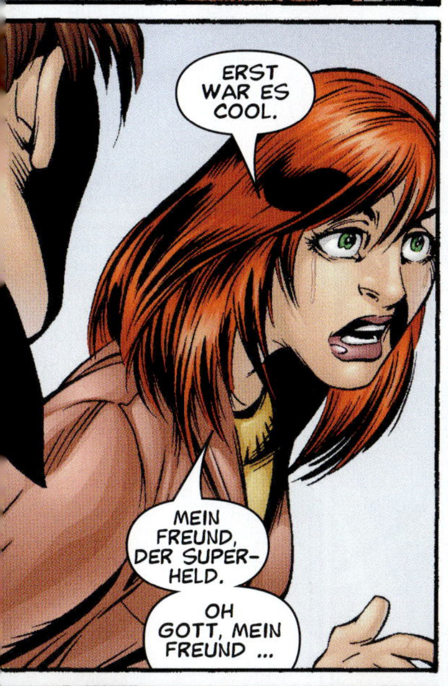
ERST WAR ES COOL.
MEIN FREUND, DER SUPER-HELD.
OH GOTT, MEIN FREUND ...

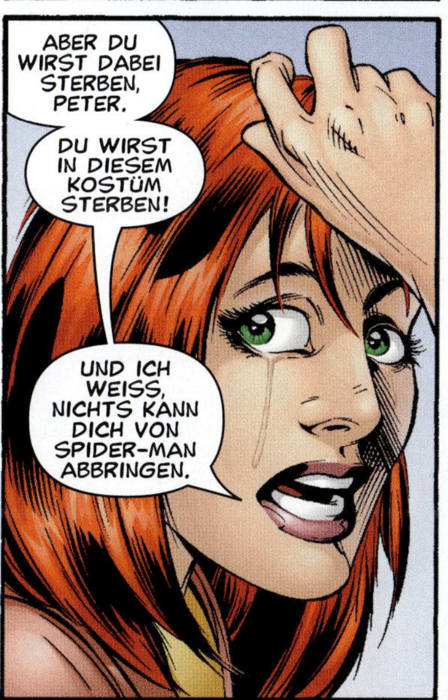
ABER DU WIRST DABEI STERBEN, PETER.
DU WIRST IN DIESEM KOSTÜM STERBEN!
UND ICH WEISS, NICHTS KANN DICH VON SPIDER-MAN ABBRINGEN.

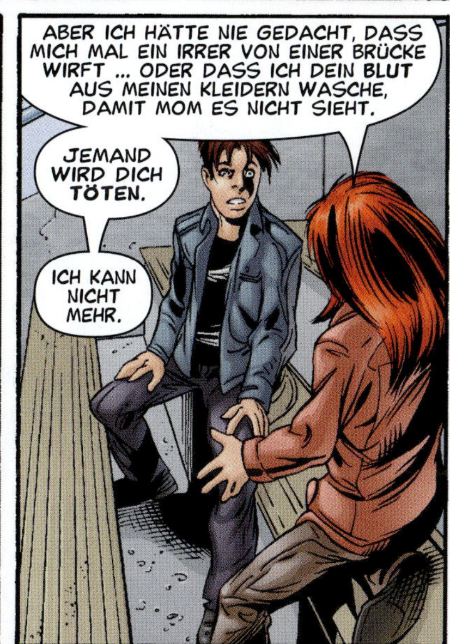
ABER ICH HÄTTE NIE GEDACHT, DASS MICH MAL EIN IRRER VON EINER BRÜCKE WIRFT ... ODER DASS ICH DEIN BLUT AUS MEINEN KLEIDERN WASCHE, DAMIT MOM ES NICHT SIEHT.
JEMAND WIRD DICH TÖTEN.
ICH KANN NICHT MEHR.

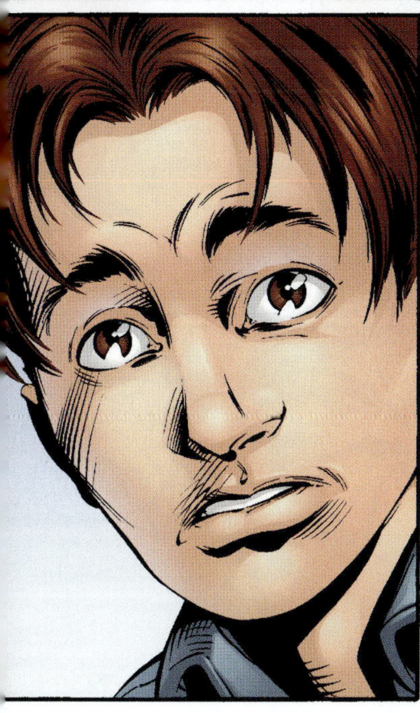

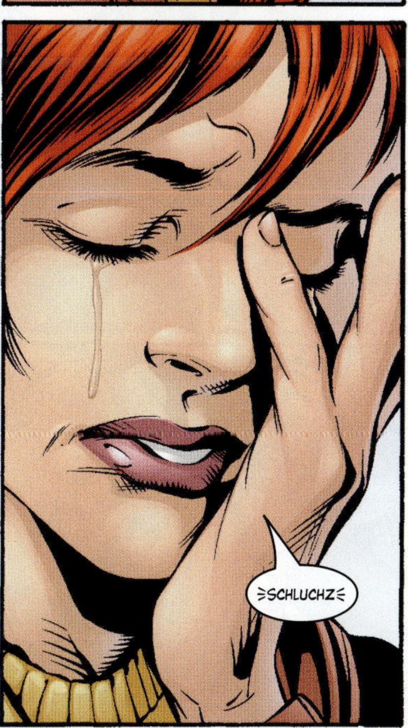
SCHLUCHZ

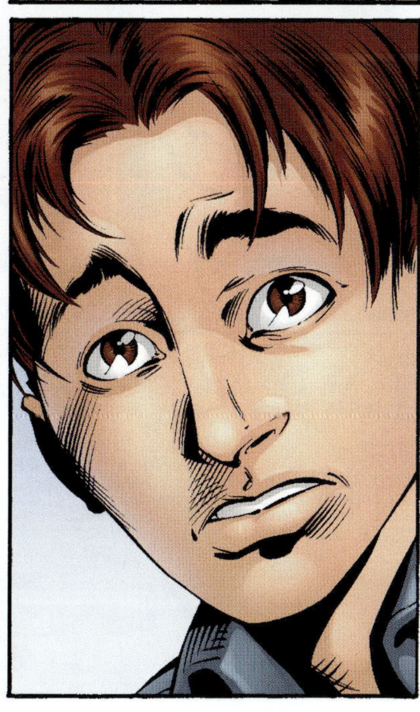

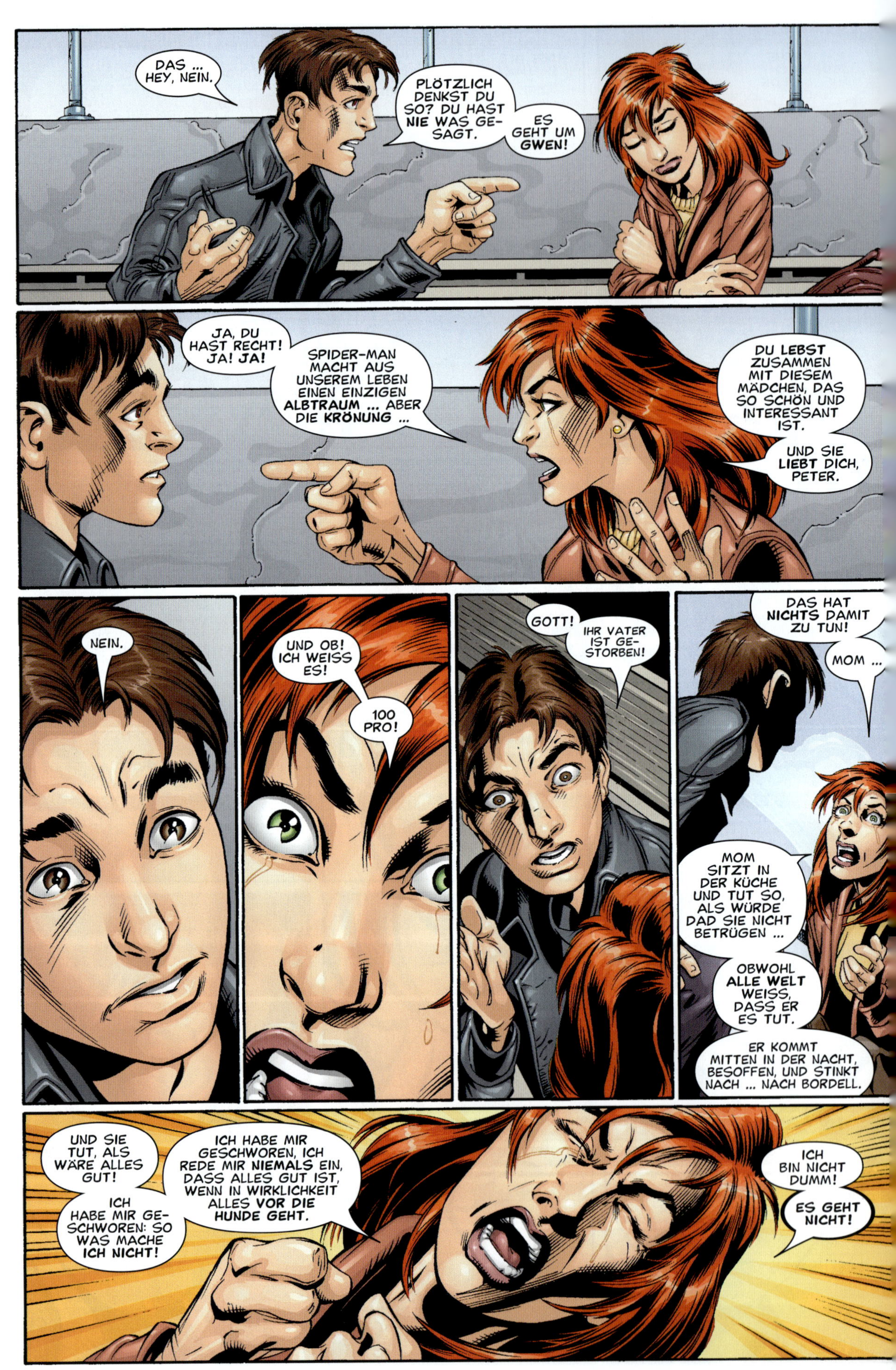

DAS ... HEY, NEIN.
PLÖTZLICH DENKST DU SO? DU HAST NIE WAS GESAGT.
ES GEHT UM GWEN!
JA, DU HAST RECHT! JA! JA!
SPIDER-MAN MACHT AUS UNSEREM LEBEN EINEN EINZIGEN ALBTRAUM ... ABER DIE KRÖNUNG ...
DU LEBST ZUSAMMEN MIT DIESEM MÄDCHEN, DAS SO SCHÖN UND INTERESSANT IST.
UND SIE LIEBT DICH, PETER.
NEIN.
UND OB! ICH WEISS ES!
100 PRO!
GOTT!
IHR VATER IST GESTORBEN!
DAS HAT NICHTS DAMIT ZU TUN!
MOM ...
MOM SITZT IN DER KÜCHE UND TUT SO, ALS WÜRDE DAD SIE NICHT BETRÜGEN ...
OBWOHL ALLE WELT WEISS, DASS ER ES TUT.
ER KOMMT MITTEN IN DER NACHT, BESOFFEN, UND STINKT NACH ... NACH BORDELL.
UND SIE TUT, ALS WÄRE ALLES GUT!
ICH HABE MIR GESCHWOREN: SO WAS MACHE ICH NICHT!
ICH HABE MIR GESCHWOREN, ICH REDE MIR NIEMALS EIN, DASS ALLES GUT IST, WENN IN WIRKLICHKEIT ALLES VOR DIE HUNDE GEHT.
ICH BIN NICHT DUMM!
ES GEHT NICHT!

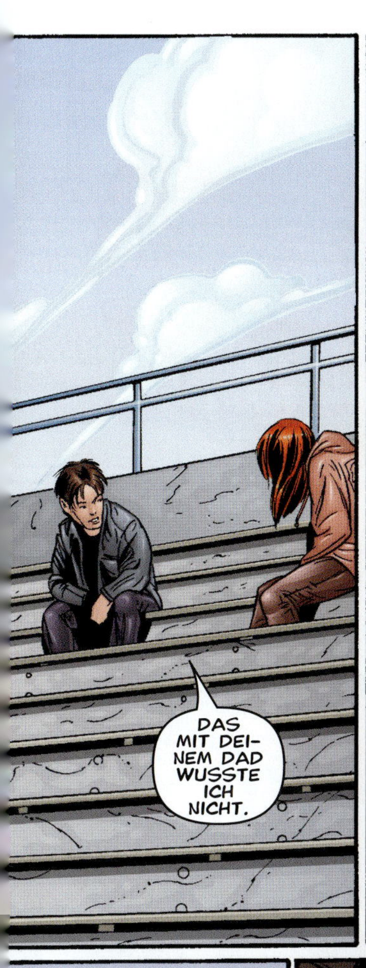
DAS MIT DEINEM DAD WUSSTE ICH NICHT.

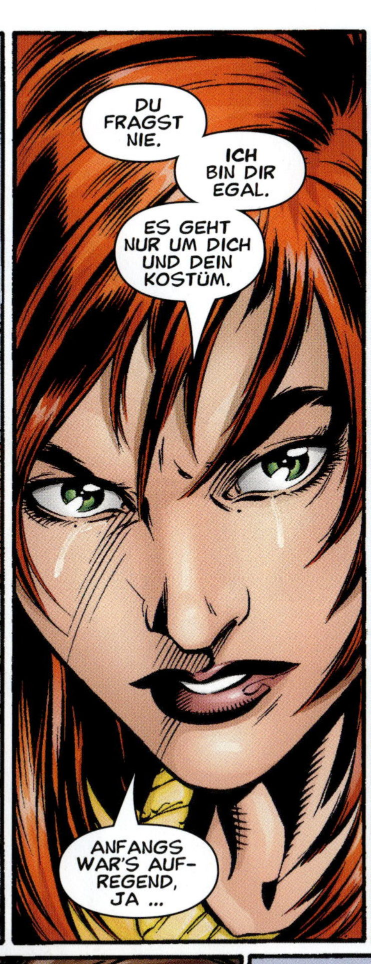
DU FRAGST NIE.
ICH BIN DIR EGAL.
ES GEHT NUR UM DICH UND DEIN KOSTÜM.
ANFANGS WAR'S AUFREGEND, JA ...

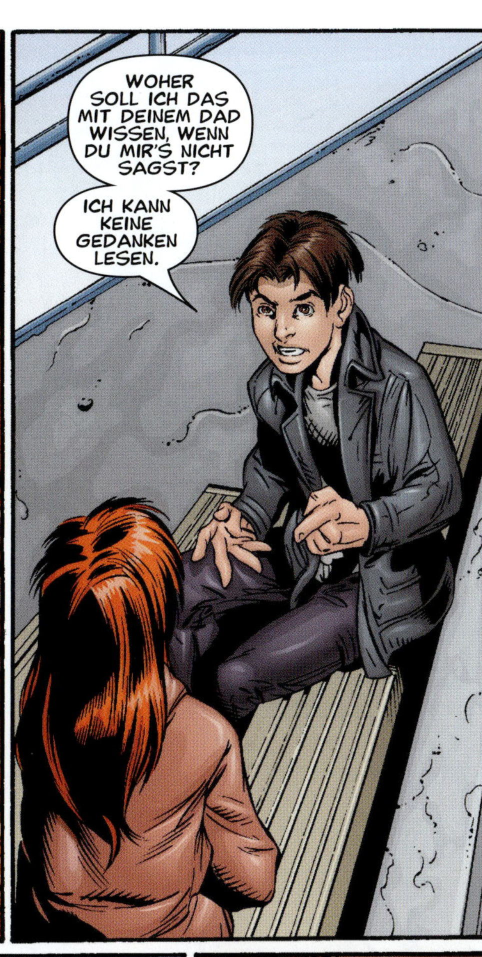
WOHER SOLL ICH DAS MIT DEINEM DAD WISSEN, WENN DU MIR'S NICHT SAGST?
ICH KANN KEINE GEDANKEN LESEN.

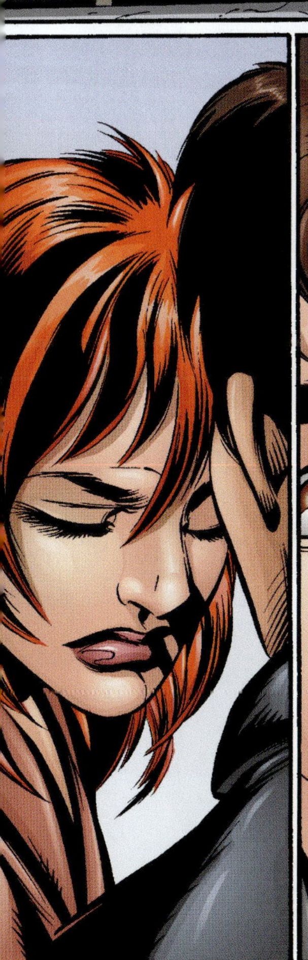

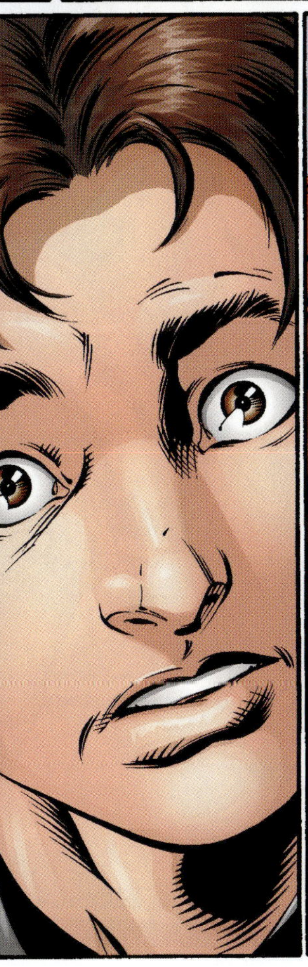

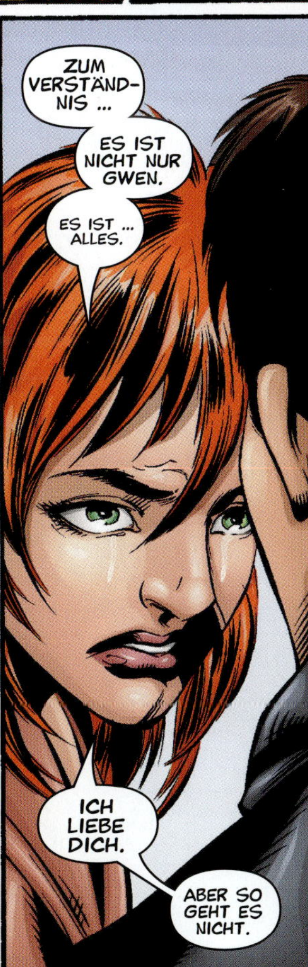
ZUM VERSTÄNDNIS ...
ES IST NICHT NUR GWEN.
ES IST ... ALLES.
ICH LIEBE DICH.
ABER SO GEHT ES NICHT.

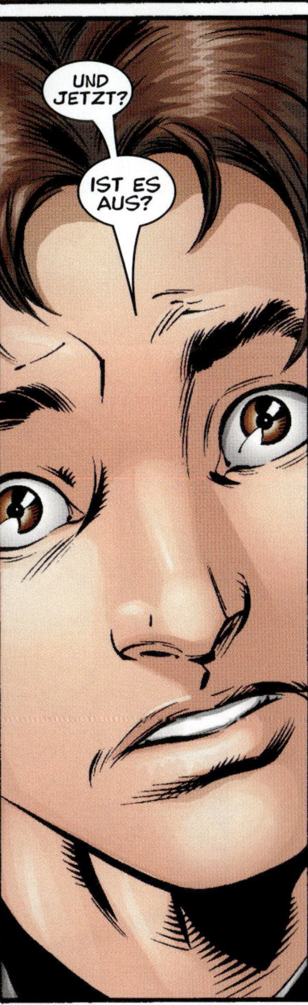
UND JETZT?
IST ES AUS?

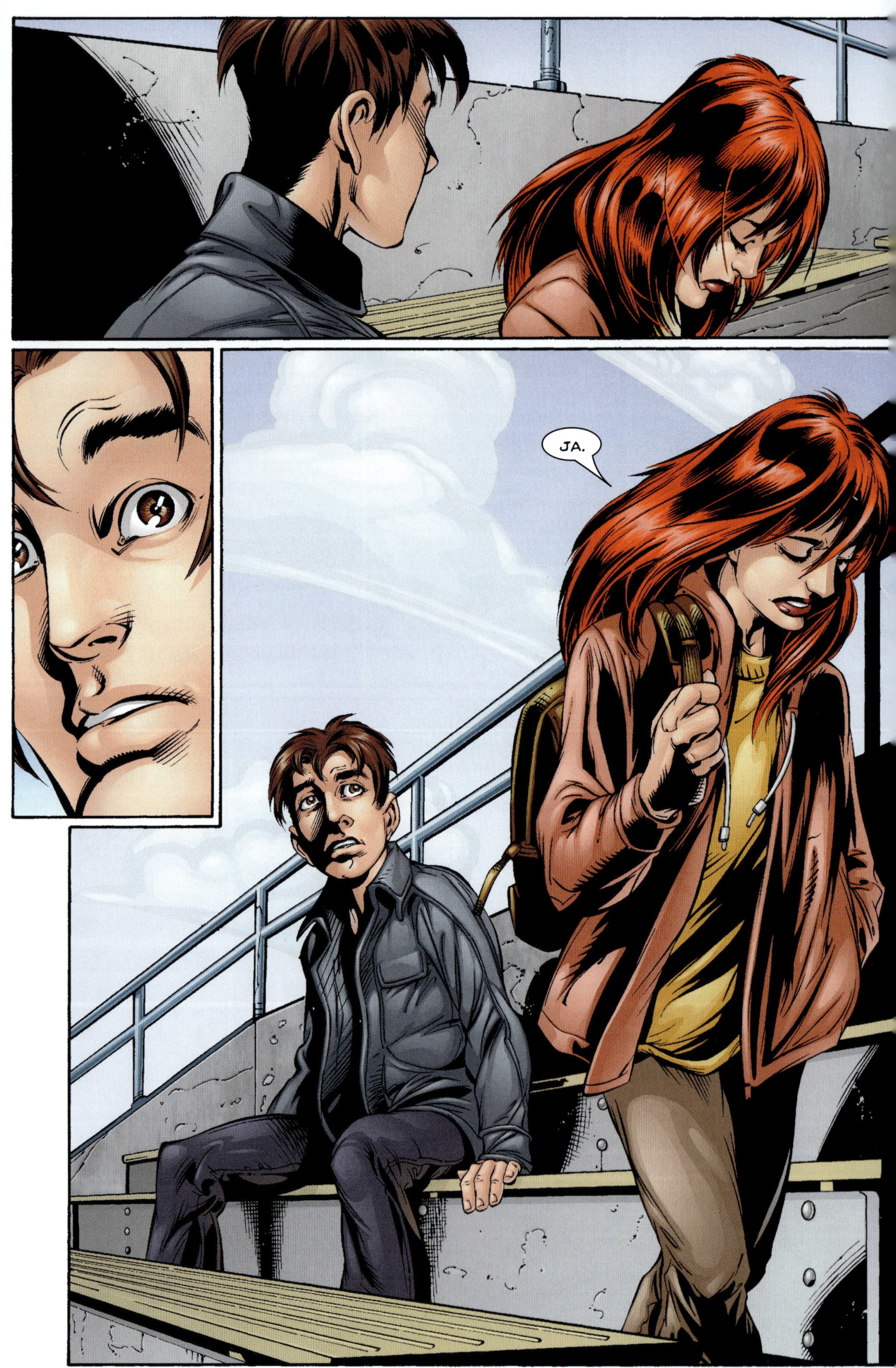
JA.
ENDE

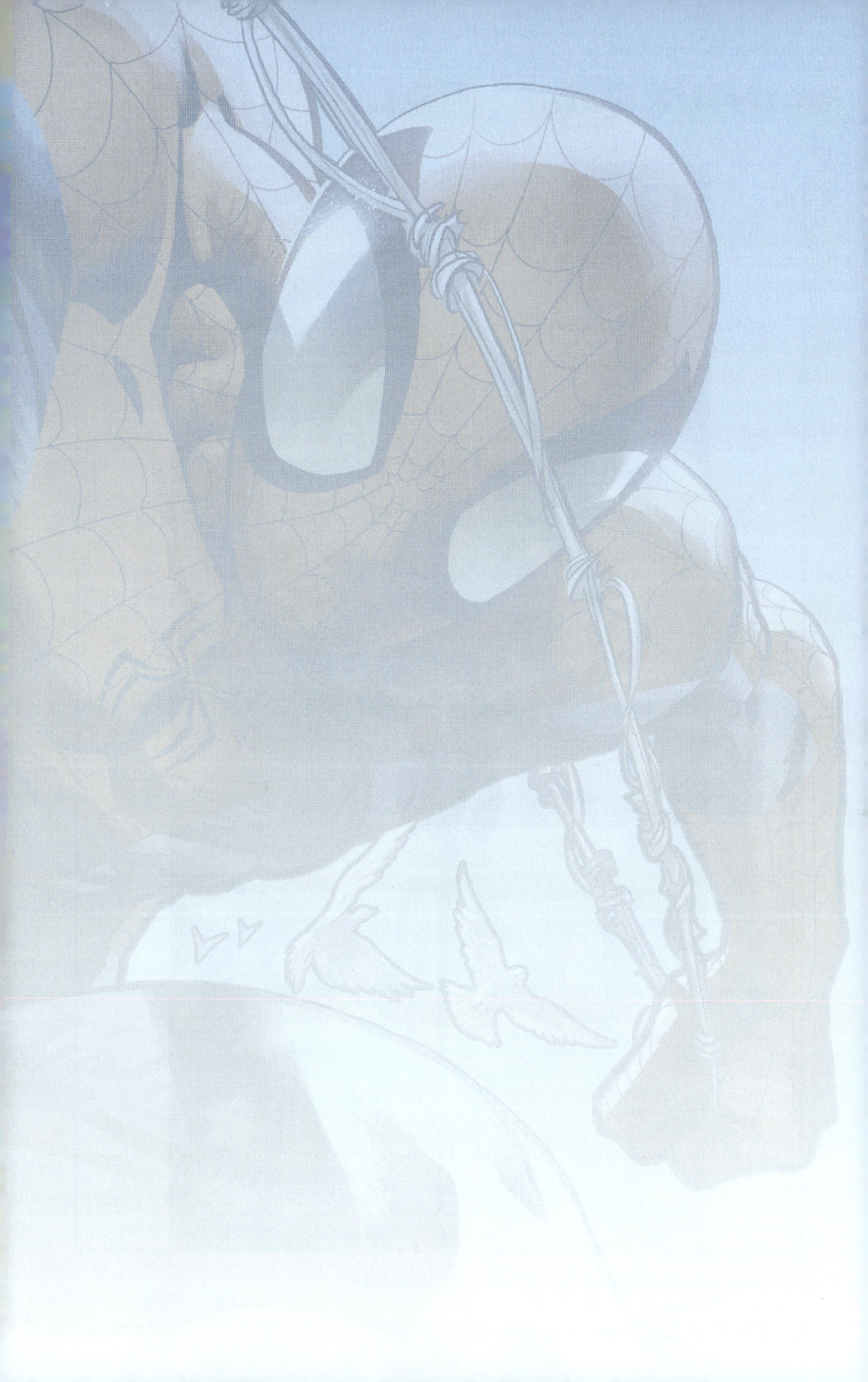

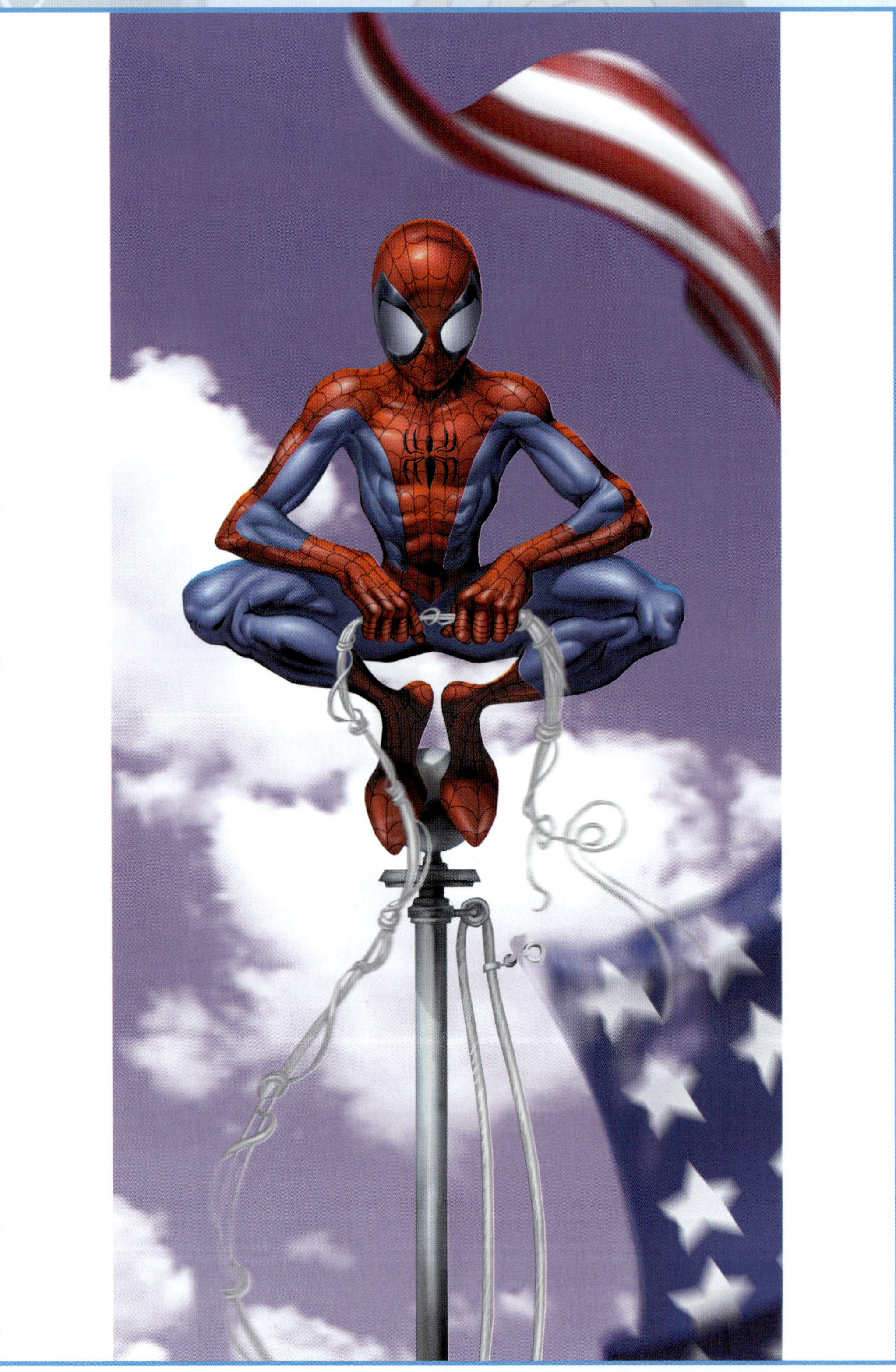

Cover von **Mark Bagley** für *Ultimate Spider-Man* #28

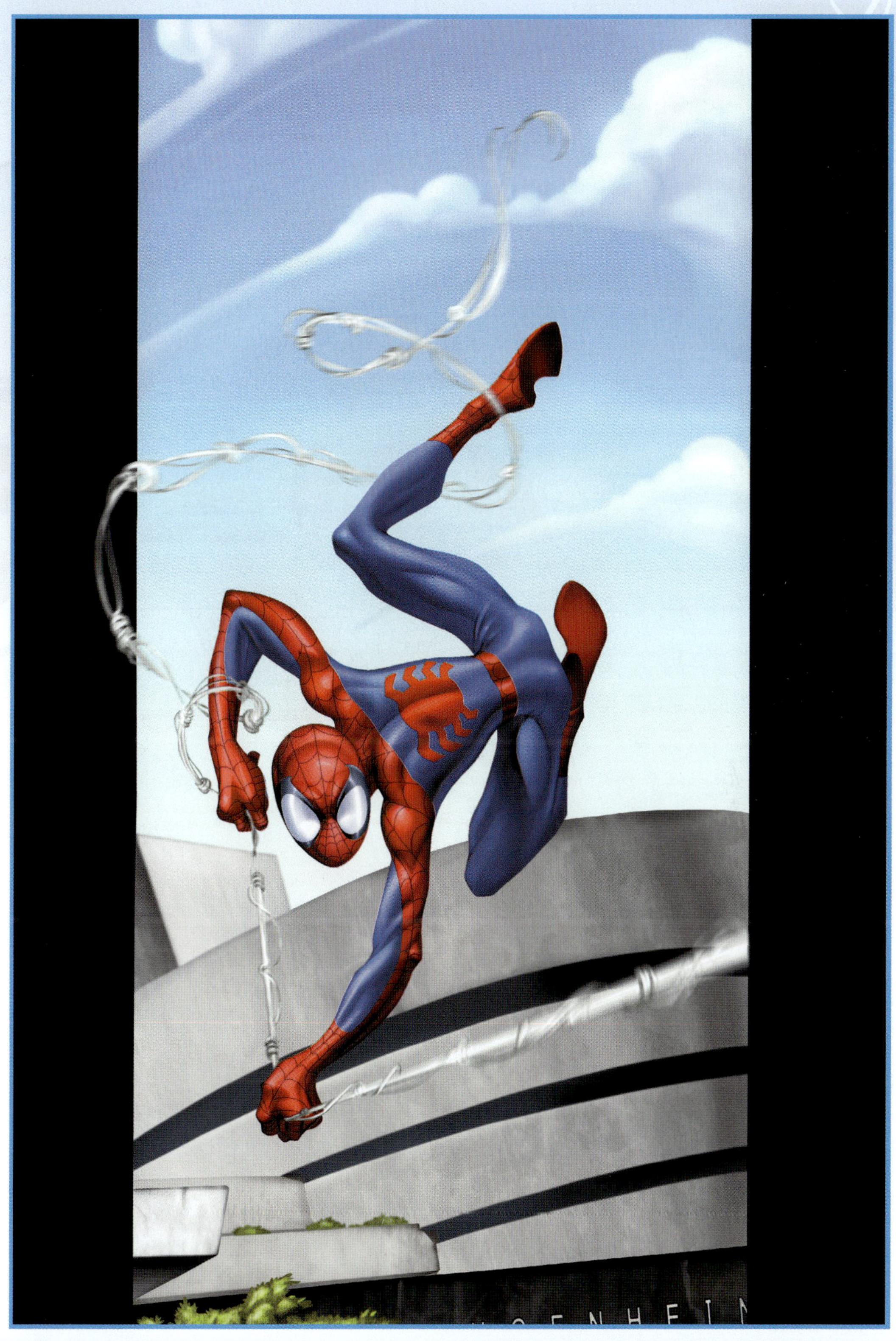

Cover von **Mark Bagley** für *Ultimate Spider-Man* #29

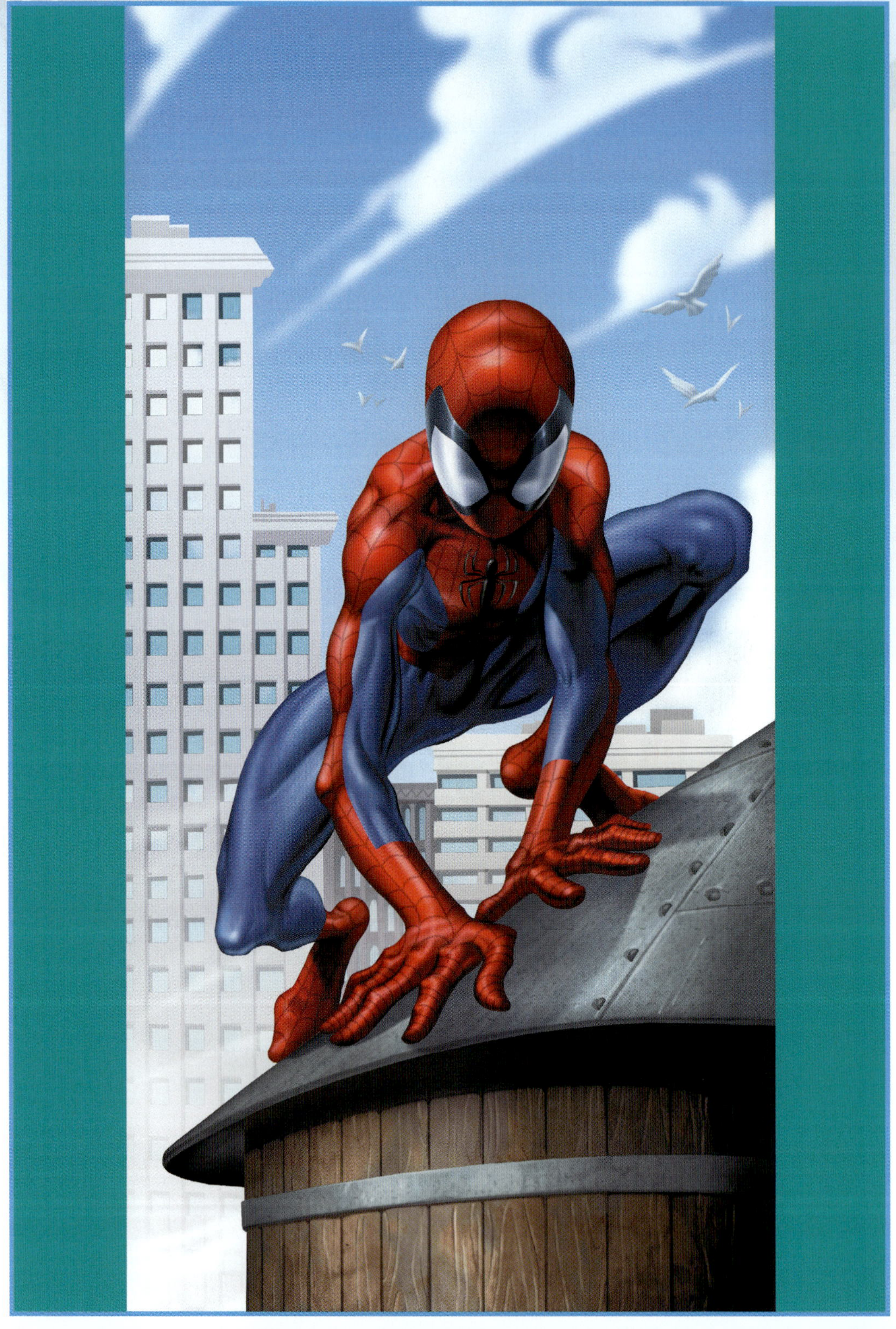

Cover von **Mark Bagley** für *Ultimate Spider-Man* #30

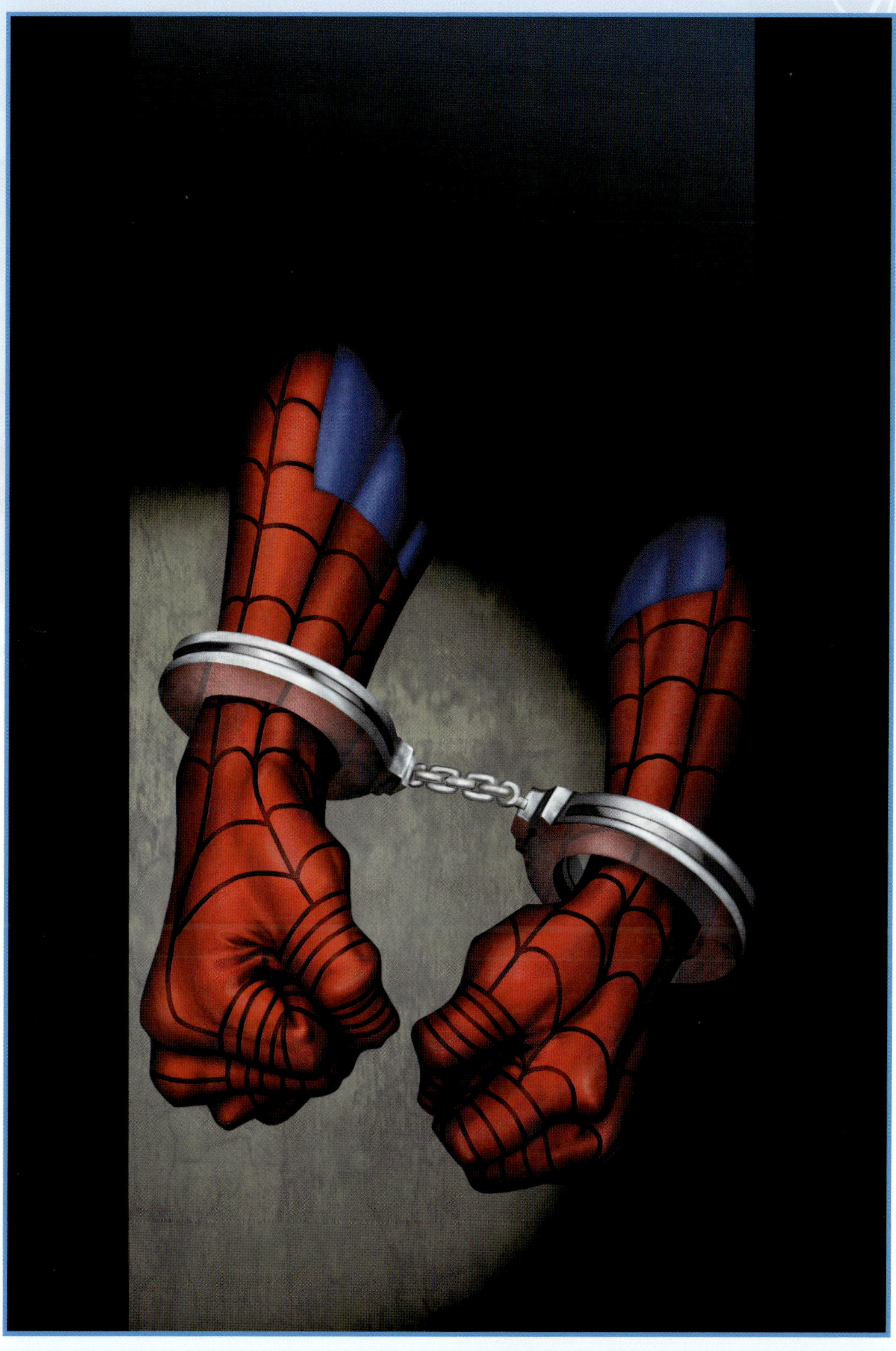

Cover von **Mark Bagley** für *Ultimate Spider-Man* #31

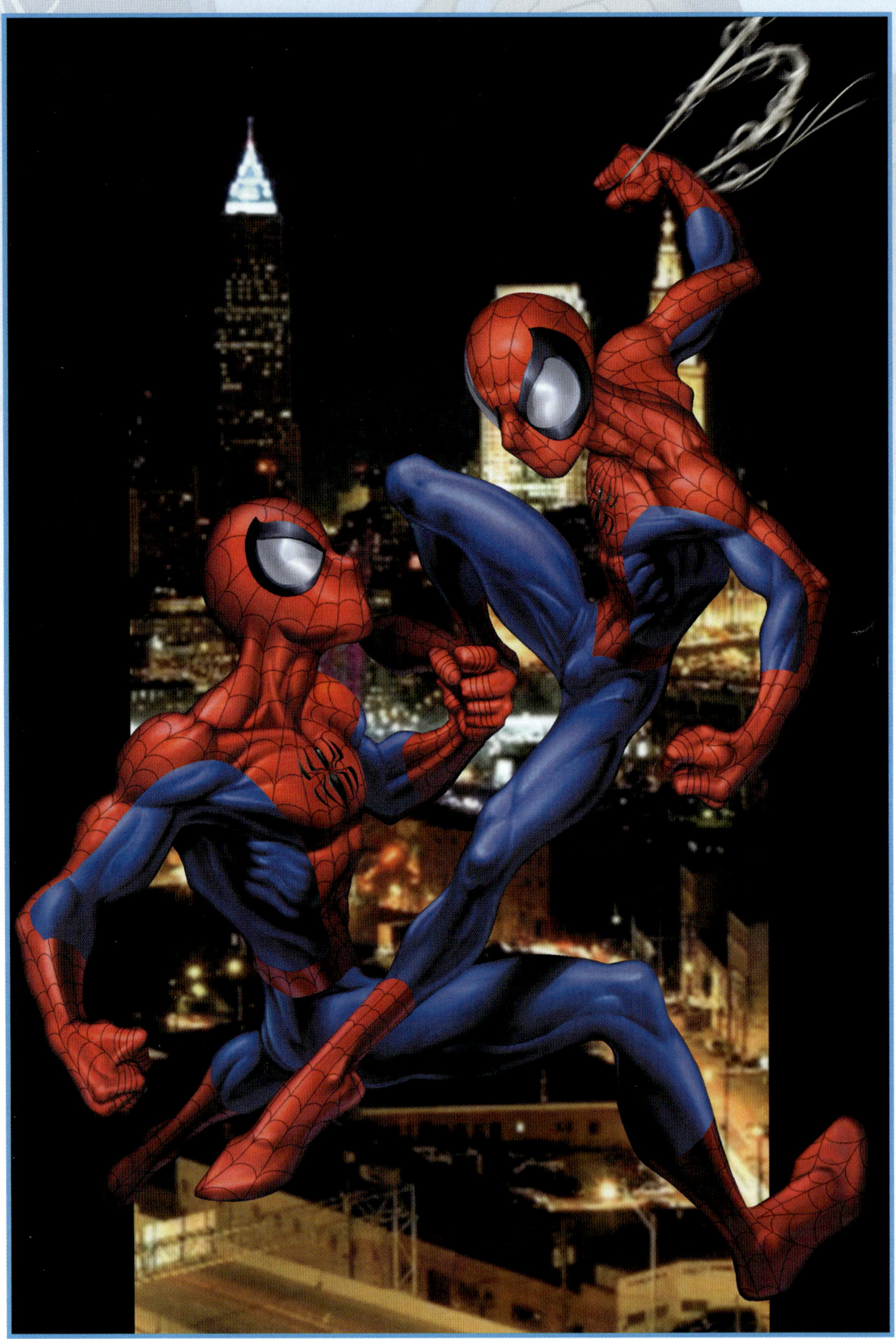

Cover von **Mark Bagley** für *Ultimate Spider-Man* #32

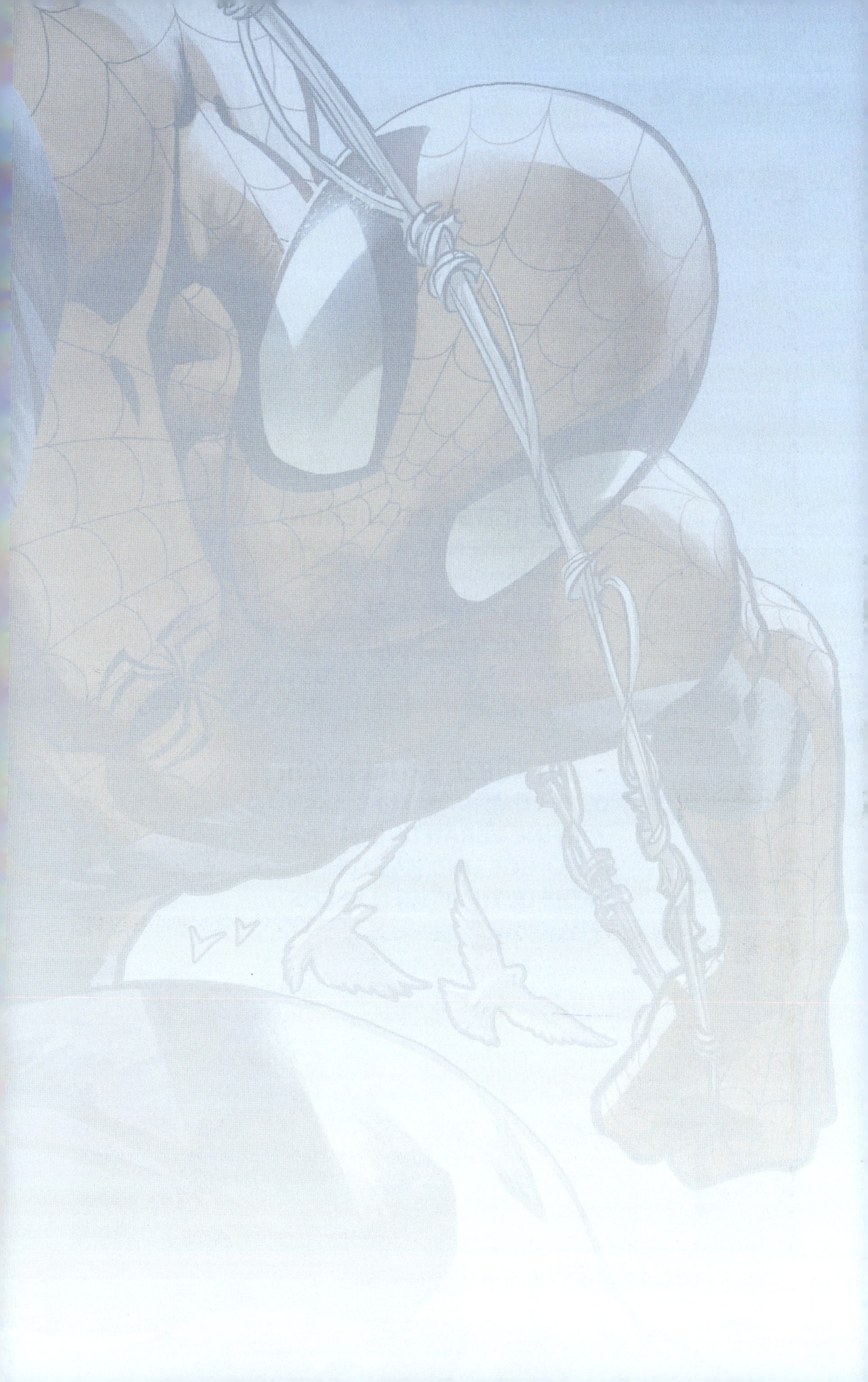

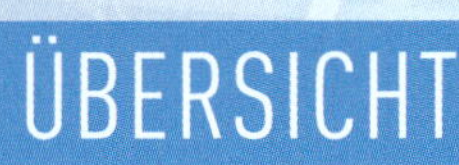

ÜBERSICHT

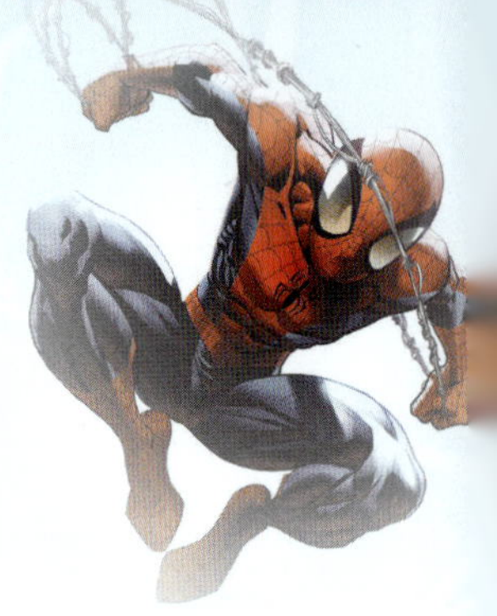

BEREITS ERSCHIENEN:

1. LEKTIONEN FÜRS LEBEN
2. KINGPIN
3. DOUBLE TROUBLE
4. DAS VERMÄCHTNIS
5. UNTER FALSCHEM VERDACHT

IN KÜRZE ERHÄLTLICH:

6. VENOM
7. OHNE VERANTWORTUNG
8. KÖNIGE UND KATZEN
9. DIE ULTIMATIVEN SECHS